나는 북경의 택배기사입니다

WO ZAI BEIJING SONG KUAIDI(我在北京送快递) **by Hu AnYan**(胡安焉)

© 2023 Hu AnYan
Korean translation rights © 2025 Will Books Publishing Co.
Published by special arrangement with Astra Publishing House in conjunction
with their duly appointed agent 2 Seas Literary Agency and co-agent AMO Agency.
All rights reserved.

이 책의 한국어판 저작권은 AMO 에이전시를 통해
저작권자와 독점 계약한 윌북에 있습니다.
저작권법에 의해 한국 내에서 보호를 받는 저작물이므로
무단 전재와 무단 복제를 금합니다.

나는 북경의 택배기사입니다

我在北京送快递

일이 내게 가르쳐준 삶의 품위에 대하여

후안옌 지음 | 문현선 옮김

 추천의 글

일은 모두에게 꼭 필요한 것이며 좋은 것이라고 믿고 싶지만, 돈과 맞바꾸는 가치는 언제나 구체적으로 치명적이다. 호텔 종업원으로 시작해 옷 가게 직원, 주유소 직원, 편의점 점원과 배달원, 만화 대본 '원고 세탁', 택배 물류센터와 택배 배달 등 열아홉 가지 일을 해온 작가 후안옌이 자신이 거쳐온 일의 풍경을 기록해 나간다. 너무 자주 "삶에 짓눌려 동정심이 바닥나고", 때로는 "나 자신을 어떻게 옹호할 수 있겠는가?"라고 탄식하는 나날. 20세기 말, 위화 작가의 허삼관이 피를 팔아 일궈낸 삶을 21세기 노동자는 어떻게 꾸려가고 있는가.

| 이다혜 | 작가, 《씨네21》 기자

자고로 인생에 가장 어려운 세 가지 문제는 이런 것이다. 첫째, 누구를 사랑하게 될까? 둘째, 어떤 일을 하면서 생계를 유지하게 될까? 셋째, 삶에 진정으로 원하는 것은 무엇일까? 진정으로 원하는 것을 아는 것은 한 인간의 자유와 관련된 문제다. 일과 자유를 동시에 얻는 것은 정말 어려운 일이다. 이 책은 열아홉 가지 직업을 거쳐온 보고서이기만 한

것이 아니라, 그 와중에 어떻게 자유를 찾아냈는가에 관한 이야기이기도 하다. 저자 후안옌은 일과 자유의 양립을 위한 자기만의 방법을 시도할 용기, 행복할 용기를 냈다. 정말 소중한 용기다. 일과 자유 사이의 타협점을 찾는 사람들이 이 책을 읽었으면 좋겠다.

| 정혜윤 | CBS PD, 『삶의 발명』 저자

먹고사는 문제만 끔찍이 여기는 이야기는 갑갑하다. 먹고사는 문제가 없는 척하는 이야기는 공허하다. 후안옌은 먹고살기 위해 두 발로 길바닥을 뛰면서도, 이따금 고개를 들어 높은 꿈을 응시한다. 그는 그 꿈에 자유라는 이름을 붙인다. 노동 현장에 대한 해상도 높은 묘사와 진솔한 자기 고백이 어우러진 이 귀한 기록을 읽으며 생각했다. 보수와 벌금, 감시와 별점, 플랫폼이 어떤 최신 경영 기술로 인간을 속박하든, 자유에 대한 갈망은 거래 대상이 아니다. 정신은 언제나 계약 조건 이상의 자유를 꿈꾼다. 그게 우리의 슬픔이자 승리다.

| 김기태 | 소설가, 『두 사람의 인터내셔널』 저자

『나는 북경의 택배기사입니다』는 저자가 호텔 종업원, 쇼핑몰 경비원, 물류센터 야간직, 택배기사 등 19가지 일을 전전하며 써 내려간, 땀내 느껴지는 노동 에세이다. 이 책은 단지 먼 나라의 이야기가 아니다. 이 책을 읽고 난 뒤 알리, 테무, 타오바오에서 주문한 물건들이 어떤 과정을 거쳐 우리 손에 들어오는지, 그 과정에서 일하는 사람들의 모습을 생생하게 그려볼 수 있게 됐다. 여러 일을 전전하며 삶이 결코 순탄치 않은 상황 속에서도 자신을 성찰하고, 문학과 글쓰기에 대한 애정을 놓지 않는 저자의 모습은 깊은 울림을 준다. 지금도 치열하게 분투하고 있는 누군가에게 꼭 권하고 싶은 책이다.

| 정대건 | 소설가, 『급류』 저자

책을 읽는 내내 북경의 노동자와 한 시절의 내가 연결된 듯했다. 대학 시간강사로 일하며 맥도날드에서 물류 상하차를 했던, 그 바깥에서 대리운전과 탁송 일을 했던, 한 장에 5000원을 받고 온라인 논술 첨삭을 했던 내가 보였다. 이 책은 저자가 행한 여러 노동을 다루지만 본질적으로는 사

람이 응당 도달하고 쟁취해야 할 자유에 대해 말하고 있다. 자유란 편함을 누리는 게 아니라 무엇을 의식할 수 있는가에 달려 있다고 한 그의 문장에 오래 시선이 머물렀다. 그가 도달한 사유에 깊이 공감한다. 노동을 다룬 책은 많지만 그간 나온 어떠한 책과 비교해 보아도 손색이 없는, 우리가 보지 못한 지점을 다양하게 알려주는 좋은 책이다. 지평을 넓히고픈 당신에게 적극 추천한다.

| 김민섭 | 『우리는 조금 더 다정해도 됩니다』『나는 지방대 시간강사다』 저자

에세이의 진가를 보여주는 책. 올해 한 권의 에세이를 골라야 한다면 이 책이다. 화려한 미사여구도, 고상한 학술 연구도 아닌, 평범한 노동자의 솔직한 이야기가 이 시대의 진실을 가장 날카롭게 관통한다. 일하는 사람이라면 누구나 공감할 만한 평범한 에피소드 안에, 인간과 사회에 관한 비범한 통찰이 녹아들어 있다. 현대사회는 그 어느 때보다 인간과 물자가 빠르게 이동하고 있고, 그 속도가 당연한 것이 되었다. 하지만 우리가 누리는 그 속도는 누군가의 고된 노동과 하루하루를 버텨내는 뼈를 깎는 노력 덕에 유지되고 있

다. 택배기사, 물류창고 야간 직원, 경비원 등 우리 사회를 지탱하는 일들을 섭렵하며 자신과 세상을 직시한 노동자의 담담한 시각을 통해, 이 시대의 화려한 장막 뒤에 숨은 현실을 조금 더 깊이 이해하게 된다.

| 이충녕 | 『가장 젊은 날의 철학』 저자, 유튜브 '충코의 철학' 운영자

차례

한국 독자들에게……12

1장. 광저우 물류센터 야간직

1년의 야간 노동이 남긴 것……17

2장. 베이징의 택배기사

구직과 면접……49

수습 기간과 입사……56

떠돌이 신세……71

정식 팀원이 되었지만……80

별점과 병가……95

퇴사와 이직……104

핀쥔택배……110

1분 0.5위안이라는 시간 비용……119

복수 메모장……129

분실과 배상금……145

해고와 코로나19……154

3장. 상하이 자전거 가게

편의점 야간 직원 ___ 169

자전거 가게에서의 1년 ___ 175

4장. 다른 일들

첫 번째 일부터 여덟 번째 일까지 ___ 203

아홉 번째 일부터 열한 번째 일까지 ___ 236

글쓰기를 시작하다 ___ 264

열두 번째 일 ___ 275

열세 번째 일과 열네 번째 일 ___ 283

열다섯 번째 일 ___ 301

열여섯 번째 일과 열일곱 번째 일 ___ 309

에필로그 | 래티샤 필킹턴의 위대한 실의 ___ 318

후기. 삶의 또 다른 부분 ___ 322

한국 독자들에게

이 책으로 여러분을 만나게 되어 정말 기쁩니다.

먼저 이 책은 어떤 계획에 따라 쓴 것이 아니라 우연의 결과였다는 걸 말씀드려야 할 것 같습니다. 사실 저는 2020년까지만 해도 개인적인 경험을 적는 것이 '창작'이라고 생각하지 않았습니다. 창의력과 상상력을 발휘해 만든, 허구의 이야기만이 창작이라고 여겼습니다.

그래서 처음 친구가 베이징에서 택배기사로 일한 경험을 써보라고 했을 때, 저는 회의적이었습니다. 그때까지 저는 소설을 쓰고 있었고, 이런 글은 기자가 쓰는 거라고 생각했습니다. 중국의 택배 산업은 세계 최대 규모로, 급속도로 성장하고 있으며 500만 명 이상의 택배기사가 일하고 있습니다. 저는 그 거대한 산업에서 일했던 한 사람일 뿐, 그 사업 전체를 이야기할 만한 사람은 아닙니다.

하지만 친구와의 대화 이후로 달리 생각하게 된 점도 있었습니다. 기자들은 택배기사를 인터뷰해서 이 산업의 포괄적인 면을 보여줄 수는 있지만 그건 어디까지나 외부자의 시선이라는 것입니다. 기자가 하루나 며칠 동안 직접 현장을 경험해본다고 해도 생각, 태도, 관점, 감정까지 실제 그 일을 하는 사람들과 같아지는 건 아니니까요.

저는 이 책에서 어느 직업이나 산업, 또는 사회적 계층을 포괄적으로 설명하기보다는 지극히 개인적인 입장에서 제게 깊은 인상을 남긴 사람들과 사건을 묘사하기로 했습니다. 저를 크게 뒤흔든 감동적인 경험을 돌아보는 과정에서 전할 수 있는 깊고 특별한 느낌과 생각이 있다고 생각하기 때문입니다.

한국과 중국은 바다를 사이에 둔 이웃으로 한국의 대중문화와 디지털 제품, 가전제품, 자동차 등은 중국에서 인기가 많습니다. 저를 포함한 거의 모든 중국 사람들이 한국을 아주 익숙하게 느낍니다. 하지만 그러한 익숙함은 고정관념과 피상적 인상에서 비롯된 게 아닐까 싶을 때도 있습니다. 저는 한국 불고기와 김치를 먹어보았고 한국산 가전제품과 휴대전화를 사용해보았으며 K팝을 들어보았고 한국 드라마도 보았지만, 한국인과 직접 접촉해본 적은 없습니다. 한국의 역사와 문화는 더더욱 잘 모릅니다. 중국에 대한 많은 한국인의 이해도가 한국에 대한 제 이해도와 비슷한지 아닌지는 잘 모르겠습니다. 하지만 같은 동아시아 국가로서 두 나라의 문화는 비슷한 부분이 있고 뿌리가 같다는 사실을 압니다. 접촉하고 이해할 기회가 생기면 서로를 이해하기는 어렵지 않을 것입니다. 『나는 북경의 택배기사입니다』가 그런 기회가 되어 상호 간의 이해와 사랑을 높이는 데 도움이 되기를 바랍니다.

후안옌

광저우 물류센터 야간직

2020년 3월 30일 작성
2021년 7월 28일 수정

1년의 야간 노동이 남긴 것

1년이라고 썼지만 사실 D사의 물류센터에서 일한 시간은 10개월 정도다. 쓰촨 대지진 발생 9주년이었던 2017년 5월 12일, 나는 광저우 근교의 순더順德에 있는 D사의 허브센터에 입사했다. 당시 전국 최대 규모의 물류센터였지만 퇴사한 뒤에야 인터넷을 통해 그 사실을 알게 되었다. 거기서 일할 때 규모에 압도당하긴 했어도, 솔직히 몇 번째로 큰지에 관심을 가질 만큼 여유가 있지는 않았다.

물류단지에는 D사 말고도 징둥京東, 웨이핀후이唯品會, 바이스百世택배 등의 물류센터도 있었다. 물류센터가 가장 활발한 시간은 한밤중으로, 대다수 직원이 야간에 일했다. 나는 저녁 7시에서 이튿날 아침 7시까지 일하고 한 달에 나흘을 쉬었다. 물류센터 상하차 일은 학력과 무관했다. 하지만 한자를 모르면 화물 라벨의 주소를 읽을 수 없어서 글을 모르는 사람은 채용되지 않았다. 글을 모르는 사람은 물류센터에서조차 일할 수 없다는 뜻이다.

면접이라고 해봐야 형식에 불과해 사실상 거절당하는 사람은 없었지만, 입사 전에 무급으로 사흘 동안 일해야 했다. 노동법 위반일 테지만 물류단지 회사들은 전부 그렇게 한다니, 받아들이기 싫으면 다른 일을 찾는 수밖에 없었다.

막상 들어가 보니 수습 기간은 꼭 필요한 제도였다. 처음 들어온 사람은 대부분 물류센터에서 구체적으로 무슨 일을 어떻게 하는지 모른다. 수습 기간은 회사와 구직자가 서로를 이해하는 시간이었다. 수습 기간을 견딘 사람은 절반도 되지 않아 보였다. 두 시간 만에 나가는 사람도 있었다. 어쨌든 남은 사람에게는 회사가 그 사흘 치 임금을 지급해야 한다고 생각한다.

물론 회사에 인간적인 부분도 있었다. 여윳돈이 별로 없는 외지인을 고려해 입사하고 20일이 되면 보름 치 임금을 선지급했다. 다른 회사들은 보통 다음 달 15일에야 지급했다.

물류센터는 거대한 부두 같았다. 우리는 분류장이라 불리는 1미터 높이의 시멘트 작업대에서 일했다. 거대한 함석지붕 아래에 자리한 분류장은 축구장 8~9개 크기였다. 번호가 매겨진 사방의 하역장에서 트럭이 줄줄이 작업대 쪽으로 꽁무니를 붙이고 있으면 사람들이 짐칸에서 물건을 내렸다. 저녁에 분류장으로 들어서면 낮고 둔중한 소리가 끊임없이 울렸다. 천둥 같은 그 소리는 백여 대의 지게차가 바닥에 물건을 내리는 소리였다. 지게차들은 일개미처럼 끊임없이 트럭에서 내려진 화물을 각 분류팀으로 나른 뒤 분류가 끝난 물건을 해당 상차장으로 옮겼다.

나는 소형 화물 분류팀에 배정돼, 들어온 화물을 목적지별로 나누고 포장하는 일을 맡았다. 다 좋은 건 아니었지만 나름대로 만족스러웠다. 누군가와 말을 섞을 필요도 없고 머리를 쓸 필요도 없이 소매를 걷어붙인 뒤 움직이면 됐다. 광둥성답게 1년 중 아홉 달이 여름이었다. 낮에 뜨겁게 달궈진 함석지붕은 밤에도 별로 시원해지지 않았다. 출근한 지 한 시간 만에 땀범벅이 되었고 이튿날 아침까지 내내 땀을 흘렸다. 3리터짜리 물병을 사서 매일 한 병씩 비웠지만 밤새 소변을 보지 않았다. 물이 전부 땀으로 배출되었기 때문이다.

사흘의 수습 기간 동안 내가 맡은 업무는 '뒤집기'였다. 뒤집기란 영업소에서 보내온 보따리를 풀고 그 안의 물건을 분류대에 쏟아붓는 일을 가리킨다. 영업소에서 포대에 물건을 잔뜩 담아 보내오면 우리 팀은 보따리를 풀어서 물건을 목적지에 맞게 분류한 뒤 다시 포장했다. 그런 보따리는 적게는 몇 킬로그램부터 많게는 20~30킬로그램까지 나갔다. 두세 시간 정도는 그런대로 견딜 수 있지만, 쉼 없이 밤새도록 보따리를 뒤집으면 체력 소모가 엄청나서 감당하지 못하는 사람들이 많은 업무였다.

그러다 보니 이 일만큼은 여성에게 맡기지 않았다.

우리 팀에 배정된 남자 수습사원은 전부 뒤집기 업무를 맡고 여자 사원은 포장 업무를 맡았다. 가장 힘든 작업을 해봐야 이 일을 계속해낼 수 있을지 회사와 구직자 모두 확실히 판단할 수 있다. 그래야 괜한 오해로 인해 금세 '헤어지는 상황'을 줄일 수 있다. 실제로 처음 며칠의 수습 기간이 가장 힘들었다. 낯선 업무 체계와 노동에 몸이 아직 적응하지 못한 데다 동작까지 서툴러 체력을 심하게 낭비했다. 이것 때문에 많은 사람이 두 시간 일해보고 그만두는 것이기도 했다. 하지만 그 시간을 버티고 일을 계속하다 보면 점점 적응하기 마련이었다.

한번은 나이가 꽤 있는 여자가 와서 별문제 없이 일하다가 한밤중에 갑자기 사라져버렸다. 나중에 들으니 글자를 몰라서 팀장이 내보냈다는 것이었다. 완전한 까막눈이었다면 일을 시작하자마자 들통났을 테니 그 정도는 아닌 모양이었다. 아는 한자가 한정적이라 계속 물어보자 옆에 있던 동료가 팀장에게 알린 듯했다. 라벨을 잘못 붙여 물건이 엉뚱한 도시로 가면 우리 팀 전체가 배상해야 하기 때문이었다.

이 일을 처음 하는 사람은 예외 없이 체중이 줄었다. 나보다 며칠 늦게 들어온 동료는 90킬로그램이던 몸무게가 석 달 만에 65킬로그램으로 줄었다. 원래 뚱뚱한 편이 아니던 나도 몇 달 만에 5킬로그램 넘게 살이 빠졌다.

    우리는 하루에 열두 시간씩 일했다. 퇴근을 앞둔 아침의 두 시간 정도는 상대적으로 여유가 있어 중간중간 쉴 수 있었다. 반면 밤 10시부터 아침 5시까지는 한시도 손을 멈출 수 없을 만큼 바빴다.

    구체적으로 이야기하자면, 저녁 7시에 출근해 9시까지 두 시간 일하고 30분 정도 식사를 했다. 집하장에는 식당이 두 곳 있었는데 서로 다른 업체라 음식 스타일이 달랐다. 어느 쪽이든 자기가 담은 무게에 따라 돈을 내되 밥은 무제한으로 먹을 수 있었다. 돈을 아끼고 싶으면 반찬을 적게 담고 밥을 많이 먹으면 됐다.

    식사를 마친 뒤에는 9시 30분부터 아침 7시까지 쉼 없이 일했다. 아홉 시간 반 동안 더는 식사 시간이 없었다. 그러다 보니 빵이나 과자를 가져와 한밤중에 틈틈이 입에 쑤셔 넣는 사람도 있었고, 이미 습관이 돼 열 시간 동안 아무것도 먹지 않는 사람도 있었다. 나는 과자를 챙겨 가는 쪽이었다. 어쩌다 깜빡하고 안 가져가면 배에서 꼬르륵 소리가 진동했다.

    수습으로 일한 첫날, 그런 일정을 알려준 사람이 없어서 곤란한 일을 겪었다. 나는 저녁 식사를 하고 일하러 갔다. 9시가 되자 다들 식사를 했는데 나는 배가 고프지 않아 아무것도 먹지 않았다. 한밤중에도 배를 채울 기회가 있을 줄 알았지, 9시 30분부터 아침 7시까지 내내 일할 줄은 상상도 못 했다. 그사이에는 물만 마실 수 있었고 음식은 구경조차 할 수 없었다. 간식거리조차 챙겨가지 않아 이튿날 아침이 되자 머리가 핑핑 돌 정도로 배가 고팠다.

물류센터에서 일하는 사람들은 대부분 떠들기를 싫어하는 모양새였다. 열정적이거나 주체적인 구석이 전혀 없어서 꼭 늙고 조용한 농부들 같았다. 나이가 그렇게 많지 않은데도 그랬다. 또 낯선 사람을 경계하며 차가운 태도를 유지했다. 다행히 나도 사람들과 어울리는 걸 좋아하지 않았다. 다들 입을 다문 채 일만 하는 게 좋았다. 그런 인간관계가 무척 편안했다. 그러다 어느 날 문제가 생겨 조언을 구했더니 다들 어색하게 웃으며 멋쩍게 대답하는 게 아닌가. 사실 그들은 거만한 게 아니라 내향적일 뿐이었다.

매일 아침 퇴근하기 전에 짧은 회의 시간이 있었다. 팀장과 매니저가 그날 업무 중에 있었던 문제를 정리해 발표했는데 보통 2~3분이면 끝났다. 저녁에 일을 시작하기 전에도 주의사항이나 업무에 관해 설명하는 회의가 열렸다. 전부 몇 마디로 끝나는 별것 아닌 내용이라 나는 잘 듣지 않았다. 어쨌든 혁명은 입으로 하는 게 아니니까.

사흘의 수습 기간이 끝나자 키가 작은 부팀장이 다가와 말을 걸었다. 그때 우리 팀에는 팀장 한 명과 부팀장 세 명, 그 위로 행정 매니저가 있었다. 부팀장은 수습 기간에 임금을 주지 않는 대신 일정을 짤 때 사흘의 보상 휴가를 주겠다고 말했다. 나는 두 번 고민할 것 없이 좋다고 했다. 하지만 그 부팀장은 한 달도 안 돼 다른 팀장과 싸우고 퇴사해버렸다. 내 사흘짜리 보상 휴가는 이후 아무도 언급하지 않았다.

D사는 원래 화물 운송을 주력으로 하다가 2013년부터 택배 사업을 시작했다. 하지만 그다지 잘되지는 않았다. 최소한 내가 입사했던 2017년에는 시장점유율이 무시해도 될 만큼 낮았다. 바로 그런 회사의 택배물을 우리 소형 화물 분류팀에서 처리한 것이다. 물론 그렇다고 일이 쉽다는 의미는 아니다. 회사의 업무량이 적으면 그만큼 배치되는 인력도 적었다. 자본가는 사람을 한가하게 내버려두지 않는 법이다.

    처음 몇 달 동안 나는 뒤집기와 포장 업무를 번갈아 했다. 우리 팀의 업무는 크게 네 가지로 나눌 수 있었는데, 그중 '뒤집기'와 '라벨 보완'이 짝을 이루고 '투입'과 '포장'이 나머지 짝을 이루었다. '뒤집기'를 맡은 사람이 택배물을 분류대에 쏟으면 '라벨 보완'을 맡은 사람이 스캐너로 택배 운송장의 바코드를 찍은 뒤 굵은 펜으로 물건에 목적지 코드를 적었다. 그렇게 라벨이 보완된 택배물은 작업 벨트를 지나 포장 구역으로 넘어갔다. 그러면 '투입'을 맡은 사람이 목적지에 따라 택배물을 분류함에 넣고, '포장'을 맡은 사람이 분류된 택배물을 재포장해 상차장으로 가져가도록 지게차에 내주었다. 라벨 보완이 가장 쉬운 업무라 보통 여자들이 맡았다. 뒤집기가 제일 힘들었고 그다음은 포장이었다.

퇴근한 뒤에는 아침 식사를 하러 갔다. 사실 우리에게는 저녁 식사인 셈이었다(대부분 하루에 두 끼만 먹었다). 식사를 마치면 집에 가서 샤워와 빨래를 했다. 물건을 내리고 옮기다 보면 각종 오물과 기름때가 묻기 일쑤라 옷은 쉽게 깨끗해지지 않았다. 그렇지 않아도 피곤한 상태이다 보니 내일이면 또 더러워질 게 뻔한데 깨끗하게 빨 필요가 어디 있나, 찌든 때 제거제는 비싸니까 그냥 비누로 빨아 입자, 생각하게 되었다. 그래서 옷을 말린 뒤에도 땀 냄새가 진하게 남아 있었다. 하지만 일이 일인지라 그런 문제는 자연스럽게 신경 쓰지 않게 되었다.

정말 괴로운 건 잠을 못 자는 거였다. 밤낮이 뒤바뀐 생활에 적응하는 정도는 사람마다 다르겠지만, 처음 몇 달 동안 내 상태는 이랬다. 새벽 4~5시가 되면 견딜 수 없이 졸려 어디든 눕기만 하면 5초 안에 잠들 것 같았다. 눕지 않아도 휘청대기 일쑤였고 의식을 잃을 듯 눈앞이 캄캄해질 때도 있었다. 그래도 얼른 정신을 차리고 몸을 추슬렀다. 꼭 좀비 같았다. 눈빛도 흐릿하고 의식도 흐릿해 1초 전에 무엇을 했는지조차 기억나지 않았다. 그러다 보니 한번은 두 물건의 라벨을 반대로 붙였다. 충청으로 갈 물건에 베이징 라벨을 붙이고 베이징으로 갈 물건에 충청

라벨을 붙였던 것이다(두 도시는 직선거리로 약 1,500킬로미터 떨어져 있다―옮긴이). 다행히 물건을 싣기 전에 발견해 회수할 수 있었다.

과장하는 게 아니라 정말이지 매일 밤 죽을 듯이 졸음에 시달렸다. 그럴 때마다 퇴근하면 아무것도 안 하고 바로 자겠다고 다짐했다. 하지만 아침에 퇴근하고 나면 졸음은 어느새 사라지고 정신이 말짱해졌다. 더군다나 몸을 혹사하는 노동을 오래 해서 그런지 기이한 짜증이 들끓었다. 뭔가 즐거운 일을 해서 그런 짜증을 날려버리고 싶었다. 퇴근하면 노래방에 가서 날이 저물 때까지 노래하다 잠깐 눈만 붙이고 출근하는 동료들도 있었다. 하지만 나는 그 정도로 미친 사람은 아니었다. 일하다 죽고 싶지 않았다. 그래서 아침을 잘 챙겨 먹거나 마트를 둘러보는 차분한 방식을 택했다. 마트가 작고 물건 종류도 많지 않았지만 나름대로 스트레스를 덜 수 있었다. 마트를 다 돌아본 뒤 사는 물건이 한두 개에 불과하더라도 말이다.

하지만 여전히 잠을 자기 힘들었다. 오후가 되면 잠 때문에 초조해지기 시작했다. 내가 살던 방은 여름철 실내 온도가 30도를 훌쩍 넘을 정도로 더웠다. 벽이 햇빛에 뜨끈하게 달궈져 선풍기를 틀어도 소용이 없었다. 나는 고작 50위안(당시 환율로 약 8000원)을 아끼겠다고 에어컨 없는 방을 빌린 상태였다.

8월이 되자 더는 견딜 수 없는 지경에 이르렀다. 이렇게 있다가는 쪄 죽을 것 같아 집주인에게 방을 바꿔달라고 했다. 하지만 여름에 에어컨 있는 방이 남아 있을 리 없었다. 집주인은 금방 방이 날 거라고 나를 구슬렸지만 어림도 없는 일이었다. 그렇게 두 달이 흐르고 추석까지 지났을 때 집주인이 갑자기 에어컨 있는 방이 나왔다고 했다. 날이 선선해지기 시작했지만 여전히 더웠고, 광둥 지역은 10월에도 기온이 30도 안팎이었다. 그래서 방을 바꾸었는데, 얄궂게도 더위가 점점 사그라들어 에어컨은 서너 번밖에 켜지 않았다.

소음도 문제였다. 그 집은 각 방에 아래층 대문을 열어줄 수 있는 인터폰이 없었다. 누가 찾아오든 대문 밖에서 문을 열어달라고 전화를 하거나 위층에 대고 소리를 쳐야 했다. 아래층에서 누군가 소리칠 때마다 나는 잠에서 깰 수밖에 없었고, 그럴 때면 정말이지 그 사람의 목을 조르고 싶었다.

그런데 덥지도 않고 시끄럽지도 않은 때라고 해서 내가 잠을 잘 이루었던 것은 또 아니다. 정말 여러 가지 방법을 찾아보았다. 수면제는 살 수 없었는데, 다크 초콜릿이 도움이 된다고 해 잠자기 전에 한 쪽씩 먹어봤다. 당연하게도 소용이 없었다. 멜라토닌도 사봤지만 아무 효과가 없었다. 결국 가장 전통적인 방법인 술을 시도해볼 수밖에 없었다. 마트에 4리터짜리 얼궈터우二鍋頭(곡물을 발효시킨 증류주. 중국인이 즐겨 마시는 술로, 이과두주라고도 한다—옮긴이) 백주가 있었다. 홍싱紅星 제품은 너무 비싸 가성비 좋은 브랜드를 택했다. 값싼 백주는 전부 쓰촨산이었다. 얼궈터우 특유의 깔끔한 향이 아닌 거친 향이 풍겼지만 가격만큼은 정말 저렴했다. 스스로 정해놓은 한도 내에서 가끔 좋은 술을 사 마시기도 했다. 18위안에 살 수 있는 500밀리리터짜리 라오춘장 老村長(얼궈터우와 더불어 서민들이 즐겨 마시는 백주—옮긴이)이 내가 살 수 있는 가장 좋은 술이었다.

나는 술을 마시면서 책을 읽었는데 다 마시고 나면 뭘 읽었는지 전혀 기억이 나지 않았다. 하지만 술을 끊을 수 없었다. 때로는 두세 잔을 마셔야 잠들 수 있었다. 저녁 6시 30분에 일어나야 했던 나는 오후 2시 전까지만 잠들면 다행이라 여겼다. 하지만 어느 날은 불행히도 4시가 넘도록 잠을 이룰 수 없었고 그럴 때면 무척 초조해졌다. 야간 일을 하기 전에는 하루에 일곱 시간씩 잤는데 밤낮이 바뀐 뒤에는 평균 네 시간 남짓밖에 자지 못했다.

 술을 마시고 자자 일어났을 때 숙취가 남는다는 또 다른 문제가 발생했다. 그나마 걸어서 출근하는 게 다행이었다. 걸음을 내디딜 때마다 길바닥이 울렁거렸다. 내 몸이 휘청이는 건지 세상이 흔들리는 건지 알 수가 없을 정도였다. 그러나 전날 밤에 취해서라도 잠들지 않았다면 전혀 쉬지 못해 극도의 피로감에 시달렸을 것이다.

 출근하는 길에 단층집들을 지날 때면 안에서 요리하는 냄새가 풍겨왔다. 하루 일을 끝내고 기분 좋게 소파에 늘어져 있는 사람들을 보며 그런 휴식 시간이야말로 진정한 행복이라고 생각했다. 아직 일을 시작하지도 않았건만 그들보다 피곤한 느낌이었다. 그럴 때마다 나 자신한테 욕을 퍼부었다. 내 몸은 내 의지를 욕하고 내 의지는 내 몸을 욕했다. 내일 아침에 퇴근하면 곧장 잠을 자리라 맹세했다. 하지만 이튿날 아침이 되면 상황은 전날과 똑같아졌다. 그런 나날이 계속 되풀이되었다.

당시 내가 살던 곳에 관해 이야기하고 싶다. 뤄헝羅亨이라는 마을인데 작은 강 하나를 사이에 두고 물류단지와 바싹 붙어 있었다. 물류단지는 담이나 초소가 없는 개방된 공간이라 차량이나 행인이나 마음대로 드나들 수 있었다. 반면 뤄헝은 폐쇄적이었다. 한쪽은 강에 둘러싸였고 도로에 접한 다른 쪽에는 초소가 있었다. 초소는 매일 저녁 10시면 폐쇄되었다. 처음에는 왜 마을을 둘러막았는지 이해할 수 없었다. 그런 마을은 생전 처음 보았다. 나는 나중에야 뤄헝이 관상용 식물 재배에 경제를 의존하고 있다는 것을 알았다. 작고 정교한 분재부터 크고 무성한 가로수까지 온갖 식물을 키웠다. 값비싼 식물이 도난당하지 않도록 마을을 둘러막았던 모양이다. 심지어 내가 매일 출퇴근하는 샛길 중간에도 가시철조망이 있었다. 비 내리는 어느 날 우산을 쓴 채 철조망을 넘다가 잘못해서 날카로운 가시에 오른팔이 긁혔다. 그 상처는 아직도 흉터로 남아 있다.

뤄헝 주민은 전부 원穩씨였다. 사당 앞에 걸린 글귀를 통해 그들 조상이 어느 시대인가 룽중隴中에서 옮겨왔음을 알 수 있었다. 또 오래된 집에서 내버린 문패를 보고 마을 이름이 뤄컹羅坑에서 뤄헝으로 바뀌었다는 것도 알 수 있었다. 주민들은 원래 이름이 촌스러워서 장사에 도움이 안 된다고 싫어했던 것 같은데, 솔직히 바꾼 이름도 어감이 대단히 좋게 느껴지지는 않았다. 하긴 주장강 삼각주의 부유한 사장이 사무실에 놓을 행운목 화분을 산다면 뤄컹산보다는 뤄헝산을 선호할 것 같기도 하다.

뤄헝은 살기 편한 동네가 아니었다. 마트도 없고 이발소와 식당도 없고, 작은 매점 두 개만 있었는데 그나마 물건 종류도 몇 가지 없었다. 그래서 동료들은 대부분 근처의 더 큰 마을인 스저우石洲에 살았다. 뤄헝에서 스저우까지는 도보로 30분 거리였다. 스저우에는 청과 시장과 작은 공원, 농구장, 중형 마트가 있고 잡화점까지 있었다. 작은 식당과 임대주택도 많았고 밤에는 바비큐와 마라탕을 파는 포장마차까지 열렸다. 이삼일에 한 번씩 스저우에 갔다와야 했지만 조용한 환경을 좋아하는 내게는 뤄헝이 더 적합했다. 월세도 뤄헝이 더 쌌다. 내가 살던 원룸의 월세가 400위안이었는데 스저우에서는 똑같은 조건의 방이 500위안이었다.

나는 온라인 쇼핑을 거의 하지 않았다. 온라인이 저렴하고 물건도 다양했지만, 택배기사가 집 앞까지 배달해주지 않고 마을 입구에서 전화해 직접 가져가라고 했다. 집에서 나와 물건을 가져오는 데 10분 정도 걸리는 데다 택배기사가 언제 올지도 알 수 없었다. 무엇보다 낮에 깨지 않고 잠을 자는 게 내게는 한없이 소중한 일이었다. 행여 전화 소리에 깨기라도 하면 다시 잠들 수 있을지 모르는 일이었다. 그래서 나는 온라인 쇼핑을 안 하고 스저우에서 구할 수 있는 물건만 사기로 했다. 다행히 스저우의 물가는 비싸지 않았다. 비싼 물건은 아예 팔지 않는 분위기였다.

오래 일하는 사람이 워낙 적다 보니 D사에서는 1년 내내 사람을 모집했다. 아무리 철밥통 같은 직장이라도 퇴사자가 있기 마련인데 하물며 그곳은 오죽했겠는가. 내가 막 입사했을 때만 해도 한 사람을 데려올 때마다 상여금이 300위안씩 나왔다. 그러다 얼마 뒤 상여금이 500위안으로 올라가더니 곧이어 800위안으로 올라가고 광군제(11월 11일. 원래는 연인 없는 사람이 혼자 서 있는 모양새처럼 보인다고 하여 솔로데이, 광군제光棍節로 부르며 기념했는데 지금은 중국 최대의 온라인 쇼핑 축제일이 되었다—옮긴이) 전에는 1000위안까지 올라갔다. 나도 친구를 영업부 접수원 자리에 소개한 적이 있다. 500위안의 상여금을 받아 한 푼도 떼지 않고 친구에게 주었건만, 친구는 두 달도 안 돼 너무 힘들다면서 달아나버렸다.

화장실이나 탕비실, 세면대 등에는 직원들 사연이 담긴 인력자원부의 홍보 포스터가 붙어 있었다. 아직도 기억나는 게 있을 정도다. 예를 들자면, 이름은 잊어버렸으니 일단 라오왕이라고 하자. 라오왕은 분류장에서 몇 년 일하다 그만두고 장사를 시작했지만, 돈을 다 잃고 다시 이 일을 하러 돌아왔다. 직접 겪어보니 역시 여기 일이 좋다며 대우도 만족스럽다는 사연이었다. 글 옆에는 그의 사진도 붙어 있었다. 사진 속 라오왕은 지금은 행복하다는 듯 카메라를 향해 만족스러운 웃음을 짓고 있었다. 우리는 소변을 보거나 손을 씻거나 물을 뜨면서 라오왕과 비슷한 사례를 두루두루 살펴볼 수 있었다.

인력자원부는 홍보 포스터를 붙이는 것에 그치지 않고 적극적으로 지원자 모집에 나서기도 했다. 스차우 마을 길목에 가판대를 차리고 벽에 구인 공고를 붙이고 앱에 광고를 내는 등 부지런히 지원자를 모집했다. 그리고 지원자가 오면 이것저것 따지지 않고 일단 해보라며 분류장으로 보냈다. 어쨌든 그들한테도 KPI(성과지표)가 있기 때문이다.

그래서인지 누가 봐도 부적합한 사람이 들어올 때가 있었다. 한번은 팔다리가 가늘고 키도 작은 여자가 왔다. 딱 봐도 이런 일을 할 만한 사람이 아니었다. 하지만 이미 배정되었기 때문에 되돌려보낼 수 없었다. 다른 팀으로는 더더욱 보낼 수가 없으니 그냥 일을 시켜야 했다. 팀장은 그런 사람을 달가워하지 않았다. 손발이 느려서 팀 전체 효율을 떨어뜨리기 일쑤고, 고생을 못 참고 한두 달 만에 달아나면 데리고 일한 게 헛수고밖에 안 되기 때문이다. 그래서 팀장은 수습 기간 때 그 사람을 도와주지 말라고 우리에게 당부했다.

앞에서 이야기했듯이 이 일은 수습 때가 가장 힘들다. 신체 조건이 나쁜 사람이라면 더욱 그렇다. 특히 그 여자처럼 바람에 쓰러질 듯 약한 사람이 오면 우리는 아예 도움을 줄 수 없었다. 괜히 도와주었다가는 이 일이 할 만하다는 오해를 심어줄 수 있기 때문이었다. 완전히 나가떨어지게 만들어야 했다. 그렇게 했는데도 버텨낸다면 그 사람은 정말로 이 일을 감당할 수 있다는 뜻이었다. 우리는 건장해 보이는 사람을 오히려 도와주고 약해 보이는 사람은 외면했다.

수습 기간에 나는 요령이 없어서 소포를 쏟아낸 뒤 포대를 빼낼 때 엄지와 검지로 포대 끄트머리를 잡지 않고 검지 끝만 이용해 끄집어냈다. 처음에는 아픈 줄 몰랐다. 하지만 사흘 밤을 계속 그렇게 했더니 양쪽 검지 손톱이 뒤집혔다. 손톱은 며칠 만에 까맣게 변해 떨어져나갔고 두세 달 뒤에야 새 손톱이 올라왔다.

장애인을 전체 직원의 일정 비율 이상 고용해야 한다는 정책 때문에 회사에는 장애인도 있었다. 예전에는 제대로 기준을 지키지 않아 거액의 벌금을 낸 적도 있다고 했다. 당연히 장애인도 일을 잘할 수 있고 어떤 면에서는 장애가 없는 사람과 비교해도 능률 차이가 없었다. 하지만 몸이 불편하다 보니 순환 근무가 불가능했다. 예를 들어 다리를 저는 사람은 몸을 계속 움직여야 하는 포대 뒤집기나 포장 업무를 할 수 없었다. 새로 장만한 데카트론 운동화가 넉 달 만에 찢어질 정도로 험한 업무긴 했다. 그러니 팀장은 업무를 배정할 때 지장을 주는 장애인을 좋아하지 않았고 때로는 대놓고 비꼬기까지 했다.

대부분의 집단이 그렇듯 우리 팀에도 따돌림당하는 사람이 있었다. 학교를 막 졸업한, 열여덟 혹은 열아홉 살에 불과한 여자였다. 팀에서 가장 어린 그는 몸이 왜소한 데다 힘도 약하고 동작도 느렸다. 작업 벨트에서 툭하면 뒤처져 다른 사람이 도와줘야 했고 아예 컨베이어 작동을 멈춰야 할 때도 있었다. 성격마저 괴팍해 누구와도 잘 어울리지 못했다. 당연히 사람들은 그 직원을 싫어했고 괴상한 별명을 지어 부르면서 대놓고 비웃거나 호통을 쳤다. 나였으면 절대 못 버텼을 거다. 그런데 정신적으로는 그가 나보다 훨씬 강했다. 아니면 아주 둔하거나 남의 시선을 개의치 않았던 것인지도 모르겠다. 어쨌든 그는 내 예상보다 훨씬 오래 버텼다. 나는 나름대로 호의를 보인다고 했지만 직접적인 도움은 줄 수 없었다.

그러던 어느 날 밤 그가 분을 못 참고 울음을 터뜨리더니 이제 못 해먹겠다고 쏘아붙이고는 뛰쳐나갔다. 팀장은 속으로 안도의 한숨을 내쉬었을 것이다. 사실 효율이 떨어져 진작에 내보내고 싶었지만, 그가 감당도 못 하면서 계속 그 일을 하겠다고 고집해 그동안 어쩌지도 못하고 있었다. 그런데 그 여자는 나간 지 이틀 만에 돌아오겠다고 찾아왔다. 당연히 팀장은 거절했다. 문제는 그의 남자 친구도 분류장에서 일한다는 사실이었다. 차량 적재 일을 하는 남자 친구까지 찾아와 팀장에게 한참을 매달렸다. 어쨌든 같은 회사에서 수시로 마주치는 사이다 보니 너무 각박하게 굴기가 어려워 결국 팀장이 양보했다. 그 여자는 다시 우리 팀으로 돌아와 계속 힘들게 일했다.

내가 막 입사했을 때 나보다 며칠 뒤에 신입 사원이 또 한 명 들어왔다. 팀장은 그가 처음 출근한 날 나더러 식당이 어딘지 알려주라고 했다. 이후 그는 매일 나를 따라다녔고 출근할 때도 중간에 만나 함께 가자고 했다. 그러더니 아예 쉬는 날까지 나와 맞춰서 같이 쓰고 싶어 했다. 다행히 그건 팀장이 안 된다고 했다. 다른 사람들은 우리가 원래부터 아는 사이인 줄 알았다.

너무 달라붙는 그의 행동이 불편했지만 사람이 너무 친절해 거절하기도 난감했다. 그의 단점은 심한 허풍이었다. 툭하면 자기가 얼마나 대단한지 떠들어댔다. 이런저런 일을 했고, 많은 사람을 관리하기도 했으며, 싸울 때는 예닐곱 명을 혼자 상대할 수 있다는 등 수도 없이 잘난 척을 했다. 나는 고개를 끄덕이며 듣기만 할 뿐, 못 믿겠다고는 말할 수 없었다. 얼마나 공허하고 열등감이 심하면 저렇게 허풍을 떠나 생각했다.

그런데 지금은 그가 왜 그랬는지 어느 정도 이해할 수 있다.

그나 나나 혼자서 D사에 지원해 회사에 아는 사람이 없었고, 거의 동시에 입사했기 때문에 처한 입장이나 이해관계가 여러모로 비슷했으니 뭉치는 게 피차 유리했다. 새로운 환경에서 혼자 싸우면 위험하고 운이 나쁘면 앞서 이야기한 여자처럼 고립될 수 있다. 그는 나를 보자마자 그런 상황을 파악했지만, 나는 아둔해서 그의 속마음을 시종일관 이해하지 못했다.

한번은 임신부가 들어온 적이 있었다. 우리 팀에 있는 남자 친구의 소개를 받아서 온 것이었다. 인사 규정에 따르면 연인 관계인 사람은 같은 팀에서 일할 수 없으므로, 남자 친구가 처음에 둘의 관계를 속였던 모양이다. 나중에 알았을 때는 이미 늦은 터라 팀장도 눈감아줄 수밖에 없었다. 처음 왔을 때만 해도 배가 거의 나오지 않았고 이십 대 초반의 건강한 젊은이라 일하는 데 문제가 없었다. 하지만 시간이 흐르면서 배가 불러오자 보는 사람들 또한 불편해졌다. 어쨌든 밤새 몸을 쓰는 일이 아닌가. 뒤에서 고개를 저으며 '인간 참극'이라 말하는 사람까지 있었다.

그의 남자 친구는 도박을 좋아해 휴대전화 앱에서 도박성이 큰 복권을 사댔다. 월급을 며칠 만에 다 잃고 나서 여자 친구 돈으로 식비와 집세를 냈고 여자 친구를 시켜 우리한테 돈을 빌려줄 수 있는지 물었다. 이미 사방에서 돈을 빌린 터라 자신이 또 나서서 빌려달라 하기에는 민망해서였다. 여자는 남자에게 불만이 쌓여갔고, 두 사람은 점점 사이가 틀어졌다. 남자는 성격이 무척 좋아서 누구에게도 화를 내지 않고 두루 잘 어울렸지만, 성격 좋은 건 밑 빠진 냄비처럼 아무짝에도 소용이 없었다. 결국 어느 날 밤 여자는 더는 견딜 수 없었는지 울면서 뛰쳐나갔다. 이튿날 그 여자는 사직서를 제출했고 다시는 만날 수 없었다.

여자가 떠나고 얼마 뒤 남자는 혼자 일하러 나온 유부녀와 사귀기 시작했다. 임신한 전 여자 친구에 대해 묻자 남자는 죄책감이 가득한 표정으로 보상해줄 거라 말했는데 정말로 그랬는지는 모르겠다. 나중에 남자는 더 이상 돈을 빌릴 수 없어서인지 앱에서 퇴출당해서인지는 몰라도 어쨌든 도박을 끊었다.

처음부터 끝까지 우리는 전부 방관자였다. 사태가 어떻게 흘러가는지 조용히 옆에서 지켜보기만 했지, 누구도 그 일에 개입하려 하거나 임신부에게 도움의 손길을 내밀지 않았다. 기껏해야 몇 마디 위로하는 게 다였다. 다들 자신만의 스트레스와 고충에 빠져 있어서 다른 사람을 돌볼 여력이 없었다. 그런 일터에서는 누구나 삶에 짓눌려 동정심이 바닥나고 자기도 모르게 무감각하고 차갑게 변해갔다.

물류센터 일을 하다 보니 저절로 성격이 나빠졌다. 계속되는 밤샘 작업으로 인해 과도한 피로가 쌓여 감정 조절력이 현저하게 떨어졌다. 나도 팀원 두 명과 심하게 말다툼을 벌였다. 그중 한 명과는 나와 짝이 되었을 때 지나칠 정도로 천천히 일해서 다투었다. 나머지 한 명은 더 심한 경우였는데, 어려운 일은 나한테 미루고 자기는 쉬운 일만 골라서 했다. 한두 번이 아니라 매번 그렇게 얌체처럼 굴자 나도 더는 참을 수가 없었다. 그때는 정말 주먹을 날릴 뻔했다. 그렇지 않아도 누구든 걸리기만 하면 가만두지 않겠다고 생각하던 때라, 마침 잘됐다고 생각했다. 하지만 몸싸움을 벌이면 설령 밖에서 싸운 것이라 하더라도 회사에 들키는 순간 해고를 당하기 때문에 둘 다 몸을 사려 실제 싸움으로는 이어지지 않았다.

사실 게으름뱅이는 비교적 관대한 대우를 받았다. 개개인의 작업량과 수입 자체가 애당초 공평하지 않기 때문에 좀 게을러도 남의 발목만 잡지 않는다면 괜찮았다. 또 전반적으로 게으른 사람들은 성격이 좋았다. 아마 게으른 게 마음에 쩔리기는 하는 모양이었다.

우리는 성과급제에 따라 월급을 받았다. 팀 전체 50여 명이 매달 업무 성과에 따라 A, B, C 세 단계로 평가받았다. 성과가 뛰어난 10명이 A등급을 받았고 분실이나 숫자 오류, 무단결근, 명령 위반 등 심각한 잘못을 저지르면 C등급, 나머지는 B등급을 받았다. A등급의 월급 실수령액은 5000위안 초반이고 B등급은 대략 4700위안, C등급은 대략 4300위안이었다. 매달 택배 총량에 따라 임금 기준도 달라졌다. C등급은 벌칙 등급이라 잘못을 저지르지만 않으면 해당되지 않았으니, 대부분 A등급과 B등급으로 나뉘었다.

그런데 등급에 유난히 신경 쓰는 사람들이 있었다. 나와 두 번째로 다투었던 사람이 그랬다. 그는 A등급을 못 받으면 팀장을 찾아가 이유가 뭐냐며 따져 묻곤 했다. 하지만 대부분의 사람은 뒤에서 몇 마디 불평만 늘어놓을 뿐 적극적으로 따지지는 않았다. 대개 더 고생하는 걸 꺼렸고 더 노력하려고도 하지 않았다. 혹은 더 노력해봐야 특별한 성과가 나오지 않는다는 것을 잘 알아서 차라리 덜 일하고 C등급으로 떨어지는 것만 피하자고 생각했다.

등급을 매길 때 팀장이 고려하는 표면적인 근거는 작업량이었지만, 모두 각기 다른 자리에서 다른 일을 했기 때문에 개개인의 작업량을 일괄적으로 비교하는 건 어려웠다. 작업량은 팀장이 우리를 격려하거나 구슬리기 위한 허울에 불과했다. 팀장이 정말로 고려하는 요소는 두 가지였다. 하나는 팀원들 마음을 달래고 형평성을 맞추기 위해 A등급을 번갈아가며 최대한 많은 사람에게 주는 것이었다. 나머지 하나는 능력이 뛰어나면서 더 잘하고 싶어 하는 사람을 격려하는 것이었다.

나는 늘 최선을 다해 일했고 인간관계도 좋은 편이었다. 싸울 때도 있었지만 내가 싸우는 상대는 대부분 인간관계가 엉망이라 내가 욕하면 듣는 사람도 덩달아 후련해하는 부류였다. 나는 내가 속한 팀에서 가장 친절하고 상냥한 사람이었다. 고맙다는 인사만 해도, 다른 사람 전부를 합친 것보다 내가 더 많이 말했다.

D사에서 열 달 정도 일하는 동안 나는 A등급을 다섯 번 받았다. 꽤 괜찮은 수준이었다. 사직서를 낸 달에는 당연히 A등급을 받을 수 없었고, 입사하고 첫 두 달 동안에도 받을 수 없었다. 신입 사원에게 A등급을 주면 오래 일한 직원의 사기가 꺾인다는 이유 때문이었다. 어쨌든 모두가 A등급을 바랐다. 얼마나 오래 일할지 모르는 신입 사원에게 A등급을 줬다가 그 사람이 금방 그만두면 낭비가 아닐 수 없다. 팀장 입장에서는 한정된 A등급을 최대한 가치 있게 배분해야 했다.

이런 요소들을 다 따져보니 팀장이 얼마나 나를 좋게 봤는지 알 수 있었다. 팀에서는 매달 우수 사원을 뽑았는데 처음에는 전원 무기명 투표 방식으로 진행되었다. 석 달 동안 내가 1등을 두 번, 2등을 한 번 하자 매니저는 한두 명이 우수 사원을 독점하면 안 된다며 투표 방식을 바꿨다. 상품은 주로 세제류였는데 한 번은 헤어드라이어를 받았다. 하지만 머리가 짧은 나에겐 쓸모가 없어서 동료에게 주었다.

물류단지 안에는 인력회사도 몇 곳 있었다. 물류 성수기나 온라인 쇼핑몰이 할인 행사를 하는 때에는 폭증하는 물량을 감당할 수 없어 회사에서는 인력회사를 통해 임시 직원을 고용했다. 인력회사에서 온 임시 직원들은 아무래도 빠릿빠릿하지 않았다. 매일 다른 곳으로 파견되다 보니 우리처럼 일을 능숙하게 하지 못했다. 또 우리와는 다르게 얼마나 일하든 동일한 일당을 받았고 A, B, C 같은 등급 평가에서도 자유로웠기 때문에 굳이 일을 열심히 할 필요가 없었다.

우리는 그들을 반기는 한편 싫어했다. 어쨌든 그들이 오면 업무 부담이 줄어들어 반가웠지만, 일하는 모습을 보면 화가 치밀었다. 그런데 그들한테 미움을 사는 것도 좋지 않았다. 임시 직원들이 D사에 안 좋은 평가를 하면 인력회사는 D사의 파견 요청을 거절하거나 인력이 필요할 때 더 높은 비용을 요구할 수 있기 때문이다.

사석에서 우리는 "넌 그렇게 게으르게 일할 거면 인력회사나 가라"고 서로 농담을 주고받았다. 그렇다고 정말로 인력회사에 가는 사람은 없었다. 인력회사에서는 일하고 싶은 만큼만 일하면 되니 자유롭다는 장점이 있었다. 반면 D사는 상장회사고 물류산업의 선두 주자라 업무가 훨씬 체계적이고 노동법도 잘 지킨다는 장점이 있었다. 이를테면 직원에게 5대 보험(양로보험, 의료보험, 실업보험, 산재보험, 출산보험—옮긴이)을 제공했고 월급도 밀리지 않았다.

물류산업이 고위험 산업은 아니었으나 분류장에서는 간혹 사망 사고가 발생했다. 우리 업장의 상근 인원만 수백 명이었고 거기에 빈번하게 드나드는 사람들을 고려하면 1년에 못해도 천여 명이 출근했다. 그중에 병이 있는 사람도 분명 있을 테니 과로로 인한 돌연사도 있을 법한 일이었다. 내가 근무할 때는 차량 적재 담당자 한 명이 죽었다. 너무 열심히 일한 탓이라고 했다. 하룻밤 동안 차량 두 대에 짐을 싣고 집으로 돌아가 누웠다가 다시 일어나지 못했다고 했다.

내가 살던 집은 방음이 엉망이었다. 하루는 옆집에서 싸우는 소리가 들려왔다. 남편이 아내한테 한바탕 욕을 퍼부었는데, 아내는 뭔가 찔리는 게 있는지 아무 대꾸도 하지 않았다. 남편은 온종일 힘들게 일하고 돌아와 마음 편히 자고 싶을 뿐인데 그것도 안 되냐고 했다. 아내 때문에 무척 속이 상했는지 곧이어 울음까지 터뜨렸다. 나이 든 남자가 울면서 계속 욕을 했다. 나는 대체 아내가 무슨 일을 했는지 알고 싶었다. 하지만 전국 각지에서 모여든 사람들이다 보니 억양이 제각각이었다. 나는 남자의 억양 때문에 그가 하는 말을 전부 다 이해할 수 없었다.

2018년 설을 앞두고 우리 화물부서에서는 위챗(카카오톡과 비슷한 중국의 모바일 메신저—옮긴이) 단체 대화방을 개설했다. 500명 가까이 모여 있었는데, 관례대로 각 팀의 팀장과 매니저가 돌아가면서 세뱃돈 봉투를 무작위로 날렸고(위챗의 부가 기능으로, 돈을 넣은 붉은 봉투를 단체 대화방에 뿌릴 수 있다—옮긴이) 나머지 사람들은 앞다투어 봉투를 잡았다. 그해 섣달그믐 밤, 나는 침대에 누워 세뱃돈 봉투를 잡으며 연말 분위기를 만끽했다. 그렇게 많은 사람이 모인 채팅방은 처음이었다. 다들 이런저런 이야기를 하면서 고향 사진을 올리기도 하고 새해 인사를 하며 떠들고 새해맞이 이모티콘을 주고받았다. 채팅창이 몇 초 만에 십여 페이지씩 넘어가고 휴대전화가 먹통이 되기도 했다. 연말 분위기가 해마다 시들해지던 내게 그렇게 훈훈하고 열정적인 명절은 오랜만이었다. 내 휴대전화의 사양이 낮아서인지 네트워크가 원활하지 못해서인지는 모르겠으나 나는 수많은 세뱃돈 봉투를 놓쳤다. 결국 나는 세뱃돈을 십여 위안밖에 받지 못했고 나도 세뱃돈 봉투를 다른 사람들에게 날렸으니 별 수확은 없는 셈이었다. 하지만 즐거움을 어떻게 돈으로 살 수 있겠는가.

설 전이었는지 후였는지 잘 기억나지는 않지만 우리 팀 매니저가 훠궈 가게에서 한턱을 냈다. 기존 매니저가 다른 곳으로 옮겨간 뒤 새로 온 매니저였다. 다른 부서의 밑바닥부터 차근차근 올라와 우리 팀으로 온 새 매니저는 팀의 핵심 인원을 잘 챙기고 싶어 했다. 그는 팀장 몇 명과 비서 한 명 외에 팀원도 네 명을 불렀는데 그중에 내가 있었다. 새 매니저가 보기에 내가 차기 팀장 후보라는 의미였다. 나중에 사직할 때 나는 D사에서 광저우시 둥핑東平에 새로운 물류센터를 준비하고 있었으며 매니저가 나를 추천하려 했다고 들었다. 내가 지금까지 D사에 있었다면 아무리 못 해도 팀장 후보가 됐을 테고, 그렇다면 다른 사람에게 소리를 지르며 더 빨리 움직이라고 채근하고 있었을 것이다.

오랫동안 밤을 새우면 치매에 걸릴 위험이 커진다고 들었다. 이미 삼십 대 후반이었던 나로서는 먼 일이 아닌 것 같아 무척 걱정되었다. 실제로 머리가 잘 굴러가지 않는다는 느낌이 들었다. 반응이 느려진 데다 기억력도 나빠지기 시작했다. 뇌의 퇴화를 늦추기 위해 효과가 있든 말든 견과류를 먹기 시작했다. 가격을 고려해 주로 호두와 땅콩, 해바라기 씨앗을 먹었다.

스저우에서는 여러 종류의 땅콩과 해바라기 씨를 살 수 있었고 가격도 한 근에 10위안 내외여서 종류별로 사서 먹었다. 호두 역시 한 근에 10위안이었는데, 껍데기가 두껍지도 얇지도 않은 좋은 호두였다. 스저우의 호두는 어렸을 때 먹었던, 문짝 경첩에 넣고 비틀어야 할 정도로 딱딱했던 호두와 달랐다. 그렇다고 요즘 인터넷에서 파는 호두처럼 손으로 살짝 비틀면 부서지는 호두도 아니었다. 그 중간 정도였다. 나는 바닥에 세게 내리쳐 껍데기 가운데가 갈라지면 그 틈으로 호두알을 꺼내 먹었다. 물론 호두를 먹는다고 치매에 안 걸리진 않는다는 건 알고 있었다.

2018년 3월 나는 D사를 그만두고 베이징으로 가게 됐다. 일 때문이 아니라 개인적인 이유였지만, 지금 돌아보면 그렇게 결정한 게 얼마나 다행인지 모르겠다.

당시 상황을 설명하려면 여자 친구 얘기를 해야 할 것 같다. 우리는 2011년쯤 문학 카페에서 만났다. 처음에는 카페에서만 교류하는 정도였는데, 2017년 어느 날, 무슨 계기인지는 잊어버렸지만 위챗으로 연락을 주고받기 시작했다. 당시 여자 친구는 인생이 잘 풀리지 않을 때였고, 나 역시 상황이 좋지 못했다. 실의에 빠진 사람이 비슷한 처지의 사람을 만나면 이심전심으로 서로 아끼고 응원하는 법이다. 2018년 설 연휴 때 나는 며칠밖에 안 되는 휴가를 이용해 베이징에 가서 여자 친구를 만났다.

그리고 순더로 돌아와서는 곧바로 사직서를 제출했다. 근로 계약서에 따르면 한 달 더 일해야 정상적으로 퇴사할 수 있었지만 마침 비수기라 화물량이 많지 않았고, 명절이 지난 뒤 일자리를 찾는 사람이 유입되고 있었기 때문에 보름 남짓만 더 일하고 그만둘 수 있었다.

베이징에서 무슨 일을 해야 할지, 어떤 일자리를 찾을 수 있을지에 대해서는 크게 고민하지 않았다. 나는 성격이 까다롭지 않고 기꺼이 일할 마음이 있으니 틀림없이 일자리를 찾을 수 있으리라 믿었다. 여자 친구도 내 수입이 적다고 타박하지 않았다. 함께 지내는 동안 여자 친구는 한번도 내게 경제적인 요구를 한 적이 없었다. 우리는 인생과 글쓰기에 관한 생각이 상당 부분 일치했고 그 덕분에 나는 자신감을 가질 수 있었다. 가난하든 부유하든 중요한 건 서로를 아끼고 함께 현실을 마주하며 포기하지 않는 것이다.

　베이징에 온 뒤 나는 S사에 택배기사로 입사하면서 더는 야간에 출근하지 않게 되었다. 택배 배달도 힘들었지만 밤을 새울 필요도 없고 수입도 더 많았다. 내겐 야간직보다 택배일이 잘 맞았다. 원래는 대인기피증 때문에 택배일이 안 맞을 거라고 생각했지만, 직접 해보니 내가 충분히 대처할 수 있는 수준이었다.

　눈 깜짝할 사이에 베이징에 온 지 3년이 넘었다. 이제 곧 베이징을 떠날 예정이다. D사에 있을 때의 나를 떠올려보면 많이 변했지만, 변하지 않은 면도 있다. 가령 지금도 다른 사람과 말싸움하기 싫어하고 몸싸움은 더더욱 싫어한다. 또 여전히 호두와 땅콩, 해바라기 씨를 먹고 있다.

2장

베이징의 택배기사

2020년 7월 30일 작성
2021년 8월 1일 수정

구직과 면접

베이징에 도착한 지 사흘째 되던 날 S사에 면접을 보러 갔다. 첫째 날과 둘째 날에는 거처를 구하느라 하루를 다 보냈고 셋째 날 아침이 되어서야 58퉁청58同城(중국의 온라인 생활 정보 플랫폼—옮긴이)에 구직 지원서를 올렸다. 그때가 2018년 3월 20일이었다. 그런데 점심때가 되기도 전에 휴대전화가 울렸다. 전화를 걸어온 여자는 자신이 구인업체 소속이 아니라 58퉁청 산하의 직원이라고 말했다. 무슨 판매원이겠거니 생각했던 나는 정신이 번쩍 들었다. 고용주와 구직자를 연결해주는 사람이었다.

    수화기 너머의 여자는 내 이력서를 보니 S익스프레스에 추천하고 싶다며 오후에 시간이 되면 이좡亦莊에 가서 면접을 보지 않겠냐고 말했다. 나는 조금도 망설이지 않고 그러겠다고 대답했다. 일자리를 가리느라 시간을 끄는 건 수지타산에 맞지 않았다. 내 여건으로 더 좋은 일자리는 넘볼 수 없었고, S사라면 나쁘지 않은 곳이었다.

    이쫑으로 가기 전에 또 한 통의 전화가 걸려왔다. 다른 여자가 D물류회사에 관심이 있느냐고 물었다. 나는 엿새 전에 D사를 그만두었으며 퇴직 후 석 달 동안은 재입사가 불가능하다고 매니저에게 들었는데, 도시를 옮기면 그 석 달의 제한이 없어지는지에 대해선 들은 바가 없다고 말했다. 그 문제에 대해선 여자도 잘 모르는 것 같았다. D사의 퇴직 날짜를 이력서에 분명하게 적어놓았건만 자세히 읽지 않은 모양이었다. 잠시 머뭇거리던 여자는 확인해보고 전화하겠다고 말했다. 당연히 연락은 다시 오지 않았다.

내가 면접을 보러 간 곳은 이쫑에 있는 개방된 산업단지 안으로, 주변에는 널찍한 공장들이 즐비했다. 길가에 있는 S사 건물은 조금 낡았고 육체노동으로 돌아가는 회사임을 한눈에 알 수 있었다. 그런데 이상하게도 건물 안에 사람이 별로 없었다. 나를 포함해 열 명 남짓 되는 응시자가 한 방에 모여 선 채로 매니저의 말을 들었다. 의자가 없었던 것 같기도 했는데, 서서 말하는 매니저를 두고 우리만 앉기 민망해서 그랬을지도 모르겠다. 매니저는 잡담하는 듯한 말투로 자신도 우리처럼 택배기사에서 출발했으며 지금은 인사관리 업무를 맡고 있다고 했다. 같은 노동자 출신임을 밝히면서 우리도 열심히 하면 승진할 수 있다고 암시하려는 것 같았다.

　우리는 그를 둘러싼 채 진지하게 이야기를 들었다. 목청을 높이며 다들 듣고 있는지 확인하는 그의 모습이 여행 가이드 같았다. 그의 업무는 사실상 가이드에 가까웠다. 그는 인터넷에 택배기사 월급이 1만 위안을 넘는다는 이야기가 자주 올라오는 바람에 놀라워하는 사람들이 있는데 그렇게 많이 버는 택배기사는 소수에 불과하다고 했다. 갓 입사한 신입 사원은 확보해놓은 고객이 없어서 그렇게 높은 임금을 받을 수 없다는 것이었다. 그래놓고는 입사하고 첫 달은 회사에서 5000위안을 보장해준다는 말을 얼른 덧붙였다.

　매니저는 업무 시간은 길고 고객 응대는 힘든 게 택배 일이라며, 매일 햇볕에 그을리고 비에 젖는 일이라고도 했다. 많은 사람이 가볍게 여기고 시작했다가 얼마 못 견디고 떠난다고도 했다. 아무리 봐도 우리가 그 일을 감당 못 하거나 우습게 여길까 봐 걱정하는 게 아니라 며칠 만에 달아날까 봐 걱정하는 모양새였다. 금방 그만둘 거면 지금 당장 나가라는 게 그가 정말 하고 싶은 말 같았다.

　하지만 나는 월급이 1만 위안 이상일 거라거나 일이 만만할 것이라는 기대는 처음부터 하지 않았다. 다른 사람들도 마찬가지인 것 같았다. 실제로 매니저가 말을 마친 뒤 실망한 표정으로 나가거나 문제를 제기하는 사람은 한 명도 없었다. 다들 크게 기대하는 분위기가 아니었다.

    매니저는 만족스러웠는지 서류를 잔뜩 내놓으며 빈칸을 채우라고 했다. 우리가 다 적어 내자 이번에는 지점을 선택하라고 했다. 빈자리가 있는 지점의 지명을 하나씩 부를 때마다 원하는 곳이 나오면 손을 들어 지원하는 방식이었다. 매니저가 처음 부른 지명은 내가 전혀 들어본 적이 없는 곳이었다. 그때는 베이징 지명의 99퍼센트를 알지 못했으니 당연한 일이었다. 문득 지명을 끝까지 불렀는데 아는 곳이 하나도 없으면 어떡하나 하는 걱정이 들었다. 바로 그때 매니저가 '리위안梨園'이라고 말했다. 내가 구한 집이 있는 곳이었다. 이렇게 큰 베이징의 수많은 지역 중 두 번째로 호명된 곳이 리위안이라니, 나는 운이 좋다고 생각하며 운명에 떠밀린 것처럼 주저 없이 손을 들었다.

    리위안 지점의 주소와 책임자 전화번호를 받은 뒤 지도 앱으로 지점 위치를 찾아보니 집에서 도보 20분 거리였다. 아직 이른 시간인데 왜 하루를 낭비하나 싶어서 곧장 리위안 지점의 L매니저에게 전화해 등록하러 가겠다고 했다. 하지만 너무 낙관적인 처사였다. 면접을 보러 갈 때는 순조로웠던 도로가 돌아올 때는 러시아워에 걸려 꽉 막혔다. 나는 그렇게 베이징의 교통에 대해 중요한 교훈을 얻었다. 두 시간 뒤 나는 버스에서 다시 L매니저에게 전화해 오늘은 힘들고 내일 아침에 가겠다고 말했다.

꽃샘추위가 기승을 부리는 3월의 베이징은 내가 떠나온 남쪽 도시보다 기온이 10도나 낮았다. 이튿날 아침 나는 S사의 윈징리酆景里 지점이 있는 윈징거리 남쪽 동네로 갔다. 사무실은 지점 2층에 있었다. 안으로 들어가기 전 나는 옆 건물에 징둥과 D사의 지점도 있는 걸 발견했다. 그래서인지 인도 곳곳이 트럭에 치여 부서지거나 울퉁불퉁하게 파여 있었다.

L매니저는 윈징리 지점을 포함해 S사 지점 네 곳을 관리하고 있었다. L매니저를 직접 만나고 나서야 아직 면접이 끝난 게 아니라는 걸 알게 되었다. 마흔 살가량으로 보이는 L매니저는 테가 얇은 안경을 쓰고 예의 바른 미소를 지으며 말했다. 별로 바쁘지 않았는지 이런저런 이야기를 꺼냈지만, 나는 일대일로 대화할 마음의 준비를 못 했기 때문에 묻는 말에만 겨우 대답하고 다른 말은 한마디도 하지 않았다.

먼저 어디 사람이냐고 묻길래 광둥 사람이라고 대답했다. 베이징에 얼마나 오래 있었느냐고 물어서 이제 나흘째라고 답했다. 그는 이어서 왜 택배 일을 하고 싶으냐고 물었다. 솔직히 나는 내가 정말 택배 일을 하고 싶어 하는 건지 알 수 없었다. 더 좋은 선택지가 있으면 택하지 않았을 일이었다. 하지만 L매니저가 원하는 대답은 그게 아닐 듯했고 나도 그런 식으로는 답할 수 없었다. 그렇게 생각하고도 나는 실수를 저지르고 말았다. 평소 S사에 호감을 가지고 있었다고 답해야 옳았다. 그게 합리적이고 그럴싸했다. 하지만 긴장한 나머지 집에서 가까운 곳에서 일하고 싶었다고 대답했다. 물론 사실이었지만 그게 다는 아니었다. 내가 택할 수 있는 일 가운데 택배기사 수입이 높은 편이라는 게 또 다른 이유였다. 어쨌든 내 대답은 누가 봐도 무성의했다. 오로지 편의성 때문이지 심사숙고한 결정은 아니라는 것처럼 보였다.

과연 L매니저는 경계심을 보이기 시작했다. 떠보듯이 베이징에는 얼마나 있을 거냐, 왜 베이징에 오려고 했냐는 등의 질문을 던졌다. 내가 대답한 뒤에도 집안 상황은 어떠냐, 부모님 연세는 얼마나 되셨느냐, 아이가 있느냐 등등을 물었다. 그가 무엇을 걱정하는지 눈치챘기 때문에 더는 말실수를 하지 않고 그가 좋아할 법한 대답만 내놓았다.

L매니저는 이 일이 생각만큼 좋지는 않을 거라고 말했다. 나는 엄청 좋을 거라 기대하지 않는다고 답했다. 그는 택배 일이 무척 고되다고 했고, 나는 고생을 두려워하지 않으며 직전에 했던 일도 굉장히 고됐다고 말했다. 나는 그런 식의 대화가 불편했다. 그가 무엇을 신경 쓰는지 잘 알고 있었다. 내가 며칠 만에 관둘까 봐 걱정하는 것이었다. 아마 그런 사람이 많아서 골머리를 앓는 모양이었다.

대화를 통해 L매니저는 내게 아이가 없고 부모님은 의료보험과 퇴직연금이 있어서 내게 기댈 필요가 없다는 걸 알게 되었다. 내가 지고 있는 부담이 별로 없다는 뜻이었다. 그 사실이 그의 경계심을 높였다. 당시에는 L매니저가 그런 사실에 민감하게 신경 쓰는 걸 전혀 알지 못했다. L매니저는 내가 일하다가 기분 나쁜 상황이 닥치면 아쉬운 것 없으니 충동적으로 관두지 않을까 걱정하고 있었다.

다른 지원자에 비해 내 어투가 너무 점잖았던 것도 그의 경계심을 키운 이유 중 하나였다. L매니저도 점잖은 사람이지만 나중에 보니 그는 성격이 좀 '거친' 택배기사를 좋아했다. '거친' 사람은 대체로 자존심이 그리 세지 않기 때문이었다. 일을 시작하고 나서야 나는 자존심이란 게 정말이지 이 일에 있어 방해물 밖에 되지 않는다는 걸 체감할 수 있었다.

지금은 L매니저가 나를 대했던 방식과 태도를 이해할 수 있다. 나였어도 원활한 업무를 위해 비슷한 방법을 택했을 것이다. L매니저는 내가 마음에 들지 않는다는 의사를 전했지만 나와 마찬가지로 그도 직설적이거나 강압적인 성격이 아니라 아주 완곡하게 얘기했다. 내가 마음에 들지 않아도 그가 거절할 수 없었던 가장 큰 이유는 내가 첫날 멀리 이쨩까지 가서 면접을 본 뒤 원징리로 배정받아 왔기 때문이었다. 채용을 거절하려면 합리적인 이유가 있어야 했다. 그래서 L매니저는 내가 자진해서 포기하기를 원했지만 나는 그러지 않았다. 결국 그는 시큰둥하게 받아주면서 내일부터 린허리臨河里 지점에 가서 일해보라고 했다.

수습 기간과 입사

S사 린허리 지점은 원래 린허리에 있었지만, 소방 점검 때 기준 미달로 폐쇄당하고 리위안 전철역 맞은편의 빌딩 뒤쪽으로 자리를 옮겼다. 하지만 지점 이름을 바꾸지 않아 계속 린허리 지점이라 불렸다. 이런 이야기는 전부 샤오가오小高한테 들었다. 샤오가오는 수습 때 내가 따라다닌 택배기사다. 그러니까 내 사수였는데, 나보다 한참 어린 1995년생의 둥베이東北 청년이었다.

샤오가오는 리위안 지역의 싱푸이쥐幸福藝居 단지, 위안취안위안源泉苑 단지, 위차오둥리玉橋東里 단지 세 곳을 맡고 있었다. 세 단지는 철제 울타리로 경계가 나뉘어 있을 뿐 바로 옆에 붙어 있었다. 샤오가오가 내준 택배 배달용 삼륜차를 처음 탔을 때, 그는 삼륜차가 두 대 있는데 한 대는 문제가 있어서 집에 두고 지점에 있는 다른 삼륜차를 몬다고 말했다. 그러면서 "○○○는 10년 가까이 일했는데 아직도 구식 차를 몰아요. 나는 두 대나 있는데요"라고 자랑스럽게 말했다. 삼륜차가 마치 자기 재산이라도 되는 것처럼 말하는 게 무척 이상하게 느껴졌다. 나는 ○○○와 데면데면했기 때문에 이제는 이름조차 기억나지 않는다. ○○○가 정말로 10년 동안 일했는지도 확인할 수 없었다. 어쨌든 그의 삼륜차는 정말로 지점의 다른 사람들과 달리 아주 구식이었다.

그때는 샤오가오가 삼륜차 한 대를 빼돌려 지점 사람들과 매일 옥신각신했다는 사실을 몰랐다. 샤오가오는 쉬는 날마다 여자 친구와 삼륜차를 몰고 장을 보러 간다고도 자랑했다. 회사 물건을 사적인 용도로 쓸 수 있는 '복리 후생'에 무척 만족하는 듯했다.

사흘의 수습 기간은 무급이니 일할 필요 없이 사수만 따라다니라고 했지만 실제로는 일을 도울 수밖에 없었다. 누가 뻔뻔하게 가만히 쳐다보며 움직이지 않을 수 있겠는가? 결국 나는 샤오가오와 함께 일했다. 샤오가오가 건물 아래에 삼륜차를 주차하고 나면 우리는 각자 한 동씩 맡아 배달을 시작했다.

자기 구역을 훤히 꿰고 있는 샤오가오가 어느 집에 사람이 있고 없는지를 미리 알려주었다. 사람이 없을 때 물건을 현관에 놓아두면 되는 집과 신발 선반에 놓아두면 되는 집, 소화전에 넣으면 되는 집 등도 구분하여 알려주었다. 그러자 택배 일이 별로 어렵지 않아 보였다. 기억력이 좋고 한 지역에서 오래 일하기만 하면 효율이 자연스럽게 올라갈 듯했다.

수습 기간 셋째 날 오후에 지점 근방의 중젠2국 부속 병원에서 건강검진을 받았다. 그런데 결과가 사흘 뒤에야 나온다는 게 아닌가. 미리 알았으면 일을 시작하기 전에 검진부터 받았을 텐데. 하는 수 없이 하루를 쉬었다. 둘째 날 샤오가오가 전화해 물건이 너무 많아 힘들다며 도와달라고 했다. 어차피 할 일도 없으니 동네 지리도 익힐 겸 도와주는 게 좋을 듯했다. 그날 오전 배달을 마친 뒤 샤오가오는 나를 리위안둥리梨園東里의 청과 시장으로 데려가 청두식당에서 점심을 사주었다. 나는 보수 없이 일해줬기 때문에 사양하지 않았다.

샤오가오가 속한 팀은 총 여섯 명이었다. S사는 물량이 비교적 몰리는 오전에는 정신없이 바쁘다가 오후가 되면 상대적으로 한가해졌다. 그래서 오후에는 다들 빈장디징濱江帝景 입구에 모여 물건을 기다리며 잡담을 나누었다. 그날 나와 마찬가지로 갓 입사해 빈장디징의 남쪽 구역을 맡은 청년이 말했다.

"검진 결과는 50위안만 더 주면 사흘을 기다릴 필요 없이 다음 날 바로 나와요."

"그렇지 않아도 더 빨리 안 되냐고 물어봤는데 간호사는 아무 말 없던걸요?"

"돈을 더 받으려고 일부러 시간을 끄는 거예요. 먼저 주려야지, 묻는 건 소용 없어요. 돈을 받는 건 불법이라 알려주지 않거든요."

　직접 겪은 일이라니 믿는 수밖에 없었다. 나를 속여봐야 그에게는 아무 이득도 없는 일이었다. 하지만 간호사를 의심하고 싶지는 않았다. 아주 진지하고 책임감 있는 사람처럼 보였기 때문이다. 그날 오후 샤오가오가 다음 날도 도와달라고 하기에 나는 흔쾌히 그러겠다고 답했다.

　이튿날 오전에 샤오가오를 도와 물건을 모두 배달한 뒤 오후에는 병원에서 검진 결과를 받아 지점 책임자에게 제출했다. 린허리의 Z주임은 친절하지도, 말하는 걸 좋아하지도 않는 듯했다. 내 질문에 거의 대답하지 않고 심지어 쳐다보지도 않아서 선생님과 대화하는 초등학생이 된 기분이었다. 잘못한 게 없는데 혼나는 느낌이 들었다.

　그때는 면접 준비로 이틀, 수습 업무로 사흘, 여기에 건강검진 결과를 기다리느라 사흘을 더 보낸 뒤였다. 어느새 3월 27일이었다. Z주임은 나더러 옆에 앉아 기다리라 하고는 컴퓨터를 들여다보았다. 내 일을 처리하는 중인지는 알 수 없었다. 한참 뒤 그가 입을 열었는데 3월은 입사 정원이 다 차서 4월 2일이 되어야 입사할 수 있다고 했다. 수습을 마치고 건강검진까지 다 받고 나서야 정원이 찼다고 말해주다니, 합당한 절차인지 아닌지를 떠나 사람을 무시하는 것처럼 느껴졌다. 정원이 다 찼으면 왜 사람을 구한단 말인가? 게다가 그는 조금도 미안해하는 기색 없이 싫으면 관두라는 듯한 표정으로 말했다.

다음 날 아침 샤오가오가 또 전화해 도와달라고 했다. 지점에서 자신이 추가로 쓰는 삼륜차를 회수하겠다는데 기존 삼륜차는 망가진 상태여서 수리하러 가는 것을 도와달라는 것이었다. 만나고 보니 샤오가오는 지점의 누군가와 싸웠는지 화가 나 있었다. 샤오가오가 제멋대로 굴면서 지시를 잘 따르지 않는 골칫거리일 수도 있겠다는 생각을 그때 하게 되었다.

우리는 멀쩡한 삼륜차로 고장 난 삼륜차를 끌며 린허리의 샤오제즈춘자위안小街之春嘉園으로 갔다. 그곳에 가게 입구 폭이 1미터밖에 안 되는 작은 수리점이 있었다. 샤오가오는 나에게 그곳에 남아 있으라 하고는 물건을 배달하러 갔다. 수리점에 앉아 지루해하면서 주변을 이리저리 둘러봤던 기억이 아직도 선명하다.

가게의 시멘트 바닥은 울퉁불퉁하게 파였지만 기름때에 덮여 반질반질했다. 각종 부품이 사방의 벽을 따라 어지럽게(그러나 사장의 눈에는 질서 있게) 놓여 있었다. 손님이 두 사람 왔던 것도 기억난다. 나이 많은 아주머니가 예약해놓은 배터리를 찾으러 오자 사장은 내가 예상했던 가격보다 훨씬 싸게, 600위안인가 700위안인가를 받았다. 또 다른 손님은 중년 남자로 배터리

가격만 물어보고 사지는 않았다.

　이상하게도 그런 사소한 일들은 다 기억나는데 그때 왜 혼자 남아서 기다렸는지는 기억나지 않는다. 생각해보면 삼륜차를 사장에게 맡기면 됐지, 누가 남아서 기다릴 필요는 전혀 없었다. 심지어 삼륜차를 수리하지도 못했다. 가게 사장은 한참을 만지작거리다가 필요한 도구인지 부품인지가 없다고 했다. 그래서 우리는 점심때 더 큰 수리점이 있는 리위안둥리의 청과 시장으로 삼륜차를 가져갔다. 거기에는 사람이 많아서 줄을 서야 했다. 점심을 먹고도 한참이 지난 뒤에야 겨우 삼륜차를 보여줄 수 있었다. 하지만 큰 가게에서도 수리는 불가능하다고 했다.

　S사가 쓰는 쭝선宗申 전기 삼륜차는 표준 규격과 달라 공장에 따로 주문해야 하는 부품이 몇 개 있다고 했다. 오후 4~5시까지 이 일로 시달렸건만 결국 차를 고칠 수 없다는 말이었다. 상황을 전달하자 샤오가오는 삼륜차를 지점으로 가져가달라고 했다. 샤오가오는 배달 중이라 시간을 낼 수 없었다. 나는 삼륜차를 끌고 거의 한 시간을 걸어야 했다.

　그러고 나서도 이틀을 허비했다. 그새 나에게 많이 의지하게 된 샤오가오는 매일 도와달라고 했다. 내가 자기보다 나이도 많고 해서 의지할 만하다고 느끼는 모양이었다. 어쩌면 팀원들과 사이가 별로 좋지 않으니 외부인의 도움을 받으려 했던 것일 수도 있다. 효율을 높이기 위해 우리는 따로 움직였다. 나는 배달 물건을 포대에 담아 들쳐 멘 채 공용 자전거를 타고 단지에 들어갔고, 샤오가오는 다른 곳으로 배달을 하러 갔다. 일이 끝나면 다시 만났다. 샤오가오가 매일 도와달라고 해서 나는 채용 절차가 끝나면 당연히 그 팀에 남을 줄 알았다. 미리 동네 지리를 익히고 팀원들과 친해지면 나중에 도움이 될 거라 생각했다. 하지만 내 생각과 달리 채용 이후에 근무 지점은 무작위로 배정되었고, 나는 다른 팀으로 가게 되었다.

샤오가오의 팀에는 이상한 사람이 하나 있었다. 그는 내 사정을 들은 뒤 "일단 무조건 일하세요"라고 말했다. 그 사람은 팀장이었다. 여기서 설명을 좀 하자면, 팀장이란 건 정식 직함이 아니었으며 팀장이라고 해서 월급을 더 받는 것도 아니었다. 보통 팀에서 가장 오래 일한 사람이 팀장을 맡아 팀 업무를 조정하거나 지점 관리자와 연락을 주고받았다.

팀장이 내게 무급 노동을 요구한 건 자기 입장만 생각했기 때문이다. 오래 일했기 때문에 가장 좋은 구역만 맡아온 그는 가장 벌이가 괜찮은 일이나 가장 수월한 일, 아니면 그 사이에서 적당한 균형을 이루는 좋은 일들을 독차지하고 있었다. 팀장은 자신도 처음에 열흘 정도는 무급으로 일했다고 했다. 채용 절차를 아무도 알려주지 않았고 자기 역시 책임자를 찾지 않았는데, 심지어 절차가 끝나지 않으면 임금이 없다는 사실조차 몰랐다고 했다. 다음 날 그는 S사의 W사장을 숭배한다고 말했다. 또 매년 설이면 S사에서 전국 40만 명의 현장 직원 가운데 우수직원 100명을 뽑아 전세기로 본사 총회에 보내주는데 자신이 뽑히면 좋겠다고도 했다. 그런 말을 얼마나 진지하고 간절한 표정으로 하던지 나는 무슨 말을 해야 할지 알 수가 없었다. 다른 팀원들도 그를 별로 좋아하지 않는 듯해 나도 최대한 그를 무시하려 했다.

어느 순간 무산계급으로서 각성한 나는 샤오가오가 또 도와달라고 했을 때 일이 있어서 더는 도울 수 없겠다고 답신을 보냈다. 그 뒤 이틀 동안은 장을 봐서 집에서 요리를 하고 청소도 했다.

  사흘째 되는 날인 4월 2일 아침에 나는 드디어 린허리 지점으로 가서 Z주임한테 그의 서명이 들어간 인사기록부를 받았다. 그리고 오후 1시에 원징리 지점의 L매니저를 찾아갔다. 그런데 사무실에 사람은 없고 '입사 수속은 오후 2시부터'라는 안내문만 문에 붙어 있었다. 잠시 뒤 처음 보는 사람 몇 명이 줄줄이 들어왔는데 전부 입사 수속을 하러 온 사람이었다. 다들 호기심 어린 눈으로 서로를 훑어보고 나서 고개를 숙이고는 말없이 휴대전화만 들여다보았다.

  3시가 다 되어서야, 아니 3시가 넘어서야 L매니저와 사무직원 두 명이 느긋하게 떠들면서 돌아왔다. 점심을 먹고 온 모양이었다. 그중 한 여자 사무직원이 재무와 더불어 우리의 입사 수속을 담당하는 사람이었다. 그 직원은 동료와 웃으며 이야기하다가 우리를 보고는 얼굴을 찡그렸다. 우리를 향한 혐오를 조금도 숨기려 하지 않았다.

내 차례가 되어 서류를 건네고 그가 컴퓨터에 내 이름을 검색했는데 신상 정보가 검색되지 않았다. 그제야 나는 Z주임이 인사기록부만 주었지, 인사 시스템에 내 정보를 입력하지 않았다는 사실을 알게 되었다. 재무 직원은 나더러 Z주임에게 되돌아가라고 하면서 내가 제출한 자료를 훑어보더니 혈액검사의 '호중구 수치'가 정상보다 조금 높다는 걸 짚어냈다. 재무 직원은 건강검진 결과서를 가리키며 무표정하게 말했다.

"건강검진표에 문제가 있으면 수속이 불가능해요."

사무실에서 나온 나는 곧장 병원으로 갔다. 나는 결과서를 내밀며 당직 의사에게 물었다.

"혈액검사 수치가 이상한데 왜 소견서에는 다 정상이라고 쓴 겁니까?"

의사가 내 결과서를 살펴본 뒤 의아하다는 듯이 반문했다.

"S사에서 이것 때문에 입사를 못 시키겠답니까?"

내가 그렇다고 대답하자 그가 설명했다.

"이 수치는 아무 영향이 없습니다. 멀쩡한 사람들에게도 염증은 수시로 생길 수 있고 그럴 때마다 이 수치가 요동쳐요. 며칠 지나면 회복됩니다. 이것 때문에 입사하지 못한다니 정말 황당하군요."

의사는 고개를 저으며 너무 황당하다고 되풀이했다. 정말로 황당해서 그러는 건지, 아니면 내가 씩씩거리자 달래려고 그러는 건지는 알 수 없었다.

"그럼 정상 수치로 고쳐주십시오."

내 말에 의사가 얼른 대꾸했다.

"아니, 그건 안 됩니다. 병원에도 규정이 있어요."

"그럼 어떻게 해야 합니까?"

"다시 혈액검사를 하세요."

혈액검사를 새로 하려면 돈을 내야 해서 내가 물었다.

"다시 검사했는데 결과가 똑같으면요?"

의사는 안심하라면서 그럴 리 없다고 답했다. 의사의 말은 좀 이상했다. 그런 걸 어떻게 확신할 수 있단 말인가? 혹시라도 또 염증이 생겼다면? 하지만 나는 의사의 제안에 따라 이튿날 아침 다시 피를 뽑을 수밖에 없었다. 그러고 나서 린허리 지점으로 돌아갔는데 Z주임이 자리에 없어서 사무직원에게 내 이름을 입사자 신청 명단에 넣어달라고 했다.

재검 결과는 그날 오후에 바로 받았고 전부 정상이었다. 그것으로 검사 결과서를 사흘이나 기다릴 필요가 없었다는 게 증명되었다. 그때 혈액검사 이외의 다른 건강검진 항목은 즉시 결과가 나왔기 때문이다. 이전 건강검진 때 설령 오후에 피를 뽑았어도 이튿날이면 결과가 나왔다는 뜻이었다. 피를 한 번 더 뽑느라 결국 나는 50위안 정도를 더 썼다. 그때 귀띔해준 택배기사의 말대로 확실히 문제가 있는 병원이었다.

4월 4일 아침에 세 번째로 L매니저의 사무실에 찾아갔다. 그런데 L매니저는 재무 직원이 휴가 중이라 입사 수속이 불가능하니 다른 날 다시 오라고 했다. 베이징에 도착하고 아직 본격적으로 일을 시작하지 않아 한가로운 시간이 꽤 많았던 나는 저녁마다 간단하게 일기를 쓰고 있었다. 다만 무슨 일을 했는지만 적었지, 어떤 생각을 했는지는 적지 않았다. 그 바람에 그때 일기를 들춰 봐도 내가 어떤 심정으로 지냈는지 기억이 나지 않는다. 나는 웬만하면 다른 사람의 뜻을 거스르지 않는데, 그날은 L매니저의 말을 따르지 않고 린허리 지점의 Z주임을 찾아갔다. 그때 이미 L매니저를 믿지 못하게 되어 그랬던 것 같다.

    두 지점은 도보로 30분이면 도착할 수 있을 만큼 가까운 거리에 있었다. Z주임은 급하면 회사 본부에 가서 입사 수속을 하라고 알려주었다. S사의 베이징 본부는 리위안에서 30여 킬로미터 떨어진 순이順義구의 공항물류단지에 있었다. 바로 출발했는데도 오후가 되어서야 도착했다.

    본부 인력자원팀 직원들은 무척 젊고 교양 있고 열정적이었다. 학력 수준이 높을 게 분명한 그들은 사람을 대하는 방식도 지점 사람들과는 완전히 달랐다. 그곳에 가서야 나는 S사가 현대적인 방식으로 운영되는 회사라는 것을 체감할 수 있었다. 그들은 왜 이렇게 멀리까지 와서 입사 수속을 하느냐고 물었다. 나는 리위안의 재무 직원이 오늘 출근하지 않아서라고 답했다. 그들 사이에서 "또 그 사람이군"이라고 작게 중얼거리는 소리가 들려왔다. 보아하니 어쩌다 한번 있는 일이 아닌 모양이었다. 이어서 그들은 린허리 지점의 사무직원이 내 신분증 사본을 제출하지 않아서 입사 수속이 불가능하다고 했다.

내가 곧장 전화를 걸자 사무직원이 말했다.

"그럴 리가요. 어제 분명히 보냈어요."

그래서 다들 메일 보관함을 뒤지기 시작했고, 결국 린허리 직원이 내 신분증 사본을 인력자원팀이 아닌 다른 직원의 메일 주소로 보냈다는 것을 알게 됐다. 그냥 새로 복사하라고 신분증을 내밀었지만, 그들은 공안국에서 신분증 심사를 받아야 해 당일에는 결과를 알 수 없다고 했다. 그런데 다음 날은 청명절이었고 토요일, 일요일까지 내리 쉬기 때문에 다시 사흘을 기다려야 하는 상황이 되었다.

집으로 돌아오면서 나는 일정이 이렇게 꼬인 게 내가 유난히 재수가 없어서인지 아니면 L매니저 같은 사람이 일부러 딴지를 걸어서인지 곰곰이 생각해보았다. 기분이 나쁘다 보니 L매니저가 일부러 방해한 것이라는 쪽으로 마음이 기울었다. 처음 이 쪽에 갔던 3월 20일로부터 이미 보름이 흘렀다. 보름 내내 S사에 들어갈 준비만 했지, 다른 일자리를 알아볼 생각은 하지 않았다. 돈을 내고 건강검진을 받은 데다 7~8일을 무보수로 일했으니 최소한 그 비용만큼은 보상받아야겠다는 생각이 들었다.

　그때 샤오가오가 또 연락해왔다. 내 채용 절차가 처리되지 못했다고 들었다면서 아예 입사를 하지 말라고 했다. 자기가 일이 생겨서 고향에 가는데 언제 돌아올지 모르겠다며, 휴가를 사흘 이상 낼 수 없으니 일단 자기 사번으로 출근을 하라고 제안했다. 그러면 자신에게 들어오는 급료를 내게 주겠다는 것이다. 또 자신이 돌아온 뒤에도 계속 도와주면 좋겠다면서 두 단지를 더 배정받아 내게 넘길 테니 자기 사번을 같이 쓰자고 했다. 전혀 믿을 만하지 않은 제안이었으므로 당연히 거절했다. 설령 그렇게 일하는 게 가능하다고 하더라도 샤오가오는 삼륜차가 있지만 나는 없었고, 그가 멋대로 갖고 있던 여분의 차량도 이미 회수당한 뒤였다. 샤오가오는 그런 문제를 전혀 고려하지 않고 있었다.

청명절 연휴가 끝나고 4월 8일 오후 나는 윈징리 지점 사무실을 다시 찾아갔다. L매니저와 두 사무직원은 지난번처럼 3시까지 점심을 먹고 느긋하게 돌아왔다. 그날 입사 절차를 밟으러 온 사람은 나밖에 없었다. 재무 직원은 정원이 다 찼다면서 다른 자리로 바꿔야 한다고 했다. 다시 하루를 기다려야 한다는 뜻이었다.

짜증스럽게 얼굴을 찡그리는 모습을 보자 나는 다른 자리라는 게 무슨 뜻이냐고 물을 수가 없었다. 정직원 자리가 다 차서 임시직으로 들어갔다가 자리가 날 때 다시 옮겨야 한다는 뜻임을 나중에서야 알았다.

임시직은 기본급과 보조금이 없으며 5대 보험도 제공되지 않았다. 대신 배송 업무만 하고 수거는 하지 않으며 급료는 배송 건당 2.2위안으로 정직원의 건당 1.6위안보다 높았다. 또 1킬로그램이 넘는 물건은 킬로그램당 0.2위안의 추가 비용을 받았다. 대금을 대신 받아야 하는 홈쇼핑 물건 등 특별 품목에도 추가 비용이 붙었다.

기존 인사기록부가 폐기되어 이튿날 아침 린허리 지점의 Z주임을 또 찾아갔는데 뜻밖에도 자리에 없었다. 그날 아침에는 윈징리 지점에 가서 12시는 되어야 온다는 것이었다. 나는 기다리기 싫어서 윈징리 지점으로 갔다. 하지만 L매니저의 사무실에는 아무도 없었고 문도 잠겨 있었다. 아래층 창고 관리자가 L매니저는 이렇게 일찍 오지 않는다고 알려주었다. 어쩔 수 없이 집으로 돌아가 11시에 다시 갔다. 이번에는 Z주임을 만날 수 있었지만 허사로 돌아갔다.

"여기 와서 어쩌라는 겁니까? 린허리 지점에서 기다리세요."

나는 속으로 당신들이 나를 보름 넘게 가지고 놀지 않았으면 이 지경이 되었겠느냐고 중얼거렸다.

　오후에 드디어 임시직 인사기록부를 Z주임한테서 받았다. 재무 직원이 또 출근하지 않았지만 나는 이미 익숙해졌고 만나고 싶지도 않았다. 두 시간 넘게 걸려 본부로 가 마침내 입사 수속을 끝냈다. 수속을 진행할 때 100킬로그램쯤 되는 뚱뚱한 사람이 내 앞에 있었다. 퇴사했다가 되돌아온 사람이었다. 책임자는 그의 건강검진 결과서를 보고는 혈액에 이상이 있다고 지적한 뒤 눈살을 찌푸리며 물었다.

　"퇴사하고 집에만 있어서 살이 쪘죠?"

　사람들이 웃음을 터뜨렸다. 그는 얼굴만 붉힐 뿐 아무 대답도 하지 못했다. 그때 누군가 "친구한테 대신 검사해달라고 하지 그랬어요"라고 조언했다. 그런데 책임자는 그 말을 듣고도 그러면 안 된다는 질책조차 하지 않았다.

떠돌이 신세

린허리 지점에서는 60여 명의 택배기사가 10여 개의 팀으로 나뉘어 일하고 있었다. 나는 바로 삼륜차를 배정받지 못했다. 입사 절차가 미뤄지는 동안 지점의 삼륜차가 다 배정돼버린 탓이었다. 나와 같은 날 입사한 사람이 한 명 더 있었는데 그는 고향 친구가 있어서 입사 절차도 도와주고 삼륜차도 미리 확보해주었다. 반면 나는 아는 사람이 없었기 때문에 지점 전체에서 삼륜차 없이 일하는 세 명 가운데 하나가 되었다. 그래도 나보다 며칠 먼저 들어온 다른 두 사람은 팀이라도 배정받았지, 나는 모든 팀이 만원이라는 이유로 팀조차 배정받지 못했다.

그렇게 붕 뜬 상태로 아침마다 지점으로 출근했다. 그러면 Z주임이 휴가 등으로 결원이 생긴 팀에 임시 배치해주었다. 결원이 생긴 팀이 없으면 임의로 아무 팀에나 끼워 넣어졌다. 그다지 좋은 경험은 아니었다. 힘은 힘대로 드는데 효율적으로 일하지 못하니 짐짝 취급이었다. 삼륜차라도 있으면 나았을 텐데. 기존 직원들이 단지에 내려주면 걸어서 물건을 배달해야 하니 다른 사람들보다 더딜 수밖에 없었다. 부피가 큰 물건은 메고 갈 수 없어서 결국 다른 사람이 배달해야 했다. 매일 다른 단지를 도는 것도 효율을 떨어뜨렸다.

어떤 단지는 지도 앱에 번지수가 표시되지 않았다. 그럴 때는 지나가는 사람에게 물어볼 수밖에 없는데 간혹 엉뚱한 방향을 알려주는 사람이 있었다. 또 어떤 단지는 지도에 번지수가 떠도 진입로나 출입문이 표시되지 않아 멀리 돌아가야 했다. 같이 일하는 동료는 그런 것들을 일일이 알려주지 않았다. 솔직히 하루 도와주러 와서 이튿날이면 다른 팀으로 갈 사람한테 가르쳐 줘봐야 시간 낭비일 뿐이라는 건 나도 알았다. 그러다 보니 어떤 팀에서는 나를 태우고 한 동씩 다니기도 했다. 하지만 그러면 독립적으로 일하는 게 아니라서 별 도움이 되지 못했다. 게다가 무보수 수습도 아니었기 때문에 내가 일한 몫은 떼어줘야 했다. 그런 온갖 이유에 Z주임의 밀어넣기식 배치까지 있었으니 그들이 나를 어떻게 대했을지는 상상하기 어렵지 않을 것이다.

가끔 예외 상황도 있기는 했다. 예를 들어 팀원이 두 명뿐인 아주 이상한 팀이 있었다. 담당 구역이 작아서 세 사람이 맡으면 1인당 수입이 확 떨어지는 팀이었다. 이유는 정확히 모르지만 인근의 다른 팀들은 그들이 인력을 늘릴 수 있도록 구역을 나눠

주지 않았다. 두 사람은 매일 쉴 새 없이 일해야 했다. 한 사람이 쉬면 다른 사람이 구역 전체를 맡아야 하는데, 혼자서는 도무지 감당할 수 없는 업무량이었다. 하지만 누군가 못 나오는 상황이 어떻게 없을 수 있겠는가. 그때는 한 사람이 발에 종기가 나서 며칠 출근할 수 없게 되었다. 그래서 도와주러 갔더니 남은 사람이 무척 반겨주었다.

이 팀 저 팀 떠돌다 보니 지점 내 10여 개 팀의 담당 지역을 대부분 돌게 됐다. 동쪽으로는 차오좡喬莊의 치링주링七零九零 단지, 서쪽으로는 주커九棵 시노펙 주유소 옆의 25하오위안25號院, 남쪽으로는 투차오土橋의 신차오자위안欣橋家園 단지, 북쪽으로는 윈허시다제運河西大街 남단에 이르렀다. 그러다 나중에 페이거飛哥라는 사람과 함께 일하게 되었다. 다른 사람과 달리 페이거는 배송비를 나누는 것에 신경 쓰지 않아서 우리는 임시 파트너가 되었다. 나는 그의 삼륜차를 타고 함께 배달하러 다녔다.

    페이거는 어려서부터 일을 시작해 산에서 터널도 파보고 도로도 보수해봤다고 했다. 또 여러 동물을 키워봤다면서 나귀 이야기를 꺼냈는데 나는 건성으로 듣고 있다가 말은 기르기 어렵지 않냐, 돈은 얼마나 드냐고 물었다. 페이거는 한심하다는 듯 말을 길러서는 돈을 벌 수 없다고 했다. 그러고는 사실 나귀를 길러도 돈을 못 번다고 말했다. 하루는 같이 배달하는 중에 베란

다에서 비둘기 키우는 사람을 보았다. 페이거는 자신도 비둘기를 길러보았다며 경기용 비둘기는 한 마리에 수천 위안씩 하고 혈통이 좋으면 몇만 위안까지 간다고 말했다. 그는 동물을 기르는 데 관심이 많았다.

　페이거와 함께 일하는 건 편했지만 벌이가 시원치 않았다. 그는 진취성 없이 허송세월하는 부류였다. 4월이 되자 두릅을 따며 시간을 보냈다. 페이거는 낯선 사람들과도 잘 어울렸다. 어느 날은 두릅을 따는 노부부에게 말을 걸더니 두릅 좀 달라고 해서 얻어내기도 했다. 하지만 그 정도로는 간에 기별도 안 갔는지 적당한 나무가 보일 때마다 기어 올라가 두릅을 땄다.

페이거는 S사에서 반년이나 일했지만 여전히 임시직이었다. 그의 팀에는 정규직이 네 명 있었고 그중 두 명은 페이거보다 늦게 입사했던 걸 보면, 정규직으로 전환하지 않은 건 페이거의 뜻이 분명했다. 그는 임시직이 자유롭고 더 좋다고 했다. 지난 설만 해도 베이징에 남아 일하려는 택배기사가 별로 없자 회사에서 임시직의 배달료를 건당 3위안으로 올려주더라는 것이다. 설 연휴 때 정규직보다 많은 돈을 벌어 만족스러웠는지, 페이거는 정규직으로 전환하지 않겠다는 생각을 굳혔다.

　어느 날 페이거가 일을 내팽개치고 나를 차오좡의 동식물 시장으로 데려갔다. 한바탕 비가 쏟아진 뒤라 날이 살짝 서늘했다. 바닥은 개펄처럼 진창과 웅덩이 천지였고 멀지 않은 곳에는 송전탑이 줄줄이 늘어서 있었다. 동식물 시장이라지만 사실 제멋대로 늘어선 단층 상점 몇 줄과 노점상이 전부였다. 휴일이 아니어서인지 무척 썰렁했다.

시장을 잘 아는 페이거는 제일 먼저 분재 노점으로 갔다. 꽃모종을 사려 했지만, 가격 협상에 성공하지 못했다. 이어서는 고양이와 개를 파는 노점으로 나를 데려갔다. 내가 식물이 아니라 개나 고양이를 좋아할 것 같은데 자기 일만 보기 미안해서였다. 그런 다음 거북 가게로 가 흥정을 시작했다. 쉰 전후로 보이는 사장은 거북이 담긴 종이 상자를 보여줬지만 별로 친절하지는 않았다. 사실 페이거는 집에서 기르는 악어거북에게 짝을 찾아주러 온 것이었다. 그런 상황은 전부 나중에 들어서 알았지, 당시에는 몰랐다.

페이거가 갑자기 4~5킬로그램은 되어 보이는 거북의 꼬리를 잡아 들어 올리더니 엉덩이를 보고 암컷인지 수컷인지 구별하는 법을 알려주었다. 거북은 무척 사나워 보였다. 피부와 등딱지에 날카로운 돌기가 가득하고 매 부리처럼 뾰족한 입이 인정사정없을 듯했다. 하지만 보기와는 달리 매우 온순해 전혀 반항하지 않았다. 사장도 옆에서 보기만 할 뿐 아무런 개입도 하지 않았다. 그걸 빌미로 사라고 강요하지도 않았고 '사지 않을 거면 만지지도 말라'고 소리치지도 않았다.

페이거가 거북을 살 줄은 전혀 예상하지 못했다. 당시 나는 악어거북에 대해 아는 게 하나도 없어서 진짜 악어거북과 가짜 악어거북을 구분할 줄 몰랐다. 페이거가 거북의 꼬리를 들고 있던 모습을 이제 와 떠올려보면 꼬리가 두꺼운 게 분명 가짜 악어거북이었다. 페이거는 살 마음 없지만 그냥 물어보는 모양새로 가격을 불렀다. 쉽게 팔리지 않는 거북이었는지 사장은 난색을 보이면서도 결국 받아들였다. 페이거는 거북이 든 종이상자를 들고 나는 그 뒤를 따라 시장을 나왔다.

내가 구역을 모두 파악하자 페이거는 한층 더 게을러졌다. 매일 오후가 되면 집에 가겠다면서 나한테 자기 삼륜차를 쓰라고 했다. 사실 삼륜차 한 대로 둘이 일하는 건 혼자 일하는 것보다 딱히 효율적이지 않았다. 그러느니 적게 벌고 많이 쉬겠다며, 자기는 원래 부지런한 사람이 아니라고 했다.

지금 돌아보면 페이거는 좋은 사람이었다. 노상 투덜거리고 불성실한 인상을 주었지만 악의가 없었다. 실제로 페이거는 나한테 손해를 끼친 적도 없고 나를 이용한 적도 없었다. 돈을 벌기 위해서가 아니라 정말 좋아해서 식물을 길렀고, 동물한테도 다정했다. 한번은 오래된 기숙사에 배달을 나간 적이 있는데 갑자기 구석의 담장 구멍을 가리키며 길고양이들이 살고 있다고 말했다. 그러고는 삼륜차를 멈추고 내려서 고양이 관심을 끌려고 고양이 울음소리를 냈다.

아쉽게도 얼마 뒤 팀이 바뀌어 페이거와 만날 일이 적어졌다. 더 나중에 회사를 옮긴 뒤에는 점점 연락이 뜸해졌다. 하지만 페이거의 모멘트(위챗에서 글과 사진을 올릴 수 있는 곳으로 카카오스토리와 비슷하다—옮긴이)에 하루가 멀다고 S사의 영업 광고가 올라오는 것으로 볼 때 여전히 S사에 있는 모양이었다.

보름쯤 더 지났을 때 드디어 삼륜차가 배정됐다. 나는 차를 가지러 30여 킬로미터가 떨어진 순이의 톈룽天龍자동차부품세상까지 가야 했다. 6환로에 있는, 사람은 없고 차만 잔뜩 늘어서 있는 곳이었다. 자동차부품세상은 이미 도산해 없어졌고 버스정류장에만 이름이 남아 있었다. 그 공터를 S사가 임대해 중고 택배 차량 보관소로 쓰는 것이었다. 둘러보니 수백 대의 차가 빽빽하게 늘어서 있었다. 삼륜차도 있고 이륜차도 있었는데 대부분 형편없는 상태였다.

차량 보관소에는 젊은 남자 세 명이 일하고 있었는데, 수리기사라고 했다. 그중 둘은 미성년자 같았고 나머지 하나도 무척 젊었다. 세 사람 모두 러닝셔츠에 반바지 차림이고 꾀죄죄했다. 한 사람이 차량 몇 대를 가리키며 말했다.

"여기 있는 게 수리가 끝난 거예요. 한 대 고르세요."

그들이 보여준 차는 하나같이 엉망이었다. 대부분 문이 제대로 닫히지 않았고 화물칸에서 올려다보니 지붕에 구멍이 나서 빛이 들어왔다. 비가 샐 게 분명했다. 한 번도 세차한 적이 없는 것처럼 더러웠다. 차체가 부서졌거나 한눈에도 결함이 보이는 차도 많았다. 그중 한 대는 뒷바퀴 두 개의 지름이 달라 차체가 기우뚱했다. 움직이는 것 자체가 기적 같아서 나도 모르게 수리 기사들을 감탄의 눈길로 쳐다보게 되었다.

페이거는 입사했을 때 새 차를 받았다. 이미 반년을 몰았지만 눈앞의 차보다 훨씬 상태가 좋았다. 페이거의 차에 익숙해져, 그렇게 낡은 차를 보자 나도 모르게 실망이 앞섰다. 평소 새것만 찾지 말고 쓰던 걸 끝까지 쓰자는 주의였지만, '내가 너무 기대치가 높았나' 생각하면서도 실망감이 드는 걸 막을 수는 없었다.

그래도 울며 겨자 먹기 심정으로 한 대를 고를 수밖에 없었다. 땅바닥에 떨어진 과자 가운데 그나마 깨끗한 걸 골라내는 마음이었다. 수리 기사가 배터리를 장착하고 자물쇠를 단 뒤 열쇠를 건네주었다. 그제야 내 삼륜차에 리튬 배터리가 아니라 납축 배터리가 들어간다는 사실을 알게 됐다. 납축 배터리는 무게가 보통이 아니라 두 개를 합하면 30킬로그램이 넘었고 나는 엘리베이터가 없는 6층에 살고 있었다. 매일 퇴근 후 배터리를 가져가 충전하고 아침에 들고 내려와야 하는데, 고생이 눈에 선했다.

차를 몰아 지점으로 간 뒤 곧장 투차오로 지원을 나갔다. 신차오자위안 단지에서 후진하고 있을 때 갑자기 삼륜차가 멈춰섰다. 삼륜차를 끌고 가까운 수리점을 찾아갔다. 화물칸에 물건이 가득 실린 데다 경사까지 있어서 온몸에서 땀이 줄줄 났다. 수리점 주인은 키가 무척 작았지만 자신감 넘쳤다. 그는 의심할 여지가 없다는 듯 말했다.

"제어기가 망가졌네요, 바꿔야 합니다."

삼륜차로 한 푼 벌기도 전에 150위안을 내놓아야 했다. 돌아오는 길에 만난 동료들이 "속았네요. 접촉 불량일걸요"라고 말했다. 사실 수리 기사가 제어기 고장이라고 했을 때 나도 같은 의심을 했다. '수리 기사가 접촉 불량인 걸 알면 그것만 고치고 10위안을 받을까? 아니면 그래도 제어기 고장이라며 150위안을 받을까?' 생각했던 것이다. 하지만 이미 제어기를 교체했으니 수리 기사를 믿기로 했다. 어쨌든 정말이었을 가능성도 있지 않은가. 그날 밤 삼륜차를 집 아래 주차해놓으니 마침내 안정적으로 일할 수 있겠다는 안도감이 들었다.

정식 팀원이 되었지만

 삼륜차를 받고 얼마 뒤 정식으로 팀에 합류했다. 우리 팀이 맡은 구역은 투차오 지하철역 이남의 이루이둥리頤瑞東里 일대였다. 나는 그중에서 가오러우진高樓金과 신청러쥐新城樂居 두 단지와 옆쪽의 유니버설스튜디오 공사장을 맡았다. 공사 중이라고 봉쇄해놓은 유니버설스튜디오는 면적이 무척 넓었다. 알아보니 총면적이 4제곱킬로미터에 이르렀으며, 그 넓은 땅에 전부 울타리를 쳐놓았고 출입문도 20여 개나 되었다. 나는 췬팡난제群芳南街 남쪽, 신청러쥐 맞은편에 있는 3호 대문을 맡았다.

 3호 대문은 하루 평균 물량이 10여 개로 배달 건이 많지는 않지만 배달하기 쉽지 않았다. 일단 공사장 안에 들어갈 수 없어 문 앞에서 기다려야 했다. 문 앞에는 택배함도 없고 경비원이 대신 받아주지도 않았다. 공사장은 수많은 구역으로 나뉘고 구역별로 시공업체가 다른데 경비원은 그런 시스템과 별도로 고용되어 있었다. 수취인들은 대부분 차가 없어 걸어오기 때문에 그렇지 않아도 20여 분이 걸리건만 꾸물대기까지 했다. 적어도 내 눈에는 꾸물대는 것처럼 보였다.

정말로 바빠서 택배를 받으러 올 수 없는 사람도 있었다. 예를 들어 온라인 쇼핑을 즐기는 타워크레인 기사가 그랬다. 택배가 왔다고 전화하니 그는 고공 작업 중이라 내려올 수 없다며 내일 다시 와달라고 사과했다. 하지만 다음 날 갔을 때도 여전히 고공 작업 중이라며 그다음 날로 연기했다. 그런 택배는 몇 번을 찾아가야 겨우 배달할 수 있었다. 그런데도 그의 쇼핑 열기는 꺼지지 않았다.

여름날 삼륜차를 3호 대문 앞에 세우면 철판은 순식간에 손이 델 정도로 뜨거워졌고 열 통 넘는 전화를 돌리고 나면 어느새 땀투성이가 되었다. 하루에 두 번씩 갔는데, 갈 때마다 30분 이상 기다렸고, 영 나오지 않는 사람에게는 계속 전화를 해서 재촉해야 했다. 다 왔다는 말은 시간을 끌려는 거짓말일 때가 많았다. 심지어 내가 떠난 지 한 시간이 지난 뒤에야 나타나 "지금 나왔는데 안 계시네요?"라고 전화해 따지는 사람까지 있었다.

매일 가오러우진부터 배달을 시작했다. 아침에 지점에서 출발해 20여 분이면 도착했다. 가오러우진 주민의 절반은 도시 정비 사업에 따라 외지로 나갔다가 주택이 지어진 뒤 다시 들어온 농민들이었다. 단지 대문으로 들어가면 오른쪽에 너비 5미터, 높이 3미터의 대형 스크린이 있었다. 매일 아침 삼륜차를 몰아 들어갈 때마다 스크린에서는 뉴스가 방영되고 있었다. 야외 영화를 상영하던 농촌의 풍습이 그대로 이어진 모양이었다. 마을 사람 중 누가 세상을 뜨면 가족이 단지 밖에 임시 빈소를 차리고 조문을 받았다. 빈소는 색색으로 꾸며졌다. 조립식 빈소는 길이가 30~40미터, 높이 3미터, 너비 4미터에 이르는 데다 출입하는 쪽에는 처마와 기둥, 아치까지 있었다. 처음 빈소를 봤을 때 나는 어느 대형 가전 브랜드에서 판촉 행사를 하는 줄 알았다.

가오러우전은 총 열여섯 동으로 구성되었고 1동에서 7동에는 기존 마을 주민이, 8동에서 16동에는 외지에서 온 세입자가 살았다. 원주민 동은 배달이 쉬웠다. 전부 현지인이라 낮에 노인들이 집에 있었다. 장을 본다든가 하는 이유로 잠시 집을 비웠더라도 물건을 문 옆이나 계량기함에 두면 됐다. 마을 사람들은 서로 잘 알고 챙기기 때문에 광고지를 붙이는 사람조차 함부로 들어오지 못했다.

그와 달리 세입자 동은 구성원이 복잡했다. 대부분 베이징 호적이 없는, 외지에서 온 젊은이들로 여럿이 함께 세를 얻어 살기도 했다. 당연하게도 낮에는 다들 일하러 가 집에 사람이 없었다. 한집에 살아도 서로 잘 모르고 낯선 사람이 많이 드나들어 택배 물건이 잘 사라졌다. 처음 가오러우전에 갔을 때 같은 팀 동료는 내게 8동에서 16동을 맡기고 자신은 1동에서 7동을 맡았다. 나는 매일 가오러우진 절반과 신청러쥐 전체, 유니버설스튜디오 공사장을 오가느라 숨 돌릴 새 없이 바쁘고 피곤했다.

시간이 가면서 부정적인 감정이 차올랐다. 같은 구역 안에도 배달하기 좋은 곳과 나쁜 곳이 있고, 누가 좋은 곳을 맡으면 다른 사람은 나쁜 곳을 맡아야 한다는 사실 때문이었다. 동료들끼리 제로섬게임을 하는 듯 내가 좋거나 남이 좋을 뿐, 모두가 좋을 수 없었다.

새로 들어오면 제일 나쁜 단지에서 시작해야 하기 때문에, 버티지 못하고 떠나는 사람이 많았다. 떠나지 않고 남은 사람은 조금 나은 단지로 갈아탈 기회가 생겼고 그러다 좋은 단지를 얻으면 오래 자리를 지켰다. 배달하기 힘든 단지는 새로 온 사람에게 넘겨졌다. 처음에는 아무것도 몰라 따지지 않았던 신입도 시간이 가면 불공평하다고 느끼게 된다. 그런 심적 변화는 한두 달, 때로는 그보다 훨씬 빨리 찾아왔다. 개선될 여지가 보이지 않으면 신입은 남아 있지 않는다. 그래서 팀원의 절반은 변하지 않는데 나머지 절반은 수시로 바뀌었다.

나는 동료와 사이가 틀어지는 것도 싫고 추하게 따지고 싶지도 않았다. 하지만 나를 이용해 편의를 누리는 사람과 함께 일하기도 싫었다. 매일 남보다 늦게 퇴근하면서 적게 번다면 짜증과 불만에 잡아먹힐 것 같았다.

심해의 물고기는 눈이 보이지 않고 사막의 동물은 갈증을 잘 참는 것처럼 어떤 사람이 되는지는 내가 처한 환경에 좌지우지되지, 본성에 따라 결정되는 게 아니었다. 나는 업무 환경이 조금씩 나를 바꾸고 있음을, 더 조급하고 쉽게 욱하고 무책임하게 바꾸고 있음을 알아차렸다. 지금껏 지켜왔던 기준을 지킬 수 없고 그러고 싶지도 않아졌다. 한번은 모르는 여자한테 한바탕 난리를 친 적이 있었다. 원래 누구한테 호통치는 성격이 아니라 그 일은 아주 강한 기억으로 남았다.

  단지 내에 주차하고 물건을 배달할 때 우리는 대부분 삼륜차 열쇠를 뽑지 않았다. 하루에 백 번도 넘게 열쇠를 뽑으면 시간 낭비고, 단지에서 택배차를 훔칠 사람도 없기 때문이다. 그날 택배 상자를 들고 2층으로 막 올라갔을 때 나는 무의식적으로 복도 창밖을 내다보았다. 그랬더니 오륙십 대 정도 되는 여자가 세 살쯤 되는 아이를 안고 내 운전석에 앉아서 놀고 있는 게 아닌가. 아이는 운전 흉내를 내는 듯 두 손을 핸들에 올려놓고 있었다. 아이가 열쇠를 살짝만 비틀어도 차가 앞으로 튀어 나갈 수 있는 상황이었다. 깜짝 놀란 나는 물건을 내려놓고 득달같이 아래층으로 달려갔다.

  얼마 전에 동료 하나가 깜빡하고 핸드 브레이크를 잠그지 않은 채 택배를 배달하러 갔다가 삼륜차가 강풍에 밀려 옆에 주차된 자가용을 치는 일이 있었다. 동료는 1600위안(약 30만 원)을 배상해야 했다. 나는 아이가 삼륜차 시동을 걸어 파손이나 상해를 일으킬까 봐 걱정스러웠다. 앞에 주차된 자가용을 치면 내가 어떻게 배상한단 말인가? 행인이라도 치면 더 끔찍하고, 아이가 운전석에서 떨어져 바퀴에라도 깔리면…. 그런 상상에 눈앞이 깜깜해졌다.

내가 씩씩거리며 호통을 치자 여자는 겸연쩍게 나를 쳐다보기만 했다. "어린애가 철이 없다고 어른마저 철이 없어요?"라고 말했던 게 아직도 기억난다. 사실 그건 영화 대사였다.

변상은 택배기사에게 아주 흔한 일이었다. 대부분 택배 분실에 따른 변상이었지만 다른 상황도 발생했다. 당시 가오러우진에 윈다택배 소속의 젊은이가 있었는데 단지에서 삼륜차를 빠르게 몰다 임신부를 마주쳤다. 부리나케 피했지만 차가 옆으로 넘어져 바람막이가 산산조각이 났고, 임신부는 차에 치이지 않았어도 많이 놀랐다. 그는 차량 수리비에 대인배상으로 2000위안 가까이 물어낸 뒤 쫓기듯 퇴사했다. 휘둥그레진 눈으로 "그만뒀어요"라고 할 때 여전히 충격에 휩싸여 있던 표정이 아직도 기억난다. 그도 임신부 못지않게 놀랐던 모양이었다.

내가 들었던 사건 중 배상금이 가장 높고 이상했던 사건은 린허리의 팡헝둥징方恒東景 단지에서 일어났다. 택배기사가 소화전에 물건을 넣다가 수도관을 잘못 건드려 물이 엘리베이터로 쏟아졌는데, 발전기가 망가지는 바람에 3만 위안(약 500만 원)을 배상했다.

S사에서 일하던 6개월 동안 운이 좋았던 건지 나는 물건을 잃어버린 적도 없고 돈을 배상한 일도 없었다. 다만 과일을 배달하다가 황당한 일을 겪은 적은 있다.

문을 두드리자 안에서 여자가 물건을 문 앞에 두고 가라고 했다. 그런 상황은 흔히 있었다. 반려동물이 있는 사람들은 문을 열기 전에 동물을 잡아야 했다. 또 혼자 사는 여자들은 안전상의 이유로 낯선 사람에게 문을 열어주는 걸 꺼렸다. 나는 벌건 대낮에 가오러우진에서 그런 식으로 나쁜 짓을 저지르는 사람이 있으리라 믿지 않았지만, 충분히 이해할 수 있었다.

그런데 물건을 문 앞에 두고 나온 지 얼마 지나지 않아 뜻밖에도 그 여자가 전화해 물건을 받을 수 없다고 말했다. 나는 문 앞에 두고 가라고 하지 않았느냐고, 그건 이미 받았다고 서명한 것과 같으며 이미 시스템에 수령 완료로 올려 바꿀 수 없다고 대꾸했다. 이미 받은 물건은 수령 거부를 할 수 없는 시스템이었다. 여자는 어떻게 그렇게 비인간적일 수 있느냐고, 고작 2분 지났는데 왜 바꿀 수 없냐고 항의했다. 나는 "2분이 아니라 1초라도 안 됩니다. 고객님이 거절하면 그 자리에서 물건을 검수하는 방식이라서요. 제가 물건을 놓고 간 뒤에 뜯었는지 아닌지 어떻게 압니까?"라고 말했다. 2분이 아니라 이미 20분이 지났다는 말은 하지 않았다.

그는 자신이 직접 물건을 받지 않았는데 내가 왜 대신 사인했느냐고 생떼를 부리기 시작했다. 나는 너무 화가 났다. 뭐 이렇게 교양 없고 막무가내에 제멋대로인 사람이 있나 싶었다. 너무나 한심하게 느껴지면서 이런 수준의 사람하고는 논쟁할 가치도 없다고 생각했다. 구체적인 액수는 잊었지만 2.5킬로그램이 넘는 과일이었으니 수십 위안이 되었을 듯한데 내가 물고 반품을 신청했다. 과일을 가지러 가자 문밖에 상자가 놓여 있었고, 한눈에도 개봉했던 걸 알 수 있었다. 얼굴 한 번 보지 못한 채 수십 위안을 갈취당한 셈이었지만, 정작 그는 자기는 결백하고 나 빼고 다른 사람은 전부 나쁘니 어떻게든 자신을 보호해야 한다고 여기는 듯했다. 그런 인간에게 무슨 말을 해야 할지 나는 알 수 없었다.

나를 당황시킨 일은 따로 있었다. 노인을 길에서 세 시간 가까이 기다리게 한 일이었는데, 죄책감이 전혀 들지 않았다는 점에 놀랐다.

많은 사람이 갖가지 이유로 운송장에 주소를 제대로 쓰지 않았다. 그때도 가오러우진으로 배달하러 가는 길이었는데 주소에 동과 호수가 적혀 있지 않았다. 길에서 5분 전에 미리 전화하자 수취인이 사실은 가오러우진에 살지 않고 매일 그쪽 시장으로 장을 보러 간다고 했다. 그러면서 지금 나가면 30분 안에 도착할 수 있으니 기다려달라고 부탁했다. 하지만 나는 차에 배달할 물건이 가득 있는 처지라 30분은커녕 5분도 기다릴 수 없었다. 도착하면 다시 전화하라고 한 뒤 단지로 들어갔고, 그 통화는 곧장 잊어버렸다.

수취인은 내가 오전 택배를 모두 배달할 때까지 전화를 걸어오지 않았다. 후속 물량을 받으러 밖으로 나왔을 때 한 노인이 가오러우진 청과 시장 밖 길가에서 나를 불렀다. 백발에 안경까지 낀 노인은 70세는 되어 보였다.

"젊은이, S사 택배기사인가?"

나는 그렇다고 대답했다. 그제야 누구인지 알 것 같았다. 나는 다급하게 차에서 물건을 찾아 건네주었다. 노인이 조금 화난 음성으로 말했다.

"여기에서 오전 내내 기다렸네. 아침에 왜 날 기다리지 않았나?"

그렇다면 거의 세 시간이나 기다렸다는 말이라 나는 깜짝 놀랐다.

"왜 전화하지 않으셨어요?"

"전화가 안 되더라고."

실제로 나와 통화하기는 쉽지 않았다. 가오러우진의 엘리베이터와 복도에서 내 휴대전화는 신호가 잡히지 않았다. 아침에 전화했을 때 나는 삼륜차를 몰고 있었고 복잡한 교통에 조급해져 어투가 퉁명스러웠다. 게다가 주소를 제대로 쓰지 않는 사람에게 반감도 품고 있었다. 프라이버시가 그렇게 중요하면 택배를 이용하지 말라는 마음이었다. 그런데 수취인 나이가 그렇게 많을 줄은 생각도 못 했다. 나는 매일 배달할 물건이 너무 많아서 끊임없이 움직여야 한다고, 정말로 멈춰서 기다릴 수 없었다고 설명했다. 하지만 노인은 내 말을 제대로 이해하지 못했는지 나를 또 비난했다.

"이런 식으로 일하면 곤란하지. 고객이 왕이라는 말도 모르나?"

나는 멈칫했다가 본능적으로 변명했다.

"하지만 왕이 한 명이라야 말이지요. 저는 매일 엄청 많은 왕을 섬겨야 하는걸요."

그러자 노인이 웃음을 터뜨렸다. 애당초 화가 난 게 아니라 화난 척하며 나를 놀렸던 것이다. 장난기 많은 노인은 손에 든 상자를 흔들며 나직하게 말했다.

"마누라가 못 사게 하니 집으로 배달시킬 수가 없었네."

S사에서는 홈쇼핑 물건을 배달하는 일이 종종 있었다. 홈쇼핑으로 옷을 구매하면 받아서 입어보고 난 뒤 구매를 취소할 수 있었다. 그렇게 취소하면 우리는 수수료 한 푼도 받지 못한 채 밖에

서 한참 기다렸다가 물건을 잘 접고 포장까지 해야 했다. 한번은 전기 찻주전자를 배달했는데 고객이 물건을 풀어 살펴본 뒤 구매를 취소했다. 나는 십여 개의 부품을 하나하나 챙겨 복잡한 구조의 완충재에 집어넣어야 했다. 30분 가까이 끙끙거리고 나서야 포장을 완료할 수 있었다. 그런 이유에서 우리는 홈쇼핑 물건을 극도로 싫어했다.

가오러우진에 홈쇼핑 물건을 배달하러 갔을 때였다. 나이 든 아주머니가 무척 친절하게 물건을 받았다. 구매한 제품은 손주에게 선물할 영어 학습 로봇이었다. 아주머니는 뜯어서 시험해보려 했지만 사용법을 이해하지 못했다. 결국 전혀 상관없는 일인데도 내가 나서서 설명서를 보며 알려주었다. 그런데 포장부터 설명서, 상품까지 전부 조잡한 게 싸구려 짝퉁 제품 같았다. 기껏해야 300~400위안이면 살 수 있을 로봇이건만 주문서에 적힌 금액은 2000위안이 넘었다. 아주머니도 만족스럽지 못한 눈치였지만 너무 작고 텔레비전에서 봤던 것과 다르다고만 했다. 나는 가격에 걸맞지 않은 제품이라 생각하면서도 택배기사 입장에서 말했다.

"첨단 제품은 크다고 좋은 게 아닙니다. 작은 게 오히려 더 비쌀 때도 있어요."

아주머니는 계속 망설이다가 일단 좀 기다려달라고 한 뒤 휴대전화를 꺼내 고객센터로 전화했다. 전화는 연결되지 않았는데 아주머니가 끊고 나자 곧장 전화가 왔다. 옆에 서 있던 나는 아주머니 휴대전화 화면에 '판매 사기'라는 문구가 뜨는 것을 보았다. 휴대전화 너머에서는 일단 돈을 내라고, 사용한 뒤에 문제가 생기면 다시 고객센터로 전화해달라고, 불만족스러우면 환불해주겠다고 구슬리는 소리가 들려왔다.

전화를 끊은 뒤에도 아주머니는 여전히 미심쩍어하는 눈치였지만, 땀을 뻘뻘 흘리는 내 모습도 안쓰러웠던 모양이었다.

"일단 돈을 낼게요. 문제가 있으면 고객센터에 다시 전화하지요."

왜인지는 몰라도 갑자기 마음이 불편해졌다. 아주머니의 사정은 나보다 훨씬 좋을 테고 평소 돈 문제에 아주 민감한 나였지만 그냥 넘어갈 수가 없었다. 결국 용기를 내서 말했다.

"돈을 내면 고객센터에서 지금처럼 공손하게 대하지 않을 거예요."

아주머니는 놀란 표정으로 나를 보며 의미를 파악하려 했다. 나는 이어서 설명했다.

"로봇이 2000위안짜리로 보이지 않아요."

"나도 그렇게 생각해요. 하지만 기사님을 괜히 헛걸음시키고 싶지 않아요."

"괜찮습니다. 저는 물건만 배달할 뿐이라, 사시든 말든 저하고는 상관없어요."

사실 홈쇼핑 물건을 구매하면 택배기사가 0.2퍼센트의 수수료를 받지만 나는 두고두고 마음에 걸릴 일을 만들고 싶지 않았다.

택배는 가을 환절기 전까지가 비수기다. 퇴역 군인인 Z주임은 비수기를 성수기의 승리를 위해 군사훈련을 해야 하는 시기라고 했다. 그가 말하는 군사훈련은 훈화였다. Z주임은 훈화하길 무척 좋아했는데(일대일 대화는 좋아하지 않았다) 발음이 불명확해 맨 뒤에 있으면 무슨 말을 하는지 알아들을 수가 없었다.

아침에 물건이 도착하면 우리는 어서 차에 싣고 배달 나갈 생각에 조급해졌지만 Z주임의 훈화를 들은 뒤에야 출발할 수 있었다. Z주임은 별것 없는 내용을 근엄한 표정과 엄숙한 어투로 늘어놓았다. "내가 말한 걸 전부 지키도록!" "하고 싶으면 잘하고 하기 싫으면 꺼져!" "S사는 누가 빠져도 상관없지만 너희는 S사가 없으면 살기 힘들다!" "네가 대단한 게 아니라 S사가 너한테 기회를 준 거다!" "너희가 직접 고객을 끌어오냐? 전부 플랫폼에서 내주는 거지!" "네가 없으면 안 된다고 생각하지 마, 누구든 대신할 수 있으니까!" 등 매일 비슷한 내용을 반복할 뿐이었다. 요약하자면, 회사의 성공은 회사의 공이며 우리는 언제든 대체될 수 있는 부품이라는 사실을 명심하라는 이야기였다. 충성 대상을 S사로만 바꾼 채 군대에서 쓰던 상투적인 구호를 그대로 가져온 것이 분명했다.

조회만으로는 그의 야망이 충족될 수 없었는지 우리는 매주 두세 번씩 저녁에도 모여야 했다. 저녁 회의는 모든 택배기사가 배달을 마치고 수거해온 물건을 포장해 차에 실은 뒤 지점 청소까지 마치고 나서야 열렸기 때문에 보통 9시 30분이 지나 시작되었다. 시간도 조회보다 길어서 끝나면 11시가 훌쩍 넘었다.

처음 두 달 동안은 항상 저녁 회의에 참석했다. 재미도 없고 휴식 시간도 빼앗기는 데다 아무 보상이 없는데도 갔다. 사실 임시직은 배달 건수에 따라 돈을 받고 보조금이나 혜택도 없으니 회의 참석을 강요할 명분이 없었다. 하지만 Z주임은 그렇게 생각하지 않아서 위챗 단체 대화방에서 반복해서 회의 참석을 언급했기 때문에 감히 안 갈 수가 없었다. 그러던 중 저녁 회의의 취지가 기강 확립이라, 잘못한 사람이 있으면 공개적으로 모욕을 준다는 것을 알게 되었다.

그날 일찍 퇴근해 집에서 저녁을 먹고 지점으로 갔더니 저녁 회의가 이미 시작된 뒤였다. Z주임이 직원들 앞에서 욕설을 퍼붓고는 몇 사람을 불러내 팔굽혀펴기를 시켰다. 그러자 한 사람이 사람을 이렇게 대하는 게 어디 있냐며 덤벼들었다. 얼마 전에 물건을 잃어버려 3000위안을 배상하고 무척 속상해하던 사람이었다. 이미 늦은 데다 그런 광경까지 보자 나는 들어갈 엄두가 더 나지 않았다. 다행히 안에서는 아무도 나를 보지 못했다.

내 삼륜차는 후진할 때마다 "후진하니 주의하세요"라는 경고음이 나왔다. 경고음을 강제로 끌 수도 없어서 나는 들키지 않도록 조심조심 차를 밀어 지점 뒤뜰을 빠져나왔다. 집으로 돌아간 뒤에도 가슴이 계속 두근거렸다.

Z주임에게 맞선 동료는 이튿날 전근 조치되었다. 근처 지점으로 갔다는데 다시는 만나지 못했다. 그날 이후로 저녁 회의에 참석하지 않았지만, 다행히 발각되지 않았다. 해고될지언정 모욕은 당하고 싶지 않았다. 사실 그건 상사의 말에 복종하지 않는 사람들을 도태시키는 전형적인 S사의 방식이었다. 스스로 떠나는 사람에게는 보상금을 지급할 필요가 없기 때문이다. 남은 사람들은 대부분 온순하고 순종적이거나, 최소한 자존심을 버리고 굽힐 줄 알았다.

별점과 병가

S사의 별명이 '택배계의 친절왕'이라는 건 익히 알고 있었다. 하지만 그 말이 택배기사들이 좋은 평판을 받기 위해 기를 써야 한다는 뜻이라는 건 미처 몰랐다. 회의 때마다 Z주임은 물건을 건넬 때 고객한테 "쓰레기를 대신 버려드릴까요?"라고 물어보라고 시켰다. 고객이 부탁하면 기꺼이 돕겠지만 먼저 나서서 그렇게까지 하고 싶진 않았다. Z주임은 배달을 마친 뒤에 별점 5점을 부탁하라고도 시켰다. 지점 벽에는 별점 통계표를 붙이고 매일 우리가 받은 별점 수를 세어서 순위가 낮은 사람은 회의 때 질책했다.

정말 괴로운 요구와 방침인데 무시할 수도 없어서 매일 불안에 시달려야 했다. 순위가 낮을까 봐 전전긍긍하면서도 고객에게 말을 꺼낼 수가 없었다. 그래서 매일 퇴근한 뒤에 휴대전화를 붙잡고 그날 배달한 고객들에게 좋은 점수를 부탁한다고 메시지를 보냈다. 친절하고 적극적인 고객을 대상으로 하되 노인들은 휴대전화를 잘 다루지 못하니 배제했다. 하루에 20~30통씩 문자를 보냈다. 그래도 얼굴을 맞대고 부탁하는 것보다 문자를 보내는 게 훨씬 편했다.

  고객 중에는 내 앞에서 "S사는 그 무슨 택배랑 달리 서비스가 정말 훌륭해요"라고 칭찬하는 사람도 있었다. 그런 칭찬을 들으면 '그 무슨 택배'를 부러워하고 있었기 때문에 무척 난감해졌다. 그들은 물건만 배달할 뿐이지, 아침저녁 회의나 쓰레기와 별점 같은 일에 시달릴 필요가 없었고 툭하면 질책당하지도 않았다.

7월이 되자 베이징은 걸핏하면 기온이 35도를 넘어갔다. 당시 내가 살던 집에 에어컨이 없어서 한밤중에 땀을 뻘뻘 흘리며 깨곤 했다. 제대로 잠을 못 자고 일할 때 화장실에 가기 힘들다는 이유로 물도 안 마시는 등 여러 이유가 겹쳐서인지 여름 감기에 걸리고 말았다. 그런데 시간이 한참 지나도 나아지지를 않았다. 게다가 6월과 7월의 비수기를 틈타 팀의 선배 두 명이 장기 휴가를 내고 고향에 가는 바람에 두 달 연속 제대로 쉴 수 없었.

  처음에는 대수롭지 않게 여겼다. 예전에도 가끔 감기에 걸렸고 그럴 때마다 해열제를 먹으면 좋아졌다. 다만 이번에는 보름이 지나도록 낫지 않았다. 그래도 아침마다 문을 나서기 전에 부루펜 한 알을 먹는 것으로 버텼는데 어느 날 오후 불볕더위 속에서 하마터면 쓰러질 뻔했다. 머리가 깨질 듯 아프고 귀에서 윙윙 소리가 들렸다. 저녁에 집으로 돌아가 체온을 쟀더니 39.7도라 단체 대화방에 휴가 신청하는 글을 올리고 이튿날 아침 일찍 근처의 3차 병원인 루허병원 진찰실을 찾아갔다.

집을 나오기 전에 부루펜을 먹어서인지 병원에서는 38.8도로 나왔다. 의사가 감기를 얼마나 앓았느냐고 물어 보름이 넘었다고 대답했다. 집에서 체온을 재보았는지, 최고 몇 도였는지도 물었다. 나는 어젯밤에 39.7도였다고 대답했다. 의사는 "세상에"라고 작게 탄식한 뒤 일단 CT를 찍으라고 했다.

진단 결과 바이러스성 폐렴이었다. 의사는 일주일 동안 수액을 맞은 다음 다시 검사하자고 했다. 그런데 나는 임시직이라 의료보험이 없었다. 루허병원에서 수액을 맞으려면 하루에 50위안씩 접수비를 내야 했다. 수액만 맞고 의사를 만나지도 않는데 왜 매번 접수비를 내야 하는지 이해할 수가 없었다. 그래서 쉬면 저절로 낫지 않겠냐고 의사에게 물었다. 의사가 나를 차갑게 훑어보았는데, 어린애도 아니면서 왜 이렇게 멍청하게 구냐는 것 같았다. 그러고는 안 된다고 말했다.

"하지만" 의사가 부드럽게 덧붙였다. "처방전을 가지고 진료소에 가서 맞아도 됩니다."

그랬다. 수액은 어디나 똑같을 텐데 왜 굳이 3차 병원에서 맞는단 말인가. 그래서 나는 지도 앱을 켜고 집에서 가장 가까운 동네 병원을 찾아갔다. 아플 때조차 돈을 아끼려는 내가 처량했지만, 누구도 우습게 생각하지는 못할 것이다. 동네 병원에 들어서자마자 수액실이 눈에 들어왔다. 노인들이 줄줄이 앉아 수액을 맞고 있었다. 수액이 주요 업무인 병원을 제대로 찾은 듯했다.

그런데 의사가 내 처방전을 보고 말했다.

"이건 소염제라 우리는 못 놓아요."

왜 장사를 마다하는지 의아했지만 따지고 싶지 않았다. 밖으로 나온 뒤 다시 공공 자전거를 빌렸다. 다행히 멀지 않은 골목에서 또 다른 진료소를 찾을 수 있었다. 그때까지는 거기에 진료소가 있는 줄도 몰랐다.

두 번째 진료소는 장사가 잘 안 되는지 의사 한 명만 덜렁 있을 뿐, 간호사도 환자도 없었다. 의사 혼자 병원을 보는 모양새였다. 의사가 내 처방전을 보며 망설이는 게 느껴졌다. 폐렴이 나고 물어서 그렇다고 대답했다. 의사가 잘 들리지 않는 작은 소리로 중얼거렸다. 나는 무슨 말을 하고 싶은 거냐고 추궁하지 않았다. 너무 힘들어서 따질 기력이 없었다. 그냥 수액을 맞을 수 있는지 아닌지만 듣고 싶었다.

마침내 의사가 꺼림칙하게 수액을 놓는 데 동의했다. 그러자 이번에는 내가 웅얼거리기 시작했다. 두 진료소의 태도가 내 경각심을 일깨웠다. 왜 두 곳 모두 주저할까? 내가 맞는 소염제가 위험한가? 혹시 문제가 생겼을 때 응급처치할 여건이 안 돼서 그러나? 그런 생각이 들자 의심이 한층 짙어졌다. 그제야 진료소가 얼마나 작고 허술한지 눈에 들어왔다. 병원이라기보다 도수 치료실 같았고 벽에는 혈자리 그림이 붙어 있었다. 나는 그런 의술은 믿지 않았다. 잠시 망설인 뒤 나는 핑계를 대고 루허병원으로 되돌아갔다.

폐렴으로 일주일을 쉬었다. 아침마다 루허병원에 가서 수액을 맞은 뒤 집에 돌아와 오후 내내 잠을 잤다. 여드레째가 되자 몸이 가뿐했다. 의사는 재검사해야 한다고 했지만 나는 의사의 지시에 따르지 않았다. CT를 또 찍으라고 할 것 같은데 300위안이나 해서 부담스러웠기 때문이다. 나중에 계산해보니 결근한 것까지 따져 폐렴으로만 보름치 임금에 맞먹는 3000위안 정도를 손해 보았다.

내가 앓아눕자 지점에서는 다른 팀에서 인력을 차출해 우리 팀을 지원했다. 종종 발생하는 일이라 나도 그렇게 다른 팀을 지원 나갈 때가 있었다. 어느 날 앞에서 언급했던, 팀원이 두 명뿐인 팀에 또 문제가 생겼다. 그 팀은 인원이 두 명뿐이라 조정 자체가 불가능해 문제가 자주 생겼다. 전에 Z주임에게 항의하다 전근 간 사람이 그 팀이었고 이후 새로운 사람이 투입되었다. 그때 원래 있던 팀원이 무슨 이유인지 휴가를 내고 고향에 가서 자리를 비우자 지점에서 나더러 며칠 도와주라고 했다. 그러겠다고는 했지만, 사실 누구나 그렇듯 나도 다른 팀에 지원 나가는 게 달갑지 않았다. 어쨌든 택배기사는 익숙한 곳에서 일하는 게 효율이 높았다. 아무리 예전에 일해봤던 데라도 낯설기는 마찬가지였다.

그 팀의 신입 이름은 샤오마小馬였다. 다른 일은 다 잊어버렸지만 마지막 날 저녁에 샤오마와 싸웠던 일은 지금도 기억난다. 사실 대단한 일 때문도 아니었다. 임시직인 나는 배송만 하면 되지만, 샤오마는 수거까지 해야 해서 나보다 일이 많았다. 하지만 그렇다고 해도 나는 정식 팀원이 아니라 지원군이므로 맡은 지역 배송만 끝내면 퇴근해도 될 것 같았다.

문제는 샤오마가 아직 지역이 낯설어선지, 아니면 원래 손발이 느려서인지 매일 정신없이 바쁘다는 사실이었다. 저녁 때 내 몫의 물건을 다 배달한 뒤에도 샤오마한테는 여전히 물건이 잔뜩 남아 있었다. 처음 며칠은 남아서 도와주었다. 하지만 아무리 물건을 배달하는 만큼 돈을 번다고 해도 내게는 익숙하지 않은 지역이었다. 예를 들어 위차오난리玉橋南里 북쪽 지역은 전부 오래된 6층 건물인 데다가 가로등도 드물어서 해가 지고 나면 담장의 번지수가 잘 보이지 않았다. 다시 말해서 들이는 노력에 비해 벌이가 시원치 않았다.

아마도 샤오마는 내가 지원하러 온 이상 임시 파트너이니 자신과 마찬가지로 팀의 일을 책임지고 해야지, 자기 몫만 다 했다고 가면 안 된다고 생각했을 것이다.

하지만 그때 나는 불만이 쌓일 대로 쌓여 일을 막 시작했을 때처럼 무조건 성실하게 하지 못했다. S사에서 재수 없는 일을 너무 많이 겪은 탓이었다. 입사 절차는 보름 가까이 지체되었고, 삼륜차도 나만 배정받지 못했다. 팀에 늦게 들어가 힘든 지역을 배정받았으며, 임시직이라 의료보험이 없어 병원비로 큰돈을 써야 했다. 그렇게 불쾌한 일들이 겹치면서 마음이 각박해진 터라 나는 샤오마의 생각에 동의할 수 없었다. 샤오마의 팀은 샤오마의 책임이고 나는 지원군일 뿐 팀원이 아니라는 생각이었다. 더군다나 이미 며칠씩 도와주었는데 끝도 없이 도와달라는 건가 싶어 거부감마저 일었다. 나도 일찍 퇴근하고 싶었다. 그때도 이미 일찍이라고 할 수는 없는 시간이었다. 그보다 더 늦게까지 고생하고 싶지 않았다.

마지막 날 밤 샤오마를 도와 밀린 물건을 다 배달했을 때 결국 폭발하고 말았다. 내일은 돕지 않겠다고, 이미 충분히 했으니 지점에서 뭐라든 상관하지 않겠다고 선언했다. 그러고는 그날 밤 지점으로 돌아가 휴가를 써야 한다고 통보했다. 휴가라도 내지 않으면 계속 샤오마의 팀에서 혹사당할 것 같았고, 지원을 나가기 전 우리 팀에서도 이미 한 달 가까이 쉬지 못했다. Z주임에게는 개인적인 일이 있다고 말했다.

내가 휴가를 냈으니 지점에서는 다른 사람을 차출하는 수밖에 없었다. 샤오옌小閻이라는 산시성 출신의 신입 사원이 발탁되었다. 기존 직원은 부리기 어렵지만 신입 사원은 말을 잘 듣기 때문이었다. 하지만 샤오옌이 지원을 나간 첫날부터 문제가 터졌다. 들어온 지 얼마 되지 않아 업무 처리가 미숙한 데다 낯선 곳에 갔으니 허둥댈 수밖에 없었다. 그런데 샤오마도 여유가 없었다. 자기 일만으로도 절절매는 상황이라 아침에 샤오옌을 데려가는 것도 까먹었다.

샤오옌은 자신이 맡은 단지 입구도 못 찾아서 오전 내내 십여 개밖에 배송하지 못했다. 나야 예전에 며칠 일했던 곳이라 샤오마가 굳이 하나하나 챙겨줄 필요가 없었고 한동안 여러 팀을 떠돌아다니면서 낯선 지역에서 일하는 요령도 있었기 때문에 당황하는 일이 없었다. 반면 샤오옌은 지도 앱조차 사용할 줄 모르고 직접 길을 돌아다니며 눈으로 배달지를 찾았다. 베이징이 초원도 아닌데 그렇게 해서 어떻게 찾을 수 있겠는가.

그날 오후 샤오마에게 전화가 왔다. 샤오옌은 도저히 안 되겠으니 도와주러 오면 좋겠다는 부탁이었다. 나는 시간이 없다고 거절했다. 조금 뒤 지점에서도 전화가 와 시간이 있느냐고 묻기에 베이징에 없다고 대답했다. 이미 마음이 돌아선 뒤였다.

이 문제가 어떻게 해결됐는지 굳이 알아보지 않았다. 다른 누군가에게 부탁했겠지만 그러거나 말거나 관심이 없었다. 휴가가 끝난 뒤에는 원래 팀으로 돌아갔다. 내 마음대로 원래 팀에 복귀했는데도 누구 하나 시비를 걸지 않았다. 다들 약자한테 강하고 강자한테 약한 모양이었다. 샤오옌은 도저히 적응할 수 없었는지 얼마 지나지 않아 그만두었다. 몸이 안 좋아서 각혈까지 했다고 들었다. 키가 150센티미터 정도로 작고 체구도 왜소해 차량 꼭대기에서 물건을 내리지도 못했다. 산시성으로 돌아간 샤오옌은 타이위안太原에서 월급이 1000여 위안에 불과한 물류관리 일을 찾았다고 했다. 위챗으로 종종 연락했는데, 베이징으로 돌아오고 싶다며 일자리를 소개해줄 수 있느냐고 물었지만 택배 일을 할 수 없다면 나도 도울 길이 없었다.

퇴사와 이직

9월이 되자 S사는 곧 다가올 성수기 준비를 시작했다. 지점에서는 전 직원을 모아 수박과 사이다를 대접했는데, L매니저가 직접 와서 사회를 보며 격려했다. L매니저는 2018년 설날 이전에 입사한 사람과 이후에 입사한 사람을 양쪽으로 나눠 서게 했다. 가만 보니 3분의 2가 나와 같은 쪽에 있었다. 직원 대부분이 몇 개월 되지 않았다는 뜻이었다. 오래된 직원 하나가 비수기 때는 채찍을 들고 일 시키던 관리자가 성수기가 되면 무릎을 꿇고 부탁한다며 조용히 비웃었다.

보름 뒤에는 리위안 부근 세 지점의 택배기사들이 모두 모여 통마루通馬路에 있는 '하얼빈식 농가 밥상'이라는 식당에서 식사를 했다. 내가 베이징에 온 뒤 맛본 가장 훌륭하고 풍성한 식사였다. 줄곧 남부에만 살았던 나는 동북부 음식이 그렇게 맛있는 줄 몰랐다. 걸쭉하고 진한 소스 아래에서 금빛으로 빛나는 기름지고 달콤한 요리는 오래전에 사라진 줄 알았던 식욕을 자극했다. 아무도 눈치채지 못했지만, 평소 먹는 것에 별 관심이 없었던 내게도 그 식사는 정말로 감명 깊었다. 허리띠를 풀고 양껏 먹은 뒤에도 끊임없이 요리가 올라왔고 맥주와 얼궈터우주도 무제한으로 제공되었다. 아쉽게도 우리는 저녁 10시가 넘어서 식사를 시작했고 이튿날 7시에 출근해야 해 오래도록 느긋하게 즐길 수가 없었다. 그 식사는 내가 S사에서 근무한 6개월 동안 가장 만족스러웠던 일이었다.

그즈음 기억나는 일이 또 하나 있었다. 가오러우진에서 배달하고 있을 때 갑자기 페이거가 전화해 나를 만나러 오겠다고 했다. 페이거의 근무지는 내가 일하는 곳에서 몇 킬로미터나 떨어져 있었기 때문에 무슨 일인가 싶었지만 늘 빈둥거리는 사람이니 그날도 일하기 싫어서 나와 떠들고 싶은가 보다고 생각했다. 정말로 페이거는 특별한 용건 없이 수다를 떨면서 내가 일하는 걸 보기만 했다. 결국 내가 먼저 운을 뗐다.

"우리 팀으로 옮기고 싶어요?"

내 물음에 페이거는 얼른 아니라고 하고는 가만히 쳐다보기만 했다. 건물에 올라갔다가 내려왔을 때는 예전 사수 같은 기세로 사이다를 사다 주기도 했다. 그러고는 한 시간쯤 뒤에 무슨 일인지 얼떨떨해하는 나를 내버려둔 채 돌아갔다.

나중에야 페이거가 너무 심하게 게으름을 피워 특별 관리

대상이 되었다는 소리를 들었다. 사실 지점에서는 매일 실시간 수치를 체크하며 우리가 얼마나 일하는지 지켜보기 때문에, 적당히 일하는 척하기란 근본적으로 불가능했다. 돈에 욕심이 없다고 해도 지점에서 효율 낮은 직원에게 자리를 마냥 내줄 리도 없었다. 성수기를 앞둔 시점이라 지점에서는 효율성 낮은 택배 기사에게 뭔가 조치를 해야 했다. 그래서 페이거의 상사는 임시직 중에 성과가 좋은 내가 어떻게 일하는지 보고 오라고 명령한 것이다. 어쨌든 내 사수였기 때문에 페이거에게는 창피한 일이었다. 하지만 그렇게 수치심을 자극해 열정을 끌어내겠다는 게 아마도 상사의 의도였을 것이다.

11월 11일 광군제를 대비해 정규직 인원을 늘릴 수 있게 되자 지점에서는 신입 사원을 뽑기 전에 임시직을 정규직으로 전환하려 했다. 모든 임시직의 한 달 배송량을 순서대로 정리한 뒤 상위 네 명까지 정규직으로 전환하겠다고 했다. 나는 딱 4위였다.

하지만 나는 정규직으로 전환하고 싶지 않았다. 내 파트너였던 정규직 직원이 퇴사했고 나도 그럴 마음을 먹고 있었다. 어떻게 봐도 안 좋은 구역을 맡은 터라 가성비가 심하게 떨어졌다. 조금 좋은 곳으로 바꾼다고 해도 얼마나 오래 버틸지 장담할 수 없었다. 솔직히 폐렴에 걸렸을 때부터 S사를 떠날 마음이었지만, 회사를 먼저 정한 다음에 움직이기로 했다.

당시 내게는 몇 가지 선택지가 있었다. 성격 좋은 택배기사 하나가 자기 회사에서는 비수기에 6000위안을 벌고 저녁 7시쯤 퇴근한다며 한번 해보라고 권했다. 가오러우진의 차이냐오이잔 菜鳥驛站(알리바바 그룹 산하의 물류 플랫폼—옮긴이)에서도 내게 동 세 개를 맡기겠다고 제안했다. 일도 느슨하고 하루 두 끼가 제공되며 기본 월급이 5000위안이지만 저녁에 물품을 실어야 해 10시 30분이 넘어야 퇴근할 수 있다고 했다. 펀쥔택배에 다니는 택배 기사도 비수기에 6000위안을 벌고 일찍 퇴근할 뿐 아니라 펀쥔 역시 S사처럼 가맹제가 아니라 직영제라 5대 보험이 나오고 임금도 밀리지 않는다고 이직을 권했다.

계속 망설이며 상황을 지켜보고 있던 때에 S사에서 정규직으로 전환한다는 바람에 서둘러 결정을 내리게 됐다. 정규직으로 전환한다면 계속 가오러우진에 남아 정규직 파트너의 일을 인계할 게 분명해서였다. 그 정규직 파트너는 떠나기 전에 불만을 잔뜩 늘어놓았다. 그의 고충을 잘 알았지만 나도 같은 처지, 사실 더 못한 처지였기 때문에 마냥 공감해줄 수는 없었다. 그의 자리를 이어받고 싶지도 않았다.

그런데 그 시점에 사직하는 것은 조금 파렴치한 일이었다. Z주임은 늘 유사시를 대비해 군사를 양성해야 한다고 말했다. 그가 말하는 '유사시'란 물류가 엄청나게 몰리는 11월 11일과 12월 12일(11월 11일 광군제와 함께 중국판 블랙프라이데이로 불리는 쇼핑

축제 날—옮긴이)이었다. 어쨌든 L매니저가 마련해준 자리에 참석하고 공짜 식사까지 거하게 얻어먹고 나서 전쟁이 코앞에 닥쳤을 때 탈영하겠다는 뜻이었다. 그런데 그즈음 Z주임도 교체되었다. 지점의 수치가 형편없자 그가 광군제를 제대로 지휘할 수 있을지 못 미더웠던 모양이었다. 얼마 뒤 Z주임은 징둥으로 이직했고 지금까지도 툭하면 모멘트에 징둥 광고를 올리고 있다.

L매니저가 못마땅한 표정으로 말했다.

"이제 돈을 벌어들일 땐데 그만두겠다고?"

내가 S사에서 오래 일하지 않을 것이라는 그의 견해가 증명된 듯했다. 게다가 정규직 전환을 통지하자마자 그만두겠다고 했으니 불쾌해하는 것도 당연했다. 불만스러운 L매니저의 표정을 보자 반년 전 입사를 지원했을 때로 돌아간 듯해 살짝 긴장되었다. 그때는 내가 들어오는 걸 싫어했지만 지금은 내가 나가는 걸 싫어할 뿐 같은 상황이었다.

하지만 나는 S사에서 너무 힘들었다. 혹시 싶어서 정규직으로 전환한 뒤 구역을 바꿀 수 있느냐고 물어보았다. 역시나 안 된다는 답이 돌아왔다. 구역을 바꿔달라는 요구를 전부 들어주면 힘든 지역에는 아무도 안 남을 거라고 했다. 나도 바로 그 이유로 그만둔다고 말하기가 싫어져서 연로하신 부모님을 보살펴드려야 해서 근무 시간이 짧은 일을 찾는다고 거짓말했다. S사는 아침 6시에 집을 나서서 저녁 회의가 있을 때는 11시가 넘어서야 퇴근했으니, 근무 시간이 길긴 길었다. 그렇게까지 사람을 붙들어둘 필요가 전혀 없었는데도 그랬다. 사실 우리 부모님은 베이징에 안 계셨고, L매니저 역시 내 거짓말을 눈치챈 듯했지만 굳이 지적하지 않았다.

퇴사 절차를 밟던 날 안색 나쁜 재무 직원을 또 만났다. 반년 전보다 훨씬 기분이 나빠 보였다. 파도가 모래사장을 훑는 것처럼 우리 같은 사람들이 왔다 가고 또 오는 게 자신을 끊임없이 괴롭힌다고 생각하는 듯했다. 나는 그 사람을 보는 게 마지막이라 무척 기뻤다.

퇴사하고 나자 S사 인력자원팀에서 문자메시지가 왔다. 시스템에서 자동으로 발송되는 메시지였다. 감사와 유감을 표한 뒤 다른 회사에서 더 좋은 기회를 얻었는지 묻고, 만약 그렇다면 S사에 알려달라고, 그러면 동등하거나 더 나은 대우를 해주려 노력하겠다고 적혀 있었다. 상투적인 미사여구라는 건 알았지만, S사가 직원을 중시하고 배려하는 기업처럼 보일 만큼 더할 나위 없이 적절한 어휘를 사용하고 있었다. 문자메시지를 남겨뒀어야 했는데 아쉽다. 그 메시지를 작성한 사람이 아직도 S사에 있는지, 정말로 그렇게 믿고 썼는지 궁금하다.

핀쥔택배

나는 불평이 별로 없고 말하는 것 자체를 좋아하지 않지만, 가끔씩 동료들과 회사 험담을 할 때가 있었다. 단지에서 다른 택배기사와 만나 엘리베이터를 함께 기다리거나 타고 올라갈 때, 각자 자기 회사를 홍보하는 건 자연스러운 일상이었다. 꼭 불만에 차서가 아니라 그런 대화를 통해 서로 거리를 좁히고 호감과 신뢰를 쌓으며 계급적 우정을 만들 수 있어서였다. 얼굴 보면 밥은 먹었느냐고 물어보는 인사치레와 비슷하다. 하지만 그렇게 별것 아닌 대화 속에서 누군가 S사에 대한 내 불만을 귀담아들었고 새로운 일자리를 소개해주었다.

    기준이 높지 않아서인지 이직 과정은 순조로웠다. 나는 2018년 9월 S사에서 핀쥔택배로 이직했다. 핀쥔을 선택한 이유는 당시 택배회사 가운데 S사, D사, 징둥, 핀쥔, 티몰배송(나중에 단냐오로 변경)만 완전한 직영제로 운영되며 5대 보험을 제공해서였다. 폐렴을 앓고 나자 의료보험의 중요성을 알게 됐다. 애초에 S사가 의료보험을 들어줬으면 병원비를 많이 아낄 수 있었을 터였다. 또 다른 중소 택배사들은 임금이 밀리기도 한다고 해서 좀 꺼림칙했다. 펀줜택배는 인지도가 별로 높지 않아도, 징둥물류처럼 온라인 쇼핑몰 VIP숍(웨이펀후이)에서 자체적으로 운영하는 물류 회사였다. 주로 VIP숍에서 주문된 물건을 배송하고 수거하는데, 사업을 일반 택배로까지 확장하고 있었다. 펀줜택배의 리위안 지점은 S사 지점보다 집에서 가까웠다.

펀줜의 지점장 M은 통통한 체격에 웃을 때면 눈이 미륵불처럼 가늘어지는 젊은이였다. 무척 열정적으로 묻는 말에 다 대답해줄 뿐 아니라 묻지 않은 것까지 알아서 이야기해주었다. S사의 Z주임과 정반대였다. 인사기록부도 내가 부탁하지 않았는데도 M점장이 먼저 나서서 작성하는 걸 도와주었다. 그는 '이전 직업'란에 농부로 적으라고 했다. 내가 도시 출신이라 농사는 지어본 적이 없다고 하자 M점장이 설명했다.

"S사에서 일했다고 하면 증명서를 제출하라고 할 거예요."

입사 수속은 마쥐차오馬駒橋의 물류 단지 안에 있는 펀줜 본부에서 진행되었다. 행정구역으로는 똑같은 퉁저우구에 속하지만 리위안에서 20킬로미터나 떨어져 있었다. 본부에서 하루 동안 회사 문화와 작업 규칙에 관한 교육을 받았다. 오후에는 누구나 통과할 수 있는 형식적인 필기시험도 치렀다. 그렇게 입사 수속을 마쳤다.

　이후 나는 핀쥔에서는 한없이 쉬웠던 입사가 S사에서는 왜 그렇게 힘들었는지, 핀쥔의 점장은 사람을 간절히 원하는데 왜 S사는 나를 본체만체하면서 곤란하게 했는지 곰곰이 생각해보았다. 여러 가지 이유가 겹쳐서일 것이라고 앞에서도 이야기했지만, 직접 겪어서 이해하게 된 부분도 있었다.

　S사는 업체 선두 주자라서 인력 확보에 유리하고 노사 관계에서도 회사가 압도적으로 강했다. 본사에서 기업의 이념과 사회적 책임을 어떻게 홍보하든 상관없이 일선 관리자들은 회사의 강력한 지위를 이용해 더 높은 성과를 달성하려 했다. 그런 이유로 L매니저와 Z주임에게서 평등한 권리와 존중을 기대할 수 없었다.

　반면 핀쥔택배는 점유율이 낮다 보니 노동시장에서 메이퇀美團이나 어러머餓了麼, S사, 징둥 같은 거물에 비해 우리를 감동시킬 유리한 여건이 아니었다. 회사 측 태도는 상대적으로 겸손할 수밖에 없었다. 다시 말해 노동자의 발언권이 더 컸고 작업 분위기도 상대적으로 자유로웠다.

　나는 가축이 아니라 깨어 있는 인간이기 때문에 채찍 아래에서 일하고 싶지 않았다. 핀쥔이 S사보다 내게 훨씬 적합하다는 게 자명했다. S사에서는 밤 11시가 넘어야 회의가 끝났다고 이야기하자 새로운 동료들은 동정의 눈길로 나를 쳐다보았다.

핀쥔 리위안 지점에는 여덟 명이 있었다. 지점 세 곳을 동시에 관리하는 M점장은 평소에는 우리 지점에 있지 않았다. 그의 일은 S사의 L매니저와 비슷했다. 평소 우리 지점은 부점장이 관리했는데 그도 우리와 마찬가지로 매일 배송하러 나갔다. 새 동료들은 전부 젊고 사이가 좋아 보였다. 퇴근이 이른 편이라 오후 배송이 끝나면 다들 잠시 지점에 앉아 휴대전화로 게임을 하거나 이야기를 나누었다. 택배기사에게 회사나 제도, 환경, 고객에 대해 투덜대는 시간은 효과적으로 스트레스를 풀고 재미있는 경험을 공유하는 시간이었다. 11월 11일까지 아직 한 달 남짓 남아서 나는 그 시간을 통해 새로운 업무 환경에 적응하고 작업 방식을 배울 수 있었다.

  S사도 물건이 집중되는 편은 아니었지만 핀쥔은 S사보다 훨씬 분산되었다. 한 단지에 배달할 물건이 하루에 십여 개, 심지어 몇 개에 불과했다. 그러니 작업 구역이 넓어질 수밖에 없었다. 나는 주택단지 여덟 곳과 쇼핑몰 두 곳, 빌딩 두 동, 산업 단지 두 곳을 맡았다. 돈을 더 벌고 싶으면 더 많은 지역을 신청하면 됐다. 그런 까닭에 핀쥔에서는 S사와 다른, 효율적인 방식이 필요했지만, 처음에는 거기까지 생각하지 못했다. 바빠지기 전이라 적당히 해도 가볍게 그날 물건을 다 배달할 수 있어서였다.

  내 구역 중에서 시간이 가장 오래 걸리고 물건도 가장 많은 곳은 위란완玉蘭灣 단지였다. 물론 많아 봐야 하루에 20개 정도였다. 총 열두 동으로 구성된 위란완은 동산, 나무, 꽃밭, 잔디밭, 수로, 작은 다리, 정자 등이 있는 정원식 고급 주택단지였다. 주민들에게는 새소리와 꽃향기가 가득하고 오솔길이 구불구불 나 있는 아름다운 환경이겠지만, 택배기사에게는 결코 우호적이지 않은 환경이었다. 단지 안 보도가 직선이 아니라 동 간 간격이 멀지 않은데도 한참을 돌아야 했다. 또 택배 차량이 들어갈 수 없는 구역이 많아 수레를 끌며 배달해야 해 효율성도 무척 낮았다. 한번은 기껏 물건을 가져갔더니 수취인이 없어서 전화로 단지 바깥의 택배함에 놓겠다고 했는데 아직 단지를 돌고 있을 때 전화가 왔다.

"제 택배 어디에 두셨어요? 택배함 번호가 왜 안 오죠?"

"아직 단지에서 배송 중이라서요. 조금만 기다려주세요."

"아직 단지 안에 계시면 가져다주세요. 집에 돌아왔거든요."

단지 입구에 거의 이르렀을 때였다. 한 사람 때문에 다시 들어가면 시간 낭비가 커서 달갑지 않았지만 그렇다고 거절하기도 힘들었다.

그렇게 일주일가량 지났을 때 부점장이 걱정스럽게 다가와 말했다.

"곧 11월 11일입니다. 그러고 나면 12월 12일이 있고요. 그때는 하루 물량이 최소 지금의 두 배가 될 겁니다. 지금도 이렇게 힘든데 괜찮으시겠어요?"

나는 별로 힘들지 않았기 때문에 먼저 말해주지 않았으면 문제를 인식하지 못했을 것이다. S사의 7~8시 퇴근에 익숙해져서인지, 핀줸에서 6시 전에 마감하면 괜히 죄의식이 들었다. 하지만 그 상태에서 물량이 두 배로 늘면 배송하지 못할 게 분명하니 부점장으로서는 당연히 우려할 만했다. 그러고 나자 다른 동료들은 어떻게 일하는지 궁금해졌다. 그날의 작업 과정을 들려주다가 위란완에서 있었던 일이 나오자 부점장은 곧장 내 말을 잘랐다.

"돌아가면 안 돼요. 다시 배송해달라고 하면 다음 날 가면 됩니다."

"그렇지만 택배함에 물건을 넣기 전이었잖아요. 제가 단지 안에 있다는 걸 알고 있는데 어떻게 거절하죠?"

"택배함에는 이미 넣었지만 문자가 늦게 가는 거라고 하세요. 잠시 뒤에 번호가 갈 거라고요."

부점장의 말을 듣자 S사에서는 고품질 서비스가 중요하지만 여기서는 고효율이 더 중요하다는 사실을 알 수 있었다. 그러자 내가 말하지 않은 다른 상황들도 줄줄이 떠오르면서 어떻게 해야 했는지 알게 되었다. S사의 우수한 서비스는 높은 비용과 수수료가 기반이라 위란완만 해도 세 명의 택배기사가 네 동씩 맡고 있었다. 그와 달리 나는 몇 킬로미터에 이르는 단지를 혼자 뛰어다니니, 부르는 대로 가면 안 되고 되돌아가는 건 더더욱 안 되는 일이었다. 핀줸택배는 운송비가 저렴하므로 고객은 좀 불편하더라도 이해해줘야 했다.

얼마 뒤 나는 위란완의 S사 택배기사와 친해졌다. 나와 거의 동시에 S사에 입사했지만 다른 지점에 근무한 사람이었다. S사 택배기사에게 위란완은 좋은 지역이 아닐뿐더러 내가 이전에 일했던 가오러우진보다도 힘든 곳이었다. 면적은 넓은데 삼륜차가 들어갈 수 없어서였다.

배송 시간을 맞추기 위해 세 사람이 네 동씩 맡고 있었다. 사람이 많으면 그만큼 개인 소득이 줄어든다. 그는 세후 소득이 5000위안도 안 된다며 구역을 바꾸지 않는 한 나아질 수 없다고 했다. 문제는 그가 팀 안에서 경력이 가장 짧다는 것이었다. 나중에 기회가 생겨도 곧장 그의 차례가 될 수 없으니 얼마나 더 버텨야 할지 알 수 없었다.

하루는 그가 수취인의 요청으로 물건을 문 앞에 두고 갔는데 택배가 사라졌다고 말했다. 다행히 통화를 녹음해두었고 사진도 세 장 찍어놓아 자기 결백을 증명할 수 있을 거라고 했다. 그는 무척 자랑스럽게 말했지만 내가 보기에는 어리석은 일이었다.

"고객이 문 앞에 두라고 하면 항상 사진을 세 장씩 찍어요?"

내가 묻자 그는 매번 그렇게 찍는다고 대답했다.

"건당 1.6위안인데 전화하고 녹음하고 사진까지 찍는 게 수지에 맞나요?"

그를 겨냥했다기보다 S사의 관리자들을 겨냥해서 한 말이었다. S사에 있을 때 Z주임은 "우리 S사에서는 배달할 때마다 고객의 사인을 직접 받는 게 원칙이다. 고객이 택배함이나 매점, 현관, 소화전, 계량기함 등에 두라고 했더라도 도난당하면 여러분이 배상해야 한다. 회사는 책임지지 않는다"라고 말했다. 그즈음 근처 지점의 한 동료가 고객에게 사인해달라고 요구했는데 고객은 기분이 나빴는지, 아니면 불필요하다고 생각했는지 동료의 사인 요구를 '서비스 태도 불량'이라며 항의했다. 항의는 곧장 받아들여져 동료는 사흘 동안 강제로 일을 쉬면서 다른 지점 직원들 앞에서 반성문을 읽어야 했다. 그날 아침 우리 지점 조회에 와서 그가 반성문을 읽고 나자 Z주임이 우리에게 물었다.

"억울한 것 같나?"

"억울합니다." 우리가 이구동성으로 대답했다.

"나는 억울한 것 같지 않은데? 다른 택배사라면 고객은 물건 하나당 10위안을 내지만 우리한테는 23위안을 내야 해. 그래도 억울한가?"

다들 할 말을 잃었다. 하지만 23위안은 우리가 받는 돈이 아니었다. 우리는 다른 택배사와 별 차이 없이 건당 1.6위안만 받았다. S사에서 그런 훈화를 들을 때는 그냥 택배 업계가 낙후되고 종사자들이 진부해 억압과 기만이 당연한 줄 알았다. 그런데 S사를 나와 돌아보니 그건 일반적인 상황이 아니라 운이 나빴던 것이었다.

S사 택배기사는 내 말을 듣고 나서 씩씩거리기만 할 뿐 아무 대꾸도 하지 않았다. 그날 이후 나를 대하는 그의 태도가 달라졌다. 더는 웃으며 인사하지 않았고 농담을 주고받으려고도 하지 않았다. 늘 못마땅한 표정만 지었다. 그가 한 달도 되지 않아 퇴사했다고 그의 동료가 알려주었다. 그가 잃어버렸던 물건은 나중에 찾았다. 폐품을 수거하던 사람이 폐지인 줄 알고 주워 갔고 경비원이 CCTV를 확인하자마자 누구인지 알아보고는 쫓아가 찾아왔다.

1분 0.5위안이라는 시간 비용

과연 택배 일을 진심으로 좋아하는 사람이 있을까? 있다고 해도 극소수일 것이다. 어쨌든 나와 내가 아는 택배기사는 누구도 일을 사랑하지 않았다. 노동의 가치를 느끼는 순간은 월급이 나올 때뿐이지, 고객의 기쁜 표정이나 감사의 말을 접했을 때가 아니었다. 아무리 타인의 호의가 기쁘다고 해도 말이다.

계산해보니 내 주변의 택배기사와 음식 배달원은 숙식 비용을 빼고 평균 7000위안을 받았다. 베이징의 생활비와 업무 강도를 기반으로 자연적으로 형성된 시장 가격이다. 임금이 그보다 낮으면 노동력은 다른 지역이나 업종으로 옮겨갔다.

매달 26일 일하므로 내 일당은 270위안이었다. 그게 내 노동 가치('몸값'이라고는 쓰지 말자)였다. 하루에 열한 시간을 일했는데 아침에 지점으로 나가 물건을 내리고 분류해 다시 싣는 데 한 시간이 걸리고 구역으로 이동하는 데 한 시간이 걸렸다. 그런

두 시간은 고정비용이었다. 남는 아홉 시간 동안 배달한다고 계산하면 한 시간에 30위안, 분당 평균 0.5위안씩 성과를 내야 했다. 그게 내 시간 비용이었다. 물건 하나를 배달할 때 평균 2위안을 받으므로 4분마다 하나씩 배달해야 손해를 보지 않는다는 의미였다. 그렇게 하지 못하면 다른 일을 고민해야 했다.

갈수록 나는 경제적 각도에서 문제를 보고 비용의 관점에서 시간을 따지게 되었다. 이를테면 1분이 0.5위안이므로 소변 보는 비용은 화장실이 무료라도 2분은 걸리니 1위안이었다. 점심 식사는 기다리는 10분을 합쳐 20분은 걸리므로 시간 비용이 10위안이고 15위안짜리 덮밥을 사 먹었다면 25위안이었다. 그건 내 기준에서 사치였다! 그래서 늘 점심을 건너뛰었다. 화장실 가는 횟수를 줄이려고 물도 거의 마시지 않았다.

배달하러 갔을 때 수취인이 집에 없으면(평일 낮에는 절반 정도가 없었다) 전화 통화에 1분을 쓰니 통화료 0.1위안에 0.5위안의 시간 비용이 소요되는 셈이었다. 수취인이 택배함에 넣어달라고 요청하면 시간 비용이 더 들 뿐만 아니라 택배함 요금으로 평균 0.4위안까지 내야 해 손해였다. 수취인이 다른 날 집으로 배송해달라고 하면 전화도 걸고 두 배의 시간을 써야 하므로 손해는 더 커졌다. 그나마도 순조로울 때 이야기이고, 전화를 안 받으면 멍하니 기다리느라 1분, 0.5위안을 써야 했다. 전화가 연결되어도 고객이 끊지 않고 내가 들어줄 수 없는 일을 집요하게 요구할 때도 있었다. 그러면 전화 한 통만으로 시간 비용이 배달 비용을 초과했건만 물건마저 여전히 손에 남아 있었다.

역시 위란완에서 있었던 일이다. 약속 시간에 VIP숍 반품 물건을 가지러 갔는데 고객이 집에 없었다. 전화를 걸자 중년 여자가 친절한 목소리로 저녁 7시 이후에야 집에 도착하니 그때 다시 와달라고 했다. 7시는 퇴근 시간 이후라 나는 이튿날 방문하겠다고 했다. 여자는 내일도 7시 이후에 도착할 거라고 했다.

"그러면 직장에서 반품해주시겠습니까?"

내 요청에 여자는 직장이 병원이라 업무 시간에 사적인 일을 처리하기 힘들다고 말했다. VIP숍에서는 야간에 반품 물건을 수거하지 않기 때문에 직장에서도 불가능하다면 직접 물건을 부치는 수밖에 없었다. 위란완에서 집까지 방문해 물건을 가져가는 택배사는 S사밖에 없었다. 그런데 S사를 이용하려면 추가금을 내야 하기 때문에 대부분 S사를 이용하려 하지 않았다. 그렇다고 다른 택배사를 이용하려면 직접 지점으로 가져가야 하는데 여자는 그렇게까지 고생하기는 싫은 모양새였다.

여자 입장에서는 전화로 나를 구슬리는 게 더 나은 해결책이었다. 그는 끈기 있게 부탁하면 안 되는 일이 없다고 믿는 유형이 분명했다. 몇 가지 제안을 내가 다 거절하자 여자는 저녁 식사를 마친 뒤 위란완으로 산책하러 오라고, 그러면서 물건을 가져가면 어떠냐고 물었다. 시종일관 친절한 태도에 적절한 어휘, 부드러운 어조, 풍부한 호소력까지 정말 흠잡을 데가 없었다. 하지만 저녁때 위란완으로 가는 일은 그의 말처럼 낭만적이지 않았다. 오가는 데 한 시간이 걸릴 뿐만 아니라 교통 체증, 경적, 매연, 신호 등등을 모두 견뎌야 했다. 집에서 쉬는 대신 그런 산책을 선택할 사람이 누가 있겠는가?

경제적 관점으로 봐도 한 사람을 위해 거기까지 가는 건 현명하지 못했다. 반품은 건당 3.5위안이었다. 나는 야근하면서 한 시간에 3.5위안을 벌고 싶은 마음이 없었다. 어쩌면 그는 일 중독자라 치열한 경쟁 사회에서는 나도 자기처럼 기꺼이 일을 위해 희생해야 한다고 생각했는지도 모르겠다. 하지만 나는 그렇게 살고 싶지 않았다. 나도 그에게 저녁 산책길에 우리 지점에 와서 반품하라고 제안하고 싶었다. 물론 정말로 그렇게 말하지는 않았다. 이후에도 그 집에 여러 차례 물건을 배달했는데, 그는 늘 예의 바르게 대해주었다. 내가 거절했던 일을 마음에 전혀 담아두지 않았거나 최소한 티를 내지 않았다.

시간이 돈임을 절실하게 인지했다고 돈을 더 많이 벌게 되는 건 아니었다. 작업 방식을 바꿔 물건을 무조건 택배함에 넣는다거나 전화를 안 받는다거나 모르는 번호를 차단할 수는 없었기 때문이다. 변화라고 하면 돈을 따지는 동시에 별로 개의치 않게 되었다는 것이다. 나는 늘 건물에 올라가지 않는 택배사 기사들을 부러워했다. 그들은 물건을 곧장 택배함에 넣거나 단지 내 보관소에 두고 수취인에게 문자를 보내 직접 가져가도록 했다.

핀쥔은 택배업계에서 무명에 가까웠지만 직영제라 골치 아픈 노사 분쟁은 없었다. 나는 그게 좋았다. 또 VIP숍을 등에 업고 있어서 생존에 대한 압박도 적었다. 회사에서는 S사처럼 문 앞까지 배송할 것을 요구했지만 구역마다 배송 방식이 달랐다. 거주민과 택배기사 사이에는 각각의 상황에 맞는 오래된 묵계가 형성되어 있었다. 내가 맡은 구역 중에도 배송하기 쉬운 지역이 있고 그렇지 않은 지역이 있었다. 나는 배송이 편한 지역에서 남은 시간을 배송이 힘든 지역에 보탠다고 생각했으니, 힘든 지역 고객은 편한 지역 고객에게 감사해야 했다.

많은 사람이 매일 택배를 이용하면서도 택배기사의 작업 방식은 잘 모른다. 나는 그런 무지를 우리의 노동 보수를 이해하지 못하기 때문이라고 받아들였다. 하루는 정통루스벨트광장(현 링크플라자, 대형 쇼핑몰로 중국에서는 현대적인 상업 공간을 광장이라고 부르는 관행이 있다 — 옮긴이)에서 물건을 배달하고 있었는데 쇼핑몰 직원인 수취인이 정통루스벨트광장에서 완다광장으로 자리를 옮겨간 뒤였다. 나는 전화를 걸어 완다광장으로 주소를 바꾸면 다음 날 배달될 것이라고 알려주었다. 당연히 택배기사도 다른 사람으로 바뀔 터였다. 그러자 그는 깜짝 놀라 반문했다.

"이렇게 가까운데 왜 하루가 더 걸려요? 이따가 가져다주시면 되지 않나요?"

그렇게 묻는 사람은 그 사람 하나가 아니라 꽤 많았다. 문득 나한테는 빤히 보이는 일이 남들한테는 상상도 안 될 수 있겠구나 싶어서 참을성 있게 응대했다. 우선 루스벨트광장에서 완다광장까지는 그가 가볍게 말하는 것처럼 가깝지 않았다. 삼륜차 배터리가 충분해도 오가는 데 30분 넘게 걸렸다. 둘째, 거리는 누가 어떻게 보느냐에 따라 달라진다. 휴일에 쇼핑하는 사람이라면 도시의 쇼핑몰 두 곳은 매우 가깝게 느껴지겠지만, 택배기사는 하루에 한두 개 단지만 오갈 뿐이었다. 우리에게는 몇 킬로미터 밖의 완다광장이나 수십 킬로미터 밖의 톈안먼광장이나 똑같이 멀었다.

마지막으로 완다광장은 무척 넓고 내가 잘 모르는 곳이었다. 쇼핑몰 안에 들어가 특정 점포를 찾으려면 많은 시간이 들게 뻔했다. 나는 쇼핑을 잘 하지 않아서 조금만 큰 쇼핑몰에 가도 동서남북을 분간하기 힘들었다. 내 입장에서 생각하려 했으면 그렇게까지 상상하기 어려운 상황도 아니었다. 그렇다면 그가 상상하지 못한 것은 내가 건당 2위안밖에 받지 않는다는 사실뿐이었다. 나는 선의에서 그렇게 이해해보려 했다. 내가 얼마를 받는지 알면서도 속 편하게 자기만을 위해 와달라고 요청했다고는 믿고 싶지 않았다.

나는 주커수九棵樹 지하철역 옆에 있는 쇼핑몰인 징퉁루스벨트 광장과 양광신생활광장 두 곳을 맡고 있었다. 사람들은 양광신생활광장이라는 이름은 거의 모르고 대부분 까르푸라고 불렀다. 사실 까르푸는 쇼핑몰의 2~3층만 쓰고 있었다.

양광신생활광장은 건물 내 택배기사의 진입을 금지해, 우리는 아래층에서 수취인한테 전화해 택배를 가져가라 하고 기다려야 했다. 원래부터 건물 안에 들어가길 싫어하는 기사들은 딱 자기 스타일이라면서 좋아했다. 그들은 차를 세워놓고 전화한 다음 줄기차게 앉아서 기다렸다.

하지만 나는 그 방식이 싫었다. 까르푸에 배달할 물건은 하루에 고작 서너 개였고 수취인들도 일하는 중이라 바로 나올 수 없을 때가 많았다. 물건 서너 개 때문에 30분씩 기다리는 건 손해였다. 그렇다고 미리 전화를 걸어두면 수취인이 가지러 나왔을 때 내가 도착하지 못할 수도 있었다. 어차피 내 걸음이 더 빠르기도 해서 나는 차라리 직접 들어가기로 했다. 그런데 몇 번 그러다가 경비원한테 걸리고 말았다.

그날 경비원에게 붙들린 곳은 목적지에서 가까운 4층의 가전 판매매장 궈메이國美 출구였다.

"여기 맡은 지 얼마 되지 않아서 들어오면 안 되는 줄 몰랐습니다." 사실 알고 있었지만 그렇게 말해야 했다. "입구에 택배 배송 금지라는 안내문도 없고 아까 들어올 때 잡는 사람도 없었어요. 지금 바로 나가겠습니다." 경비원이 수레 손잡이를 꽉 잡고 못 가게 막기에 내가 항의했다. "들어가지도 말고, 나가지도 말라면 어쩌라는 겁니까?"

"물건을 압수하겠습니다. 대체 한두 번도 아니고!"

우리는 둘 다 물러서지 않았다. 나는 아무것도 몰랐다, 정말 새로 왔다, 당신을 처음 본다며 한사코 우겼다. 다른 택배기사한테 쇼핑몰에 들어갈 수 없다고 들었다고 해도 그 경비원은 알 수 없는 일이었다. 그에게 직접 경고를 들은 적도 없으니 한두 번도 아니라는 말에 수긍할 수도 없었다.

또 멀쩡한 법치국가에서 경비원이 내 물건을 압수할 수 있다고도 생각하지 않았다. 그렇게 협박하는 게 황당할 뿐이었다. 잘못한 게 있다고 쳐도 내가 쇼핑몰에 실질적인 손해를 끼친 것도 아니고 도둑도 아닌데. 쇼핑몰 규정 위반은 작은 실수에 불과하지, 원수처럼 굴 일이 아니었다. 나는 그에게 굽히지 않기로 마음먹었다. 그 알량한 권력으로 부리는 허영심에 굴복하고 싶지 않았다.

"그쪽한테는 제 물건을 압수할 권리가 없으니 그만 놓아주시죠."

내 말을 이해하지 못했는지, 아니면 아예 듣지도 않았는지 경비원은 사냥감을 문 불도그처럼 내 수레를 죽어라 붙잡고 있었다.

"계속 이러면 경찰에 신고하겠습니다." 내가 말했다.

경비원이 마음대로 하라고 해 나는 휴대전화를 꺼내 번호를 눌렀다. 평생 처음 경찰에 전화한 순간이었다. 접수자가 내 정보를 기록한 뒤 곧 근처 파출소에서 전화할 테니 받으라고 했다. 경비원도 무전기로 동료와 상사를 불렀다. 나는 궁금해졌다. 그들이 이 문제를 과연 얼마나 키울 수 있을까?

경비원의 상사가 와서는 거드름을 피우며 몇 마디 주의를 주었다. 나는 새로 와서 아무것도 모른다고 계속 변명했다. 그리고 쇼핑몰에는 내 물건을 압수할 권리가 없고 경찰에 이미 신고했다고 말했다. 상사는 확실히 부하보다 약삭빨라 경찰이라는 말을 듣자 잠시 망설이더니 일단 호통으로 체면을 챙긴 뒤 어투를 바꿔 말했다.

"다시 전화해서 일이 해결되었으니 신고를 철회한다고 해주세요. 물건은 가져가도 되지만 앞으로 또 들어오려고 하면 안 됩니다."

일이 그렇게 마무리될 줄 알았지, 일파만파로 번질 줄은 생각도 못 했다. 4층 헬스장 매니저인 수취인이 달려왔다. 전화로 상황을 전달받고 온 수취인은 경비원 상사를 보자마자 난리를 치기 시작했다. 싸운 게 이번이 처음이 아닌 모양이었다. 수취인은 경비원에게 불량배가 따로 없다면서 사납게 소리쳤다. 내가 보기에도 사실에 가까워 그다지 욕으로 느껴지지 않았다. 경비원과 불량배는 제복을 입었느냐 아니냐의 차이밖에 없어 보였다. 경비원 상사는 얼굴에 칼자국이 있었고 행동과 어투도 정말 불량배처럼 껄렁했다. 겉모습으로 사람을 판단하면 안 되지만 성실한 사람으로 보이지 않았다.

칼자국 상사는 욕을 먹자 씩씩거리며 나를 보고 소리쳤다.

"물건 못 가져갑니다. 압수하고 저 여자가 어쩌는지 볼 거요!"

나는 쇼핑몰 상황실로 따라가는 수밖에 없었다. 아직 고객이 사인하지 않아 책임이 내게 있으니 물건을 잘 지켜야 했다. 그때 주커수 파출소에서 전화가 왔다. 내가 자초지종을 설명하자 경찰은 별일도 아닌데 귀찮게 한다는 어투로 응대했다. 어디 있느냐고 물어 상황실이라고 하자 경찰이 상황실로 전화를 걸었다. 칼자국은 여전히 화난 어투로 전화를 받았지만, 끊고 나서는 물건을 내주겠다고 했다. 다만 내게 직접 주지 않고 헬스장 매니저가 보증서인지 검토서인지를 쓰면 그에게 내주겠다고 했다.

"하지만 수령했다는 사인을 아직 못 받았는데요."

내가 말하자 칼자국이 사납게 대꾸했다.

"직접 사인해요. 당신이 상관할 일 아니니까 사람만 불러오고요."

복수 메모장

얼마 뒤 광군제가 도래했다. '폭탄 세일'이 시작되기 직전, 정확히 말하면 11월 1일부터 10일까지는 오후 서너 시면 퇴근할 수 있을 정도로 택배 물량이 줄어들었다. 사람들은 내 생각보다 훨씬 '폭탄 세일'에 관심이 많은 듯, 너 나 할 것 없이 숨죽이며 쇼핑 욕구를 폭발시킬 11일을 기다리고 있었다.

그 짧은 휴식기 동안 나는 매일 숨이 막힐 정도로 걱정하고 걱정했다. 폭풍우가 다가오는 게 뻔히 보이는데 할 수 있는 게 아무것도 없는 상황이었다. 내 안에서는 고수익에 대한 기대와 실수에 대한 두려움이 한꺼번에 요동쳤다. '폭탄 세일' 때는 너무 바빠서 실수하지 않는 사람이 없다고 했다. 나는 고수익에 대한 기대보다 실수에 대한 두려움이 훨씬 더 컸다.

M점장은 매일 단체 대화방에서 광군제 기간에 차량 체인이 떨어지는 일이 없도록 미리 점검하라고, 지금 하면 차량 수리

비 절반도 지원된다고 말했다. 하지만 내 삼륜차에는 문제가 없었다. 타이어의 안쪽과 바깥쪽 모두 깨끗하고 멀쩡했다. 브레이크의 마모도 정상적인 수준이라 제동 거리가 조금 길지만 수리할 정도는 아니었다. 헤드라이트는 충분히 밝았다.

마음속으로 걱정하고 철저히 준비해서인지 광군제가 시작된 뒤에는 예상했던 것처럼 힘들지 않았다. 처음 사나흘 동안 물량이 거의 세 배로 늘었고 그 뒤 며칠 동안도 평소의 두 배 수준이 유지되었다. 물량이 두 배 늘었다고 시간까지 두 배가 필요한 것은 아니었다. 작업 지역이 늘어난 게 아니라 배달 밀도가 높아졌을 뿐이기 때문이다. 예를 들어 징퉁루스벨트광장에서 열 개를 배달하나 세 개를 배달하나 걸리는 시간은 별 차이가 없었다.

아침에 지점으로 도착한 물품을 내려놓으면 그렇지 않아도 좁은 사무실에 홍수가 범람하듯 택배 상자가 허리까지 쌓이고 넘쳐서 문밖으로도 이어졌다. 아침 6시 30분에 식사하고 일하기 시작해 저녁 9시가 넘어서야 두 번째 끼니를 챙길 수 있었지만 허기를 거의 느끼지 못했다. 허기를 느껴야 할 때 지나치게 일에 집중해 몸에 신경 쓰지 못하자, 시간이 지나니 배고픈 느낌마저 사라졌던 모양이었다. 내 몸은 고용주가 요구를 들어줄 생각이 없어 보이자 묵묵히 자기 권리를 포기하는 순종적인 노동자처럼 알아서 내분비 수준을 조절했다.

11월보다 12월이 훨씬 힘들었다. 12월은 아침 7시가 넘어야 해가 뜨고 오후 5시도 안 돼 해가 지다 보니 낮이 무척 짧았다. 시간이 순식간에 사라지는 듯해 조바심이 났다. 삼륜차 배터리도 겨울에는 금방 닳아 완전히 충전해도 운행 거리가 여름의 3분의 1밖에 되지 않았다. 언제든 일을 마비시킬 수 있는 시한폭탄 같았다. 여름에는 배터리에 전혀 신경 쓰지 않았지만, 겨울이 되자 단지 안에서 다른 동으로 가기 위해 시동을 걸 때조차 늘 조마조마했다.

추운 날씨도 한몫했다. 12월의 베이징은 온종일 영하로 내려갔다. 나는 추위를 잘 견디는 편이라 5도 정도에도 청바지 하나로 지냈다. 남쪽에서는 어렸을 때부터 그렇게 겨울을 났다. 하지만 영하의 날씨에서 살아본 경험은 거의 없었다. 다섯 개 도시에서 1년 이상씩 살았는데 기온이 영하로 떨어지는 곳은 상하이와 베이징뿐이었다. 그나마 상하이에 살 때는 실내에서 일했고 최저 기온도 영하 2~3도에 불과했다.

베이징은 아침 6시쯤 집을 나설 때 영하 10도 아래인 날이 부지기수였다. 외부에서 장시간 일하지만 수시로 휴대전화를 터치해야 해서 나는 제대로 된 장갑 대신 반장갑을 껴야 했다. 삼륜차에 방한용 손잡이를 달자 효과가 좀 있었지만, 그래도 늘 손이 차갑게 얼어붙었다. 이따금 휴대전화를 조작하는 건 말할 것도 없고 손가락조차 구부리지 못할 때가 있었다. 물건을 들고 빠르게 계단을 오르내리는데 방해가 되니 두꺼운 옷은 입을 수 없고, 쉽게 더러워지고 망가지니 비싼 옷은 더더욱 입을 수 없었다. 사실 비싼 옷 자체가 없기도 했다. 내 몸에 지닌 것 중 제일 비싼 물건은 200여 위안짜리 뉴발란스 운동화였는데 1년 넘게 신었더니 밑창이 다 닳아 버려야 했다. 비수기 때는 하루에 1만 보에서 1만 5000보를 걷고 성수기 때는 2만 보 넘게 걸었다. 성수기인 11월 11일부터 12월 12일 기간에는 3만 보가 넘어갔다. 그런데 위챗 운동 앱의 동료들을 보면 내 걸음 수가 특별히 많은 편은 아니라 3위 안에도 못 들어갈 때가 대부분이었다.

가장 추운 12월과 1월에는 보통 내복과 모직 셔츠, 면 조끼, 중간 두께의 외투를 입고 아래는 내복 바지와 등산 바지를 입었다. 배달하다가 못 견디게 추울 때면 복도에서 잠시 숨을 돌렸다. 그렇게 고생한 보람이 있게 12월 우리 지점 직원들은 전부 세후 1만 위안이 넘는 월급을 받았다.

2019년 설 연휴 때 당직을 서느라 휴가가 5일밖에 되지 않아 고향에 돌아가지 않기로 했다. VIP숍은 '설 연휴에도 영업'이라 홍보했고 나도 고객들에게 그렇게 알렸지만, 막상 닥치고 보니 정상 영업은 불가능했다. 아침에 지점으로 물건을 가져온 트럭 기사가 설 연휴에는 화물연대가 다 쉬기 때문에 물건 자체가 없는데 지점에서 영업해봐야 뭘 할 수 있겠냐고 말했다.

설 연휴에는 주문량도 많지 않았다. 브랜드 대부분이 재고를 다 처분했고 신상품은 아직 나오지 않았거나 나왔어도 할인하지 않았다. 고객이 쇼핑하고 싶어도 살 만한 게 없다는 뜻이었다. 실제로 연휴가 끝나고 복귀해서 며칠 동안 쌓인 물건을 배달하려고 보니 다 합쳐도 평소 하루치보다 적었다.

설 연휴가 지나자 단골손님 몇몇이 사라지고 없었다. 더는 VIP숍을 이용하지 않을 수도 있겠지만 그럴 가능성은 적었다. 혹은 아예 베이징을 떠났을 수도 있는데 그보다는 단순히 이사한 경우가 많았다. 연휴가 끝난 뒤 한 달 동안은 주소가 잘못된 물건이 평소보다 훨씬 많았다. 수취인이 이사한 뒤 깜빡하고 주소를 수정하지 않은 탓이었다. 이미 배달을 완료한 물건은 내 돈으로 재전송하는 수밖에 없었다. 물론 나도 최대한 손해 보지 않으려고 노력했다.

하루는 루이두궈지瑞都國際 남구에서 문을 두드려도 아무도 없기에 전화를 걸었더니 수취인이 문 옆의 계량기함에 넣어달라고 했다. 그런데 저녁에 물건이 없다는 전화가 왔다. 수취인은 그제야 주소가 잘못되었다는 걸 깨달았다. 수취인은 창핑昌平으로 이사 갔는데 낮에 통화할 때는 창핑의 택배기사인 줄 알았다고 말했다.

"제가 내일 물건을 회수해 창핑으로 보내드릴 수 있지만 추가 운송비를 내셔야 합니다."

내 말에 수취인은 폐를 끼쳤다고 미안해하면서 흔쾌히 동의했다. 그런데 그런 사람은 소수에 불과하고 대부분은 돈을 내지 않으려 실랑이를 벌였다. 또 다른 수취인의 경우가 그랬다.

"다시 보내면 운송비를 내셔야 합니다."

내가 말하자 그가 반박했다.

"왜요? 무료 배송이었는데요?"

"주소를 잘못 쓰셨고 이미 수령하셨으니까요."

"제가 받지 못했는데 어떻게 수령이라는 거죠?"

"저는 고객님이 적은 주소로 배달했고 안에 있는 사람이 받았습니다."

"그건 제가 아니잖아요."

"저는 고객님을 모르고 고객님이 쓴 주소로 배달할 뿐입니다."

"그래도 확인해야 하는 거 아닌가요?"

"배달하러 가서 고객님 성함을 이야기했고 집에 있던 사람이 받았습니다. 더 이상 어떻게 확인합니까?"

집을 공유하는 사람들은 서로의 이름을 모르는 경우가 많았다. 그래서 주소만 맞으면 대신 물건을 받아 공동 구역에 두는 게 일반적이었다. 당연히 그도 그런 상황을 잘 알고 있었다. 그저 운송비 8위안을 내기 싫었을 뿐이었다.

"고객센터에 문의해볼게요."

그러면 협상이 결렬된다. 그가 고객센터에 전화하게 둘 수 없으니 내 돈으로 보내줘야 했다. 8~10위안밖에 안 되는 돈인데 사람이 치가 떨리게 싫어졌다. 내 앞에 있다면 한 대 쳤을지도 몰랐다.

비슷한 일이 또 있었다. 홍샹1979문화창의산업단지에 물건을 배달하러 갔더니 수취인 회사가 이사하고 없었다. 수취인이 적어놓은 주소로 가자 사무실에서 몇 명이 선 채로 회의를 하고 있었다. 내가 수취인 이름을 말하자 한 여자가 다가와 물건을 받아 갔다. 이튿날 수취인이 전화해 물건을 어디에 두었냐고 물었다. 자기가 주소를 잘못 적은 걸 알면서도 아닌 척하는 게 뻔했다. 내가 상황을 전달하자 그는 정의의 사도인 양 말도 안 되는 논리를 펴기 시작했다.

"수취인을 확인하지도 않다니, 어떻게 이렇게 무책임하게 일할 수 있죠?"

"항상 수취인 성명을 말합니다. 대신 받아준 사람이 있었고요."

"나는 그런 사람 몰라요. 그 여자가 어떻게 저 대신 서명할 수 있느냐고요?"

"고객님이 모른다면 주문할 때 왜 그 주소를 썼습니까?"

"주소를 잘못 썼어도 수취인이 제가 아닌데 어떻게 확인을 안 해요?"

솔직히 어떻게 수취인을 확인하란 말인지 모르겠다. 신분증을 보여달라고 할 수도 없지 않은가? 그 여자가 왜 모르는 사람의 물건을 받았는지도 알 수 없었다. 출근한 지 얼마 안 돼서 동료 이름을 전부 알지 못했던 걸까? 설령 내가 신분증을 확인할 수 있다고 해도 그렇게 하면 시간이 더 걸리는 만큼 소득이 대폭 떨어질 터였다. 그렇지 않아도 적은 수입이 더 줄어든다면 이 일을 할 이유가 없다.

나는 두 번 일하는 거긴 하지만 물건을 찾아다 정확한 주소로 보내줄 의향이 있었다. 그런데 그는 자기 잘못인데도 운송비 8위안을 내려 하지 않았다. 그 사람과 계속 싸울 수도 없었다. 태도가 얼마나 뻔뻔한지, 자기 잘못은 하나도 없다는 투였다. 자기도 노동자라 노동자의 어려움을 잘 알지만 이렇게 대충 일하면 안 된다는 식으로 나를 가르치려 했다. 계속 말싸움하다가는 회사에 불만을 제기할 기세였다. 그가 고객센터에 뭐라고 말할지 알 수 없었다. 결국 나는 물건을 찾아와 8위안을 물어가며 새 주소로 보내주었다.

그리고 나서 휴대전화 메모장에 그의 이름과 전화번호, 주소를 기록해두었다. 폭발 직전까지 화가 났지만 일을 하려면 삼키는 수밖에 없었다. 대신 일을 그만두면 꼭 찾아가서 따지겠다고 마음먹었다. 군자의 복수는 십 년이 걸려도 늦지 않다고 하지 않던가.

물론 나는 그를 찾아가지 않았다. 얼마 뒤 화도 사그라들었다. 내 '복수 메모장'에는 두 사람의 이름이 적혀 있었지만 다 삭제했고 보복하지도 않았다.

하루는 지점에서 잡담하던 중 한 동료의 아는 택배기사가 길에서 아우디를 부쉈다는 이야기가 나왔다. 아우디 운전사가 뒤에서 발악하듯 경적을 누르자 화가 머리끝까지 치솟은 택배기사가 쇠막대기로 아우디 보닛과 앞 유리창을 박살 냈다는 것이다. 나도 그런 충동을 한두 번 느낀 게 아니었다. 한바탕 패주고 싶은 사람이 많았다. 그런 충동은 끊어지는 순간 미친 듯 튕겨 나가는 케이블 같아서 일단 터지면 앞뒤 따지지 않고 그동안 쌓였던 불만을 쏟아내게 한다. 그 택배기사는 배상할 능력이 없어서, 어쩌면 배상하고 싶지 않아서 감옥에 갔다고 했다. 다 잃고 나자 될 대로 되라는 심정이 아니었을까.
　그렇게 조심스럽게 일하고 갈등은 피했는데도 주소를 잘못 적은 사람이 고객센터에 나를 신고한 적이 있었다. 그 수취인은 퉁징위안通景園 단지로 이사했지만 루이두궈지 북구로 물건을 배달시켰다. 두 단지는 2킬로미터 떨어진 정도였고 배달할 때도 이상한 점이 없었다. 청년이 문을 열어주기에 나는 수취인 성명을 말했고 청년은 아무 말 없이 물건을 받았다. 자기가 아니라는 말도, 고맙다는 말도 하지 않았다. 별로 이상한 상황이 아니었다. 말 없이 물건을 받는 사람은 하루에도 몇 명씩 있었다. 게다가 내가 탐정도 아닌데 누구든 일단 의심하고 보는 것도 이상하지 않은가.

나는 늘 너무 바빠서 엘리베이터 기다리는 시간을 아끼려고 물건을 엘리베이터 문에 끼워놓곤 했다. 그러면서도 엘리베이터를 붙잡고 있는 게 양심에 찔려서 최대한 빨리 돌아가려 했으니 수취인과 떠들 여유가 없었다. 그건 다른 층에서 엘리베이터를 기다리는 사람에게 민폐였다.

그런데 이틀 뒤 불만이 접수되었다. 수취인이 물건을 받지 못했는데 수령한 것으로 뜬다며 항의했다고 부점장이 위챗으로 알려주었다. '허위 서명'으로 50위안의 벌금이 부과되지만 반박할 수 있다고도 했다. 나는 진청푸金成府 단지에서 나오자마자 삼륜차 운전석에 앉아 수취인에게 전화를 걸었다. 평소라면 시간을 절약하기 위해 운전하면서 전화했겠지만, 너무 화가 나서 그럴 수 없었다.

"왜 고객센터에 항의하셨습니까?"

내가 묻자 수취인이 억울하다는 듯 대꾸했다.

"물건을 못 받았는데 어떻게 제가 받았다고 표시될 수 있어요?"

"그 주소지에서 받은 사람이 있으니까요. 제가 신분증이라도 검사해야 합니까?"

"죄송하지만 앱에 기사님 전화번호가 없어서 연락할 수 없었어요. 하는 수 없이 고객센터에 전화했고 기사님한테 불만이 있다고 말하지도 않았어요. 고객센터에서 처리해준 것뿐이에요."

그 말을 다 믿을 수는 없었다. 실제로 고객센터에서는 비수기 때 택배기사들의 서비스 품질을 올린다는 명목으로 고객의 항의를 유도하곤 했다. 반면 성수기 때는 많은 물량을 빠르게 배송해야 하니 최대한 우리 편의를 봐주었다. 그런 상황은 점장과 부점장이 미리 귀띔해주었다. 나는 그 수취인이 자신이 주소를 잘못 적었다는 사실을 말하지 않았을 거라고, 그랬으니 고객센터가 불만을 접수한 거라고 의심했다. 자기 잘못을 인정하면 물건을 찾아주지 않을지 모른다고 걱정했을 수도 있다. 주문서의 배송 정보에 내 연락처가 있는데, 전화번호가 없어서 연락 못했다는 말도 내게 직접 연락했다가 거절당할까 봐 걱정했던 것 같았다. 결국 간편하게 해결하고 싶어 고객센터에 연락한 것이다. 고객센터를 통하면 나는 거절할 수 없었다.

물론, 이건 전부 내 추측일 뿐이다. 그 사람에게 직접 물어보지 않았다. 어쨌든 그는 내게 사과했고 무례하거나 오만하게 굴지도 않았다. 그저 긴장한 기색만 느껴질 뿐이었다. 나는 루이두꺼지 북구로 가서 물건을 회수해왔다. 물건은 그때까지도 거실에 놓여 있었고 다른 세입자가 돌려주었다. 받자마자 통징위안으로 가져갔다. 퉁징위안은 내 구역이 아니었지만 내가 담당한 구역 바로 건너편이라 매일 지나가는 곳이었다.

 나를 보자 여자는 울음을 터뜨릴 듯한 얼굴로 50위안을 배상하겠다고 말했다. 내가 그의 항의로 50위안의 벌금을 내게 되었다고 말했기 때문이었다. 하지만 고객 불만에 내가 불복했고, 고객센터에서 확인 전화할 때 상황을 제대로 설명하면 되기 때문에 돈은 받지 않았다. 내가 본 손해는 여자가 잘못 쓴 주소로 물건을 배달했다가 다시 찾아오고 새 주소로 배송해 결국 세 번 배달한 것이었다. 돈 때문에 화가 난 게 아니라 억울함, 불필요한 번거로움 때문에 화가 났다. 인정할 수 없는데도 받아들여야 하는 불공평, 불친절, 비인간적 규정과 조건에 대한 불만도 있었다. 하지만 그렇다고 수취인에게 화를 내면 나도 불공평하고 불친절하며 비인간적인 사람이 되기에 그럴 수 없었다.

앞에서 '복수 메모장'에 적었다고 했던 두 사람 중 나머지 한 사람에 관해 이야기하려고 한다. 2019년 6월인가 7월 일로, 신청양광新城陽光 단지에 냉장 과일을 배달한 건이었다. 아침 8시 무렵에 도착해 문을 두드렸지만 아무도 없었다. 냉장 물건은 일반 물건과 달리 배송을 미룰 수 없었다. 특히 여름에는 빨리 배송하지 않으면 상할 수 있었다. 그런데 집 앞에서 세 번이나 전화했는데도 수취인이 받지를 않았다.

정상적인 절차를 따르자면, 집에 아무도 없거나 전화 연결이 안 될 경우 물건을 가져갔다가 오후에 되돌아가는 길에 다시 배달해야 했다. 하지만 그날은 너무 더웠다. 계속 햇빛을 받는 삼륜차 적재함은 오븐처럼 뜨거워질 테니 오후에 돌아올 때는 과일이 상할 듯했다. 수취인이 아침 식사를 하러 갔거나 장을 보러 갔다면 곧 돌아올 테고, 그렇다면 물건을 두고 가는 게 더 빨리 받을 것 같았다.

그래서 단지 택배함에 물건을 넣었다. 31동과 32동 사이에 있는 택배함은 건물 그늘 밑에 있으니 해가 들지 않을 듯했고 수취인 집인 34동에서도 100미터밖에 떨어지지 않았다. 택배함에서 자동으로 코드가 생성돼 발송되었지만, 나는 수취인과 통화를 못 했기 때문에 냉장 물건이니 빨리 가져가라는 문자를 한 번 더 보냈다. 차에 가지고 다니는 것보다는 서늘한 곳에 두는 게 나을 거라고 판단해서였다. 수취인이 계속 돌아오지 않거나 회신이 오지 않으면 오후에 다시 가져갈 생각이었다.

우리 지점에는 냉장고가 없어서 배송하지 못한 냉장 물건은 그날 저녁에 반품해야 했다. 9시쯤 신청양광단지를 나와 쑨왕창孫王場과 위란완에서 배송을 마쳤을 때도 두 차례 더 전화를 걸었다. 문자를 보지 못했을까 봐 빨리 물건을 찾아가라고 알려줄 생각이었는데 여전히 연결이 되지 않았다. 그런데 12시쯤 갑자기 전화가 왔다. 신청양광에서 3~4킬로미터 떨어진 치젠카이쉬안旗艦凱旋단지에 막 도착했을 때였다. 물건이 상할 가능성을 최대한 낮춰 배달해줬으니 감사해할 줄 알았건만 아니었다.

"그거 두리안인데 어떻게 택배함에 넣을 수 있어요?"

두리안이 통째로 들어갈 만큼 큰 상자는 아니었으니 분명 껍질을 제거한 두리안 과육이었을 터였다.

"아침에 댁에 아무도 안 계시더라고요."

"그렇다고 택배함에 두면 안 되죠. 당장 가져다주세요."

심문하는 듯한 어투에 기분이 나빠졌다. 나는 왜 택배함에 넣을 수밖에 없었는지 설명한 뒤 말했다.

"지금은 제가 신청양광이 아니라 직접 가져가시는 게 빠르실 거예요. 아니면 두 시간쯤 뒤에 돌아가니 그때 가져다드리지요."

"그렇게는 못 기다려요. 제가 곧 나가야 하니 지금 가져다주세요."

배송할 단지가 아직 두 곳이 남아 있어 정신없이 바쁜 데다 더운 날씨에 목도 말라서 더 실랑이를 벌이고 싶지 않았다.

"지금은 못 갑니다. 기다리시겠다면 두 시간 뒤에 가져다드릴게요. 기다리실 수 없다면 직접 가져가세요."

그러자 그가 으름장을 놓았다.

"그럼 고객센터에 당신이 묻지도 않고 물건을 택배함에 넣었다고 항의하겠어요."

그렇게 나온다면 나도 더는 할 말이 없어서 알겠다고 하고 전화를 끊어버렸다. 그런데 그가 다시 전화를 걸어왔다.

"가져다줄 거예요, 말 거예요?"

당연히 예의 바른 어투가 아니었다. 내가 얼마나 멀리 있든 무슨 상황이든 상관하지 않겠다는 게 그대로 느껴졌다.

"어쨌든 지금은 못 갑니다. 기다리시겠다면 이따가 그쪽 단지에 갈 때 가져다드릴게요."

"왜 내 물건을 택배함에 넣어요? 내가 그러라고 했어요?"

그가 계속 따졌다.

"두리안을 택배함에 넣지 않았으면 두 시가 넘을 때까지 계속 햇빛을 받아 상했을 테니까요. 가져가기 싫으시면 제가 오후에 신청양광에 가서 배송해드릴게요. 하지만 지금은 고객님 한 명 때문에 거기까지 갈 수 없어요."

"아침에 우리 집에 오지도 않았잖아요!"

그 말을 듣자 정말로 화가 치솟았다.

"그럼 문 앞에서 세 번이나 전화했는데 왜 안 받았습니까?"

그는 내 질문에 대답하지 않고 같은 말만 되풀이했다.

"어쨌든 두리안을 택배함에 넣으면 안 되죠."

"알겠습니다. 그럼 가져가지 마시고 기다리세요."

나는 전화를 끊었고 다시 전화가 와도 받지 않으리라 마음먹었다. 전화는 다시 오지 않았다. 얼마나 화가 나는지 손이 덜 덜 떨렸다. 호의를 악의로 받는 사람이 있구나 싶었다. 그렇지만 아직 배송할 물건이 남아 있어서 그 여자한테 시간을 낭비하고 싶지 않았다.

결국 그는 물건을 직접 가져간 뒤 고객센터에 항의했다. 하지만 아침에 전화한 기록과 그가 집에 없었던 상황이 명확히 언급된 문자가 있어서 항의는 접수되지 않았다. 보름쯤 뒤 또 그 집에 냉장 과일을 배달할 일이 생겼다. 지난번처럼 하얀 스티로폼 상자에 담겨 있었다. 이번에도 두리안인지 아닌지는 알 수 없었다. 아침에 집으로 갔더니 역시나 아무도 없었다. 내가 바라던 바였다. 지난번에는 회사 번호로 전화했지만, 이번에는 내 개인 번호로 전화하면서 그가 낯선 번호라 받지 않기를 바랐다. 그러면 물건을 차에 둔 채 온종일 해를 받게 하고 오후에 배송할 작정이었다. 뜻밖에도 그가 곧장 전화를 받았다. 나인 걸 알아챘는지는 모르겠지만 어쨌든 택배를 오후에 받겠느냐고 물었다. 오후에 받겠다고 말하길 원했지만 그는 잠시 망설이다 대답했다.

"택배함에 넣어주세요."

그때 이후 다시 그 사람에게 물건을 배송한 적은 없었다.

분실과 배상금

택배 일을 오래 한 사람이라면 누구나 배상금을 물어본 경험이 있을 것이다. 우리는 많이 일하면 많이 배상하고 적게 일하면 적게 배상하며 일을 안 하면 배상도 없다고 자조 섞인 농담을 하곤 했다.

우리 지점에서 가장 젊은 청년은 하루가 멀다고 배상금을 물다가 결국 일을 그만두었다. 나중에 들으니 직업을 바꿨다고 했다. 택배기사가 배상금을 무는 이유는 집계 자체가 불가능할 정도로 다양했다. 그 청년을 예로 들자면, 무척 적극적이었지만 나이가 어려서인지 세심하지 못했다. 돈을 많이 벌고 싶어서 배송 지역을 많이 맡기도 했다. 비수기 때는 확실히 다른 사람들보다 많이 벌었다. 하지만 성수기가 되자 정신없이 바빠지고 젊은 혈기에 조급함까지 더해져 툭하면 문제를 일으켰다.

그는 항의를 가장 많이 받는 기사였다. 정상적인 방식으로는 다 배송할 수 없자 그는 수취인에게 연락하지 않고 곧장 택배함에 물건을 집어넣었다. 그렇게 고객 만족도가 떨어지는 배송 방식은 VIP숍의 전용 배송사인 핀쥔에서는 용납되기 힘들었다. 점장과 부점장도 처음에는 그에 대한 항의를 적당히 막아주었지만 계속 반복되자 인내심을 잃었다. 한편 그는 늘 벌이가 부족하다고 느꼈기 때문에 제대로 관리하지 못하면서도 다른 사람에게 자기 구역을 내어주려고 하지 않았다.

그는 삼륜차 배터리를 잃어버린 적도 있었다. 시간을 절약하기 위해 삼륜차를 안전하지 않은 곳에 주차한 뒤 배달하러 간 탓이었다. 그는 고작 2분 비웠을 뿐인데 돌아와 보니 배터리가 사라져버렸다고 진술했다.

물건도 자주 분실했다. 한번은 작은 봉투에 담긴 물건을 차 지붕에 올려놓았다가 잃어버렸다. 보통 크거나 무거운 물건만 지붕에 올려놓는데, 그는 편의를 위해 제일 먼저 배송할 물건을 지붕에 올려놓았다가 삼륜차에 속도가 붙자 바람에 날아간 것이다. 지나가던 할머니가 주워갔다고 나중에 환경보호원이 알려주었다. 무게는 수십 그램밖에 안 되는데 가격은 400위안이 넘는 속옷이었다. 어느 정도는 화를 자초한다고 할 수 있었다.

그러다 보니 그는 임금이 높을지는 몰라도 배상금을 제외한 실제 소득은 다른 사람보다 별로 높지 않았다. 더군다나 늘 피곤하고 기분도 좋지 않았다. 반품을 수거할 때도 주문서와 물건이 달라서 몇 차례 배상금을 물기도 했다. 그런데 그런 일은 다들 겪어봤을 정도로 흔했다.

VIP숍은 반품 과정이 다른 쇼핑몰과 달랐다. 우리는 물건을 수거하면서 검수까지 해야 했다. 고객이 물건을 우리에게 넘기고, 우리가 시스템에서 '수거 완료'를 클릭하면 환불금이 고객에게 지급되었다. 그리고 나서 물건이 창고로 되돌아갔을 때, 내용물이 다르거나 사용했던 흔적이 발견되면 재판매가 어렵다는 이유로 해당 금액을 다음 달 월급에서 제했다.

그래서 반품은 위험할 뿐만 아니라 시간까지 버리는 일이었다. 주문서는 하나여도 옷이 몇 벌, 심지어 십여 벌씩 들어 있을 때도 있었다. 하나씩 검사해 봉투에 담아 포장하고 송장까지 붙여야 하니 물건을 배송하는 것보다 시간이 훨씬 오래 걸렸다. 디자인이 복잡한 옷인데 눈에 잘 띄지 않는 부분에 구멍이 뚫렸거나 립스틱 자국이 남아 있는 걸 찾아내지 못해도 우리가 책임져야 했다. 일하다 보면 손이 금세 더러워져서 하얀색 옷을 검수할 때는 제대로 건드리지도 못했다. 조심하지 않았다가 옷이 더러워지면 그대로 물어내야 하기 때문이다.

제일 흔한 상황은 고객이 준 물건과 주문서 내역이 다른 경우였다. 고객이 반품할 물건을 헷갈려서일 수도 있고 VIP숍이 물건을 잘못 발송해서일 수도 있는데, 어쨌든 발견하지 못하면 우리가 물어내야 했다.

핀쥔에서 일한 1년여 동안 고객의 항의로 벌금을 낸 적은 없었다. 반면 배상금은 세 차례 물었다. 두 번은 반품을 수거할 때 꼼꼼하게 검수하지 않은 탓에 주문서와 물건이 달라서였다. 그중 하나는 연두색 아동복 세트였다. 같은 디자인에 무늬만 다양하게 다른 옷이었는데, 고객이 선택했던 무늬를 받지 못했다는 게 반품 사유였다. 나는 회수할 옷을 펴서 자세히 살펴보지 않고 포장지에 적힌 바코드를 스캔해 맞는지만 확인했다. 알고 보니 VIP숍의 발송 오류로 물건을 엉뚱한 봉투에 넣어 포장지의 바코드와 안의 상품이 다른 경우였다. 창고에서 물건을 발송할 때는 포장지만 스캔하지, 내용물을 검사하지 않다 보니 다른 옷이 배송된 것이다. 물건을 받은 고객은 무늬가 달라 반품시켰는데, 나도 회수할 때 문제를 발견하지 못해서 오류는 물건이 창고로 재입고되었을 때야 발견되었다. 그렇게 수건돌리기 비슷한 상황이 생기면 일련의 오류가 끝나는 마지막 순간에 있는 사람이 책임져야 했다. 다행히 아동복은 29위안밖에 안 해서 나는 평소 타이어를 고치는 데 쓰는 30위안을 떠올리며 마음을 추스를 수 있었다.

다른 한 번도 VIP숍에서 잘못 발송한 탓이었다. 노인용 신발로 상자의 바코드도 맞고 디자인도 똑같은데 신발 옆쪽의 장식이 살짝 달랐다. 그 브랜드의 노인용 신발은 워낙 비슷한 디자인이 많아서 자세히 보지 않으면 헷갈리기 쉬웠다. 그날 뭐가 그렇게 조급했는지 나는 다른 걸 알아차리지 못했다. 신발 가격인 199위안을 물어내자 물건을 내게 보내주었다. 나는 불필요한 물건을 사게 된 셈이라 곧장 중고 사이트에 올렸고 며칠 뒤 120위안에 팔렸다. 실질적인 손실은 79위안이었다.

세 번째로 배상했던 일은 택배 일을 하면서 가장 고통스러운 경험이었다. 앞선 두 일은 반품 문제였고, 몇십 위안을 배상했을 뿐이었다. 하지만 그 정도 금액으로도 눈앞이 캄캄해지는 것 같았다. 세 번째 배상금은 1000위안이나 됐으니 뼈아픈 기억으로 각인될 수밖에 없었다. 그날 위란완에서 배송을 마쳤을 때 나는 지붕 위에 놓아두었던 당당왕(중국 최대 온라인 서점—옮긴이) 물건이 사라졌다는 걸 발견했다. 내 삼륜차는 인도 위에 다른 택배차들과 나란히 세워져 있었다. 그곳은 내가 매일 주차하는 곳으로, 다른 택배기사들도 내 자리라고 인정해주는 곳이었다.

이미 위란완에서 1년 가까이 배송했고 비가 오지 않는 한 거의 매일 차량 지붕에 물건을 올려놓고 다녔다. 나는 다른 택배기사들에 비하면 차량 지붕에 짐을 많이 올려놓고 다니는 편도 아니었다. 산더미처럼 물건을 올려놓고 다니는 기사도 많지만 지붕에 있던 물건을 도난당했다는 소리는 한 번도 들어본 적이 없었다. 지붕에 올리는 택배는 대용량 개 사료나 맥주 상자처럼 적재함에 실을 수 없을 정도로 부피가 큰 물건이 대부분이었다.

그런 물건은 훔치기 힘들 뿐 아니라 눈에 잘 띄어서 발각되기도 쉬웠다. 심지어 그다지 비싸지 않거나 수취인에게만 가치 있는 물건이 많았다. 내가 잃어버린 책 상자만 해도 훔쳐 간 사람이 절대 읽을 리 없었다. 책 15킬로그램을 폐지로 팔아도 십여 위안 밖에 못 받을 터였다.

물론 도둑은 당당왕이 어딘지 몰라서 상자에 담긴 게 책이라는 사실 자체를 몰랐을 가능성이 컸다. 하지만 기름이라 생각했든, 혹은 쌀이나 과일, 세제라 생각했든 그걸 훔치느라 들인 육체적 노력과 정신적 부담감이 보상보다 클 리 없었다. 나는 도둑이 욕심 때문이 아니라 아무 이유 없이 공공 기물을 훼손하거나 동물을 학대하는 것처럼 그냥 해코지하고 싶어서 물건을 훔쳤던 게 아닐까 의심했다.

곧바로 단지 내 다른 택배기사와 경비, 청소원에게 물어봤지만 훔쳐 가는 걸 본 사람은 아무도 없었다. 애초에 지점에서 깜빡하고 안 가져온 것 아니냐며 분실 자체를 믿지 않는 사람까지 있었다. 도난이 확실해졌을 때 나는 일을 계속할 동력을 잃어버렸다. 열차와 정면으로 충돌하기라도 한 듯 정신이 돌아오지 않았다. 그러고 나서 내가 무엇을 했는지 전혀 기억나지 않았다. 제자리에 멍하니 있었던 것 같은데 그래도 기계적으로 다음 단지, 그다음 단지로 넘어가 배송을 끝냈다.

지점으로 돌아온 뒤 부점장의 도움을 받아 찾아보니 물건 가격이 1000위안을 넘었다. 부점장이 "저도 처음 왔을 때 배터리를 도둑맞아 1000위안 넘게 물었어요"라고 위로했지만 크게 위로가 되지는 못했다. 부점장의 권유로 주커우 파출소에 신고하러 갔다. 솔직히 분실물을 되찾을 수 있으리라는 희망은 품고 있지 않았다.

신고 접수를 맡은 젊고 통통한 경찰은 전형적인 베이징 말투를 쓰며 무척 친절하게 응해주었지만 약간 수다스러웠다. 서류를 다 작성한 뒤 내가 물었다.

"도둑을 잡을 수 있을까요?"

"누구도 장담할 수 없습니다. 반드시 잡을 수 있다고 말할 수 없지만 잡을 수 없다고도 말할 수 없습니다. 잡을 수 없다면 저희가 무슨 소용이겠어요?"

"CCTV를 보여주실 수 있을까요?"

"그건 안 됩니다. 규정상 저희가 보고 나서 연락드려야 합니다."

하지만 S사에 있을 때 비슷한 일로 신고한 동료는 경찰과 CCTV를 함께 보았다. 그 일을 이야기하기는 했는데 하필 시기가 2019년 9월 하순이었다. 베이징에서 한창 신중국 건국 70주년 행사를 준비하던 때였다. 경찰이 설명했다.

"지금은 좀 어렵습니다. 시기가 시기인지라, 위에서 엄격하게 관리해 함부로 규정을 어길 수 없습니다."

경찰서에서 나오고 얼마 뒤 경찰한테서 전화가 왔는데 CCTV를 보면서 말하는 듯했다. 구체적인 주차 위치를 물어서 자세하게 알려주었더니 경찰이 말했다.

"카메라가 주차한 위치에서 멀고 중간에 나무도 많아서… 다른 방법을 찾아보겠습니다."

다른 방법을 생각해내지 못했는지 다시 연락이 오지 않았다.

내가 분실한 책은 위란와 옆에 있는 유치원에서 주문한 것이었다. 물건을 못 찾겠다고 확신했을 때 나는 배상 문제를 논의하러 수취인을 찾아갔다. 수취인인 중년의 교사는 유치원이 프랜차이즈 형태로 운영돼 본부에서 일괄적으로 책을 주문한다고, 그래서 어떤 책이 들었는지, 얼마나 되는지 잘 모른다고 말했다. 잠시 뒤 선생님은 그러고 보니 본부에서 목록을 받았던 것 같다고 하고는 위챗으로 책 목록 파일을 보내주었다. 어떻게 배상하길 원하냐고 묻자 선생님이 대답했다.

"돈을 받을 수는 없으니, 그 책들을 사주세요."

집으로 돌아와 곧장 당당왕 앱을 깔고 책을 한 권씩 찾기 시작했다. 유아용 도서인데 가격이 상당했다. 그러다 어떤 책들은 타오바오(알리바바 그룹이 운영하는 중국 최대의 전자 상거래 몰—옮긴이)에서 더 저렴하기에 양쪽에서 주문했다. 결국 모든 책을 사는 데 총 900여 위안이 들었다. 유치원에서 주문한 것보다 100위안 싸게 샀다는 사실이 그나마 살짝 위안이 되었다.

 그때만 해도 우리는 핀쥔택배가 2019년 12월에 영업을 종료하고 4만 명에 달하는 택배기사를 전부 해고할 거라곤 생각조차 못 했다. 작업 분위기가 흐트러질까 봐 걱정됐는지 회사는 직전까지 소식을 차단하려 했다. 하지만 10월 1일 국경절이 지난 뒤 S사 택배기사 입에서 VIP숍과 S사가 통합을 시도하고 있으며 주문 일부가 이미 S사에 배정되었다는 소식을 들었다. 우리 물량은 점점 줄어들었다. 지금 돌아보면 여러 가지 징후로 볼 때 늦어도 2019년 상반기, 빠르면 내가 입사한 지 얼마 되지 않은 2018년 말부터 VIP숍은 이미 직영 택배사인 핀쥔을 포기하려 했던 것 같다.

해고와 코로나19

내 기억으로는 2019년 설을 앞뒀을 때였다. M점장이 담당하는 세 지점의 스무 명 남짓한 택배기사들이 시상위안西上園의 식당에서 송년회를 했다. S사 회식에 비하면 초라한 편이었다. 요리도 평범하고 맛도 그저 그랬다. 식당도 골목에 있어서 그런지 우리 두 테이블을 제외하면 다른 손님이 없어 한산했다.

    하지만 막 펀줸에 입사했던 나는 새로운 업무 환경이 마음에 들었고 동료들과도 사이가 좋아서 음식은 별로 중요하지 않았다. 절반쯤 먹었을 때 X형이라 불리는 지역 매니저가 참석했다. M점장의 상사였다.

    상사라면 회식 자리에서 격려하는 말로 분위기를 띄우는 게 일반적이었다. X형도 격려하는 말투긴 했지만 정작 내용은 의욕을 꺾는 말뿐이었다. 설 이후에는 VIP숍에서 모든 주문을 펀줸택배에 맡기지 않고 외부 판매자에게 자체 배송을 허락하되, 반품 수거는 계속 우리가 책임진다고 했다.

당시에는 그 말이 무슨 의미인지 잘 몰랐지만, 이미 그때부터 VIP숍이 핀쥔택배를 버리기로 하고 단계별 과도기 방안을 진행하고 있었던 것이다. 우선 외부 판매자가 자체적으로 배송할 수 있도록 한 다음 발생한 문제를 점검해 개선하고, 이후에는 자사의 주문까지 S사로 넘기려는 계획이었다. X형은 별것 아니라는 듯 말했다.

"설이 지나면 VIP숍 배송료는 0.2위안 낮아질 예정입니다. 그렇다면 우리는 더 많이 수거해 수입을 올려야지요. 안 그렇습니까?"

상사가 바로 앞에서 그렇게 말하니 맞장구치는 수밖에 없었다. 더군다나 건배하려 손을 들고 있었는데 누가 아니라고 말할 수 있을까? X형의 논리가 말도 안 된다는 건 바보라도 모를 수 없었다. X형은 엄청난 희소식을 전하는 듯 득의양양한 표정을 짓고 있었지만, 우리 무산계급도 차가운 경계의 시선을 풀지 않았고 환상도 품지 않았다. 그러고 나서 2019년 6월 혹은 7월쯤 회사에서 배송료를 또 0.2위안 낮췄다. 그때는 알려주는 사람조차 없었다.

그런데 2019년에 VIP숍은 사업이 나날이 번창했고 인기 웹드라마에 광고를 넣는 등 적극적인 홍보까지 벌였다. 그 덕분에 최소한 상반기에는 외부 판매자 일부를 잃었어도 배송량이 1년 전보다 줄어들지 않았다. 오히려 소폭 증가하기까지 했다. 그래서 우리는 핀쥔택배가 연말에 해체될 줄 상상도 못 했다. VIP숍이 빠르게 성장하는 이상 핀쥔택배를 버릴 리 없다고 생각했던 것이다.

10월이 되자 S사는 VIP숍 자체 주문을 인계받기 시작했다. 그러자 우리 업무량이 빠르게 줄어들었다. 물론 S사도 한꺼번에 인계받을 수는 없었기 때문에 VIP숍은 한 달가량 완충기를 두며 점진적으로 주문서를 핀쥔에서 S사로 옮겼다. 그쯤 되면 상황이 불 보듯 뻔한데도 회사는 인정하지 않고 떠도는 소문은 믿지 말라며 우리를 달랬다. 사실, 그런 변동이 있든 말든 나와 동료들은 전혀 흔들리지 않았다. 베이징에서 택배와 음식 배달 일은 언제든 구할 수 있었기 때문에 회사가 없어지면 다른 회사로 가면 그만이었다. 하려고만 하면 굶어 죽을 일이 없으니 나도 2018년 초 처음 베이징에 왔을 때처럼 전전긍긍하지 않았다.

　　우리는 스스로를 '엄마 없는 아이들'이라고 부르며 조소했다. VIP숍의 주문서는 S사로 넘어갔고 당당왕처럼 큰 고객과의 계약도 종료되었다. 회사가 사업을 차근차근 정리하자 우리 일도 하루하루 줄어들어 오후 2~3시면 퇴근할 수 있었다. 심지어 11월 11일 광군제 때도 네댓새만 바빴을 뿐이었다. 연말에는 일자리를 찾기 힘들었지만 다들 조급해하지 않고 설을 지낸 뒤 보자고 했다. 잠시뿐일지라도 일에서 해방되었다는 홀가분한 분위기가 지배적이었다. 그때는 곧 코로나가 터져 다음 해에 훨씬 어려워질 줄 전혀 상상하지 못했다. 우리 관심은 새로운 일을 찾는 것보다 회사의 보상금이 얼마나 되느냐에 쏠렸다. 그걸 화제로 매일 신나게 떠들었다. 모두 진심으로 궁금해하고 기대하고 있었다.

  회사가 제시한 보상안은 'N+1'이었다. 나는 14개월을 일해서 두 달 반의 임금을 보상금으로 받을 수 있었다. 그것 말고 다른 선택지도 있었다. VIP숍과 S사가 새로운 협력 관계를 맺었기 때문에 기존의 임금과 보험을 유지하는 조건으로 S사에 입사할 수 있었다. 그럴 경우 보상금은 받을 수 없었다. 나는 S사에 근무했었기에 S사가 나와 잘 맞지 않는 걸 잘 알고 있었고, 당연히 갈 마음도 없었다. 다른 동료들도 S사에 가기 싫다면서 "S사에 가더라도 보상금을 받은 다음에 가야지"라고 말했지만 사실상 S사를 고려하지 않았다.

우리의 마지막 근무일은 2019년 11월 25일이었다. 내 기억으로 그날은 다들 한두 개밖에 배달할 게 없었다. 배송을 마친 뒤 지점으로 돌아온 우리는 선반을 철거하고 회사가 회수하라는 잡다한 물건을 포장한 뒤 부점장이 알려주는 대로 사직서를 작성했다. 모든 일을 마치고 나자 부점장이 S사에서 우리를 모집하러 올 거라고 말했다. 아무래도 주변 지역을 잘 아는 숙련된 택배기사이니, S사로서는 신규 직원을 모집하는 것보다 훨씬 믿음직할 터였다. 하지만 우리는 S사에 관심이 없었다. 특히 나는 L매니저가 올까 봐 걱정스러웠다. S사의 리위안 지역 책임자이고 우리 지점에서 1킬로미터도 떨어지지 않은 곳에 그의 사무실이 있었다. 어쨌든 나는 그때 그곳, 그런 상황에서 L매니저와 만나고 싶지 않았기 때문에 다른 사람들과 함께 지점을 나왔다. 혼자 남게 된 부점장이 힘없이 말했다.

"다들 가면 S사 사람에게 뭐라고 합니까?"

핀쥔에서의 마지막 며칠은 정말 편했다. 업무 스트레스가 없어서 초조할 것도 없었다. 아침에 물건을 실은 다음 동료들과 잠시 잡담까지 나눈 뒤에 출발해도 충분했다. 앞서 1년여 동안 나는 매일 고정된 노선을 따라 배달했다. 신청양광, 쑨왕창, 진청푸, 위란완, 징퉁루스벨트광장, 진청센터, 까르푸, 루이두궈지 중심, 루이두궈지 북구, 루이두궈지 남구, 훙상1979문화창의산업단지, 둥랑東郞영상산업단지, 치젠카이쉬안, 하이퉁우퉁위안海通梧桐苑. 내가 찾아낸 가장 합리적이고 효율적인 노선이었다. 몇 번인가 이 노선대로 운반하지 않은 날도 있었는데 번번이 그날 일을 다 끝내지 못했다.

그런데 마지막 날이니 거꾸로 가도 될 듯했다. 시간이 많이 허비되고 산업단지 고객은 출근 전이라 건너뛰었다가 나중에 가야 하는데도 상관없었다. 갑자기 여유로워졌다. 천대받던 빈털터리가 하루아침에 부자가 된 듯 나는 시간을 흥청망청 보복적으로 썼다. 오랫동안 일분일초도 소홀히 하면 안 된다는 스트레스에 시달려왔다. 나는 늘 신경이 팽팽하게 곤두서 있었고 시간표에 따라 다음 목적지를 아등바등 쫓아가기만 했다.

그제야 문득 1년 넘게 일했는데도 아침 8~9시의 하이퉁우퉁위안과 치젠카이쉬안 단지를 보는 건 처음이라는 걸 깨달았다. 기존에 짜놓았던 시간이 아닌 다른 시간에 단지로 들어서자 느낌이 달랐다. 완전히 새로운 시선으로 내 일을 볼 수 있었다. 그것은 시공간에 대한 인식의 변화만이 아니었다. 예전에는 걱정과 불안 때문에 시도할 수 없었던 각도, 아무 목적 없는 각도에서 주변을 바라볼 수 있었다. 더 이상 나 자신을 정해진 가치를 창출하지 못하면 책망하고 화내는 시급 30위안짜리 배송 기계로 보지 않아도 됐다.

치젠카이쉬안에 배송을 나갔을 때였다. 그곳은 조금 허름해도 내부가 넓고 주민이 많지 않은 데다 조용해서 내가 좋아하는 단지였다. 무엇보다 삼륜차의 진입을 허락하는, 택배기사에게 친절한 단지였다.

그날 공동 현관 도어록에 도착해 호수를 누르고 있을 때였다. 도어록에 번호를 누르면, 해당 집에서는 날카로운 초인종 소리가 울리면서 인터폰 화면이 밝아지고 내 얼굴이나 상반신이 나타난다. 그럴 때마다 나는 겸연쩍게 카메라를 쳐다보면서 초조하게 집주인의 처분을 기다린다. 호출하는 사람과 호출당하는 사람 모두 썩 유쾌하지는 않은 순간이다. 집주인이 자기 일에 집중하고 있었다면 조용한 순간을 방해받은 걸지도 모른다. 방금 야근을 마치고 돌아와 한창 자고 있다가 초인종에 놀라서, 눈살을 찌푸린 채 씩씩거리며 인터폰 앞으로 와 대체 누가 소란을 피우는지 보는 걸지도 몰랐다. 그렇게 상상하면 대다수 집주인이 왜 그렇게 표독스러운 말투로 말하는지 어느 정도 이해할 수 있었다.

내가 호출한 집은 101호였다. 총 여섯 층에 층마다 두 집씩 있고, 공동 현관에서 몇 걸음만 들어가면 왼쪽이 101호, 오른쪽 계단 건너편이 102호였다. 공동 현관 도어록과 101호 실내 인터폰에서 다급한 벨 소리가 동시에 울리더니 누구냐고 묻는 남자 목소리가 들려왔다. 우리 사이에 문이 두 개 있어도 실제 거리는 몇 미터밖에 되지 않았다. 내가 대답하자 그가 문을 열어주려고 했다. 인터폰의 문 열림 버튼이 누를 때마다 '탁탁' 소리가 선명하게 나는 것으로 보아 기계식이 분명했다. 매일 배송하다 보니 단지 내 출입문 스위치가 접촉 불량으로 여러 번 눌러야 열린다는 걸 알고 있었다. 개중에는 여러 번 누르는 게 싫은지 누구냐고 물은 뒤 직접 내려와 문을 열어주는 사람도 있었다.

그런데 101호 집주인은 포기를 모르는 원칙주의자로 자신이 세운 방식에서 절대로 물러서지 않는 사람 같았다. 버튼이 잘 작동하지 않는 사실도 익히 알고 있어서 단번에 해결하겠다는 기대도 없어 보였다. 그가 폭풍우처럼 연달아 버튼을 누르자 오리 떼가 날개로 수면을 때리는 듯한 탁탁 소리가 인터폰에서 끊임없이 울렸다. 그가 부단히 노력하고 있으니 나도 카메라를 보며 최대한 격려와 기대의 미소를 짓는 수밖에 없었다.

그렇게 스크린 뒤의 재즈 드러머는 드럼을 치면서 스크린을 보고 자신의 노력에 가치를 부여하는 듯했다. 자기 노력에 감동한 누군가가 온 마음을 다해 클라이맥스, 즉 문이 열리는 순간을 맞으려 한다고 생각하는 모양새였다. 그래서인지 그는 한층 더 의욕적으로 변했다. 순간의 머뭇거림은 더 강렬한 비트를 위한 복선이 되었고 훌륭한 리듬은 더 훌륭한 리듬을 낳았다. 그렇게 리듬을 반복함으로써 관중의 긴장된 신경이 더 오래 버틸지, 아니면 그렇지 않아도 늦은 클라이맥스가 더 늦어질지 두고 보겠다는 도전장을 날리는 듯했다.

그 멋진 공연의 유일한 관중인 나는 어색함에 점점 얼굴이 굳어졌다. 1초, 1초 시간이 흐르자 태연하게 미소를 짓고 있기 힘들어졌다. 하지만 갑자기 웃음을 거두면 처음부터 안 웃은 것만 못할 듯했다. 상투적인 표현을 빌자면 시간이 멈춘 듯하고 일각이 여삼추 같았다. 30초가 지나가고 1분이 지나갔건만 대체 왜 멈추지 않는지 알 수 없었다. 아무리 깊게 몰입했어도 깨어나야 할 때였다. 심지어 나를 놀리는 게 아닌지 의심마저 들기 시작했다. 처음부터 문을 열어줄 생각이 없었나, 나를 벌주려고 연극을 하나, 얼굴을 구기지 않고 나를 내쫓으려고 그러나 싶었다. 내 내면에 있는, 나보다 작지만 훨씬 솔직하고 용감한 또 다른 나는 이미 욕을 퍼붓고 있었다. 멍청한 놈, 10초면 나와서 문을 열었을 것을, 언제까지 저러는지 두고 보자!

다행히도 세상에는 우열, 득실, 손익 등 우리가 믿는 실리의 법칙을 뛰어넘는 가치가 있다. 주변의 이해할 수 없는 원칙을 존중하며 가만히 서 있는 사람도 있다는 건 세상이 더 나아지리라는 믿음을 줄 수 있을 듯했다. 나조차도 다 설명할 수 없는 박애 정신으로 나는 문이 열릴 때까지 기다렸다. 공동 현관을 열고 들어가자 집주인이 집 앞에 나와 있었다. 마흔 살가량 된 사지가 건장한 중년 남자였다. 물건을 건네주자 그가 고맙다고 인사했다. 나는 예의 바르게 "천만에요"라고 대답했다.

마음이 편해지자 고객들에 대해 호기심이 생겼다. 곧 헤어질 테니 조금 늦은 감이 있기는 했다. 서로 아는 게 별로 없으니 친구라고 할 수 없겠지만 나름 정이 든 고객들도 있었다. 나는 고객들의 거주 환경, 가족, 반려동물 여부, 성격 특성, 사람을 대하는 방식, 소비 패턴 등 그들의 일상생활에 어느 정도 관여하고 알고 있었다. 나는 장난치듯(물론 선의를 담아) 겸손한 말투로 말을 붙여보았다. 집에 아무도 없을 때 몇 시에 돌아오느냐고 물은 뒤 기다릴 수 없으면 "괜찮습니다. 퇴근할 때 이쪽을 지나가니 가져다드릴게요"라고 말했다. 물론 사실이 아니었다. 퇴근할 때 내가 일하는 단지를 전부 지나갈 리 있겠는가. 일부러 다시 갔던 이유는 그저 기분이 좋고 시간이 많은 데다 호기심 때문이었다. 내가 돈을 따지지 않고 요구를 들어주면 정말 감사히 여길지 궁금했다.

실제로 내가 업무 효율을 상관하지 않자, 다시 말해 투자 대비 수익을 따지지 않자 모든 고객이 친절하게 대해주고 진심 어린 미소를 지어주었다. 이해득실을 따지지 않으면 세상이 화목하고 정겨워질 수 있다는 게 그렇게 증명됐다.

하지만 그렇다고 모든 시간을 거기에 쏟지는 않았다. 퇴근한 뒤 다시 책을 읽기 시작했다. 거의 한 달에 걸쳐 로베르트 무질의 『특성 없는 남자』를 읽었다. 읽는 속도가 느린 데다 정신을 딴 데 팔기도 해서 되돌아가 다시 읽느라 생각보다 오래 걸렸다. 이어서는 제임스 조이스의 『율리시스』를 다시 읽었다. 둘 다 예전에 읽다가 만 책이었다. 지난 몇 년 동안은 책을 읽었다고 할 수 없었다. 읽긴 읽었어도 제대로 읽지 않았다는 뜻이다. 일 때문에 잘 읽히지 않았고 읽고 싶은 마음도 들지 않았다.

마지막 몇 주 동안은 배송을 끝내고 징퉁루스벨트광장에

앉아 쇼핑객과 판매원을 훑어보고 여러 회사의 택배기사들이 동분서주 뛰어다니는 모습을 지켜보곤 했다. 그들 행동을 보면서 그들 마음을 헤아려보았다. 내 관찰에 따르면 그들 대부분이 아무 생각도 하지 않고 아무 느낌도 없이 기계적으로 움직일 뿐이었다. 예전에 내가 그랬던 것처럼 무감각했다.

    이제 곧 택배 일을 그만둔다고 생각하자 긍정적이고 근사한 느낌이 들었고 예전보다 훨씬 좋은 사람, 최소한 지금까지의 나보다는 좋은 사람이 된 듯한 고양감이 들었다. 더 온화하고 더 소박하고 사람도 더 잘 참게 되었다. 바꿔 말하면 사실 내가 택배 일을 무척 싫어한 건 물론이고 지금까지 했던 모든 일을 싫어했다는 뜻이었다. 어쩔 수 없이 일했고, 일하러 갈 때면 무시로 짜증 내고 원망하고 불평했다. 상대하는 고객을 실제보다 이기적이고 억지스러우며 욕심이 많다고 부당하게 깎아내렸다.

    물론 최악의 택배기사였던 것도 아니었다. 고객과의 소통을 싫어하고 잘하지 못하는 것 말고 다른 면에서는 지점에서 제일 뛰어나고 책임감 있었다. 내 능력이 출중해서가 아니라 일을 과하게 맡지 않아서였다. 돈을 더 벌려고 관리하기 어려울 만큼 넓은 지역을 맡은 뒤 툭하면 항의를 받는 타입은 아니었다. 그러다 보니 내 수입은 최고는커녕 지점 내 상위권에도 들지 못했다. 하지만 고객은 택배기사를 평가할 때 수입이 높은지 낮은지를 따지지 않았다.

일을 마치기에 앞서 고객만 볼 수 있는 모멘트에 핀쥔택배의 폐업을 알리고 나도 더는 VIP숍의 물건을 배달하지 않는다고 썼다. 많은 고객이 위챗으로 내 서비스를 칭찬하며 오랫동안 고생했다고 감사의 글을 남겼다.

그 덕분에 줄곧 형편없었다고 생각했던 스스로에 대한 평가를 조금 높일 수 있었다. 한 고객은 "제가 만난 택배기사 가운데 가장 책임감 있었습니다"라고 남겨줬다. 특별한 인상을 받은 고객이 아니라서 그렇게 높이 평가해줄 거라고 생각도 못 했다. 하지만 그게 진심이라고 믿었다. 이미 업무가 종료돼 더는 만날 일이 없으므로 마음에도 없는 아부를 할 필요가 없었으니까. 그래서 내 택배기사 경력을 과장 없이 한마디로 정의해보려 한다.

나는 몇몇 고객한테는 그동안 만났던 모든 택배기사 중 최고였다.

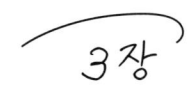

상하이 자전거 가게

2021년 7월 15일 작성

편의점 야간 직원

2013년 봄 상하이에 도착한 나는 친저우베이루欽州北路의 한 동네에 칸막이 방을 얻었다. 중개인을 두지 않고 집주인이 직접 임대하는 어둡고 습한 방이었다. 같은 집에 두 명이 더 살았고 화장실은 공용이었으며 부엌은 없었다. 내 방이 제일 작아 월세도 제일 저렴했다. 방 크기가 5제곱미터(약 1.5평) 정도라 침대, 옷장, 책상이 다였다. 책상이 침대 바로 옆에 붙어 있어서 침대 가장자리에 앉으면 됐기 때문에 의자도 없었다. 월세는 1500위안이었다.

일자리는 58퉁청에서 찾았다. 그때만 해도 사기꾼이 많지 않아서 일자리, 특히 학력과 무관한 일자리를 찾기 편했다. 나는 들어본 적이 있는 회사, 예를 들어 나중에 일했던 D사와 S사 같은 곳만 지원했다. 유명한 회사에도 문제가 있겠지만 지뢰를 밟을 확률이 그나마 낮아서였다. 내가 선택한 곳은 C편의점이었다.

출근하기에 앞서 상하이시 북쪽의 첨단산업단지에 있는 회사 본부에서 교육을 받았다. C편의점 본부는 높지 않은 빌딩 안에 있었다. 십여 명이 함께 교육을 받았고 끝난 뒤 실습 평가를 치렀다. 시험관이 읽은 구매 품목에 따라 금전등록기를 조작해 최종 금액이 맞으면 통과였다. 편의점의 일상 업무와 금전등록기 조작 방식을 한번에 볼 수 있는 테스트였다. 별로 어렵지 않았는데도 몇 명은 통과하지 못했다. 떨어진 사람은 다음 교육에 참여하거나 다른 일을 찾아야 했다.

나는 당시 주소에 맞춰서 쉬후이徐匯구의 한 지점으로 배정되었다. 점장은 서른 살가량의 장시江西 출신 여자였다. 등록하러 가자 점장은 지점 근무자가 네 명인데 전부 여자라서 회사에 장기 야간 근무가 가능한 남자를 신청했다고 말했다. 그렇게 배정된 사람이 나였다. 점장은 강요가 아니라 내 의견을 구할 뿐이라며 야간 근무를 거절해도 된다고 했다. 하지만 나는 손님이 적은 야간 근무가 좋았다. 내 주요 업무는 새벽에 물건을 받고 가게 안을 치우는 것이었는데 상대적으로 까다로운 일은 조리대 청소였다. 아침에는 어묵, 마라탕, 찐빵 등 조제 식품과 더우장(두유와 비슷한 중국식 콩국—옮긴이), 커피 등 음료를 준비했다.

출근하기 전까지도 월급이 얼마인지 몰랐다. 인력자원부에서 월급 구조를 알려줬지만, 매장 영업액과 연결되는 부분이 있어서

추산할 수 없었다. 나중에 동료가 보험을 제하고 대략 3000위안 초반을 받는다고 알려주었다. 나는 야간 수당이 붙어서 동료들보다 400여 위안 더 받는다고 했다.

그렇다고 해도 방세 1500위안을 내면 매달 2000위안 남짓밖에 남지 않았다. 주방이 없으니 하루 세 끼 간편식을 먹어도 30위안 정도는 잡아야 했다. 식비와 생활비를 쓰고 나면 사실상 얼마 안 남는다는 계산이었다. 그래서인지 점장이 유통기한이 지난 도시락을 먹어도 된다고 했다. 원래 유통기한이 지난 도시락은 폐기 처분해야 하기 때문에, 엄밀히 따지면 규정 위반이었다. 하지만 규정대로 하면 수입이 너무 적어서 직원이 그만둘 가능성이 컸다. 일선 관리자로서 점장은 직원이 자주 바뀌는 것을 원치 않았기 때문에 유통기한이 지난 도시락을 제공함으로써 우리의 지출을 줄여주려 했다. 도시락뿐 아니라 주먹밥, 초밥, 비빔면 등 냉장 식품은 유통기한이 지났으면 먹어도 됐다.

나는 매일 저녁에 출근해 아침에 퇴근했다. 내 기억에 따르면 사규상 우리의 주당 근무 시간은 60시간이었다. 그런데 점장은 60시간을 지키면 매장에 한 사람을 더 고용해야 하고 그러면 모두의 수입이 3000위안 미만으로 떨어진다고 했다. 그래서 다들 돌아가며 주당 72시간씩 일하게 배정한다고, 많이 일하고 많이 받는 게 낫다면서 내 생각을 물었다. 나는 괜찮다고 답했다. 사실 모두가 동의한 결정이라 거절할 수도 없었다(너무 오래전 일로 기억이 흐릿해서 업무 시간이 조금 틀렸을 수도 있다).

    편의점 일은 힘들지 않았지만 지루했고 밤에는 특히 시간이 안 갔다. 나는 기름이 튄 조리대를 천천히 청소하고 신문지와 유리 세정제로 유리문을 반복해 닦았다. 근처에 쓰촨 음식을 파는지 '매운 집'이라는 식당이 있었다. 늦게까지 영업해 종업원들이 가끔 들어와 떠들곤 했지만, 아직 친해지기 전이라 말을 걸지 못했다.

    C편의점에서는 열흘도 채 일하지 못했다.

어느 날 아침, 오전 근무자가 아직 오기 전인 6시 무렵 가게에 혼자 있을 때였다. 한 중년 여성이 들어오더니 더우장을 한 그릇 달라고 했다. 나중에 내 사장이 된 Y였다.

    근처에서 자전거 가게를 운영하는 Y는 사실 더우장을 사러 온 게 아니라 직원을 채용하러 왔던 것이었다. 그는 가게 수납원이 돈을 빼돌려 달아난 바람에 다급하게 사람을 찾고 있었다. 모집 공고를 낼 새도 없었기 때문에 아침부터 주변에 있는 편의점을 돌며 수납원들을 만났다.

    Y는 입담이 무척 좋아서 나는 말할 필요 없이 가만히 듣기만 하면 됐다. 그는 편의점 네 군데를 둘러봤는데 나만 마스크를 썼다고 말했다. 사실 모든 편의점에서 직원들에게 마스크를 쓰라고 했지만 야간 근무자는 엄격하게 지킬 필요가 없었다. Y는

기본급 3000위안에 성과급을 주고 가게에서 살아도 된다고 했다. 가게에서 살아도 된다는 제안이 가장 솔깃했다. 그러면 매달 1500위안을 절약할 수 있었다. 다만 Y가 먼저 약속했던 5대 보험은 제공되지 않았고 의료보험도 기업 단체보험으로 가입해주었다. Y는 사회보험은 속임수에 불과하다며 의료보험만 있으면 충분하다고 설명했다. 반년쯤 뒤 창고 정리를 하다가 높은 곳에서 떨어진 소파에 눈가를 찍혀 병원에서 몇 바늘 꿰맸는데 정말로 단체보험에서 보험금이 나왔다.

Y가 워낙 다급하게 사람을 구했기 때문에 나는 정상적인 절차를 밟아 이직할 수 없었다. 처음에 점장은 한 달이라도 채우라고 요구했지만 내가 대충 일하며 문제를 만들까 봐 걱정되었는지 이틀 뒤 당장 나가라고 했다. 동료한테 들으니 나는 이미 회사의 블랙리스트에 올라 다시는 C편의점에서 일할 수 없게 되었다고 했다.

예전에도 여러 번 일을 그만뒀지만, 그때처럼 마음에 걸리고 점장에게 미안한 적은 없었다. 그만둔 뒤에도 근처에서 일했기 때문에 나는 과일을 사서 짧은 인연이었지만 전 동료와 점장에게 사과하러 갔다. 하지만 편의점 앞에 이르자 안으로 들어갈 용기가 나지 않아 길 건너에서 십여 분간 망설이다가 결국 포기했다. 과일은 내가 전부 먹어치웠다.

친저우베이루의 방도 뺐다. 임대 기간을 채우지 못했으니 계약서대로 하자면 미리 지불한 2000여 위안의 그달 월세와 보증금은 돌려받을 수 없었다. 나는 집주인을 만나 사실대로 설명한 뒤 원래도 넉넉하지 못한 형편에 아직 월급도 못 받았으니 좀 봐달라고 사정했다. 집주인은 말없이 200위안을 주었고 그렇게 마무리되었다.

자전거 가게에서의 1년

Y의 가게에서 일한 1년여 동안 거의 매일 C편의점을 지나갔는데 나는 감히 걸음을 멈출 수 없어 늘 빠른 걸음으로 쏜살같이 지나갔다. 가끔 동료들이 물건을 사러 들어갈 때도 멀리 숨어 있어서 웃음거리가 되곤 했다. 나중에 C편의점에서는 내가 포기했던 며칠의 임금을 보내주었다. 역시 대기업을 찾은 보람이 있었다. 그들은 규정에 따라 일하지, 사람을 차별하지 않았다.

Y의 자전거 가게는 문제가 무척 많았고 직원들 사기도 엉망이었다. 단순히 수납원이 한 명 달아난 게 아니었다. Y의 가게는 당시 중국 전체에 직영점 한 곳과 가맹점 서른 곳 정도만 있는 미국의 고급 브랜드 가게였다. 그는 가맹점 사장 중에 직접 관리하는 사람은 자신밖에 없다고 말했다. 다른 가맹점 사장은 대부분 그 브랜드에 호감을 가진 자전거 애호가라 가게 운영을 진짜 직업으로 생각하지 않는다는 뜻이었다. 그들은 가맹점에

가입해 가게를 연 다음 운영은 직원에게 맡기고 본인은 원래의 일을 계속한다고 했다.

그런데 그때까지만 해도 (본인은 인정하지 않겠지만) Y는 자전거 애호가는커녕 문외한에 가까웠다. 열정은 있었지만 그 열정은 자전거에 대한 흥미가 아니라 사업 및 사업에 따른 사교적 만족감을 채우는 데 있었다. 자전거가 아니라 가구를 팔았더라도 Y는 똑같은 열정을 드러냈을 사람이었다.

어쨌든 Y는 능력 있고 열정적이었다. 회사의 정기 교육에 참여한 덕분에 자전거에 관해 이야기할 때도 어느 정도는 끼어들 수 있었다. 앞서 그가 자전거를 잘 모른다고 말했지만 자전거 애호가와 비교할 때 그렇다는 뜻이지, 보통 사람과 비교하면 의심할 여지없는 전문가였다. 외국 기업의 마케터로 일했던 Y는 열정적이고 적극적이며 낙관적인 데다 백절불굴의 의지까지 지니고 있었다. 능력으로 보나 성격으로 보나 '최고의 마케터'였다. 이야기하는 걸 무척 좋아해 손님이 들어올 때마다 그의 몸에서 도파민 솟는 소리가 들리는 듯했다. 나는 고객과 인사할 때도 마음의 준비가 필요했지만, 그는 고객 상대만큼 즐거운 게 없어 보였다.

하지만 자전거 애호가들은 자전거를 잘 알아서 현혹하기 어렵다 보니 Y는 적극적으로 응대하지 않았다. 자전거 애호가들은 신중한 편이라 일단 구매하려는 자전거를 꼼꼼히 살펴보고 싶어 했다. 또한 가격에 민감하고 반복해서 비교하기 때문에 구경은 많이 오는데 정작 구매하는 사람은 적었고, 살 때도 Y의 가게에서 사지 않았다. Y 표현으로 "자전거 애호가는 전부 가난하기 때문"이었다.

"이 부근의 평당 10만 위안짜리 집에 사는 사람들이야말로 우리 타깃이야."

Y는 금광 같은 부자 동네에 가게를 차려놓고 가난한 애호가한테 연연하는 것은 상도덕에 어긋난다고 했다. 그는 유아 시트를 장착한 통근용 자전거들을 1년 내내 가게 밖에 전시했다. 그런데 애호가들이 보기에 시장 가거나 아이를 데리러 갈 때 타는 자전거는 등급이 한참 떨어지고 심지어 고급 스포츠 브랜드를 표방하는 기업 이미지와도 맞지 않았다. 실제로 우리 브랜드에서도 통근용 자전거는 시장과 타협하려는 절충안으로 소량 출시했을 뿐이었다. 하지만 Y는 그런 타협 상품을 홍보하려 애썼다. 심지어 접이식 자전거 같은 다른 브랜드의 자전거까지 함께 취급했다. 당시만 해도 우리 브랜드는 중국 내 시장 규모가 아주 작았고 대다수 가맹점 역시 이익을 거두지 못했기 때문에 지점 운영에 관대한 편이었다. 그래서 Y의 여러 일탈 행위를 계약서대로 엄격하게 처벌하지 않았다.

Y는 나이가 좀 있고 체면을 중시하면서 소비력이 강하고

자전거에 막 흥미를 느끼기 시작했으나 완전히 빠지지는 않은 고객을 선호했다. '일단 좀 알아보자'의 단계에 있는 그들을 빠르게 구매 단계로 유도하는 재주가 있었다. Y가 쓰는 방법은 일종의 피로 전술이었다. 고객이 무슨 부정적 이유를 내놓든 Y는 조금 억지스러울지라도 어쨌든 대안을 제시해냈다. 게다가 입만 놀리지 않고 자신이 권하는 모델을 고객이 명확히 거절하지 않으면, 곧바로 우리에게 창고에서 개봉하지 않은 새 자전거를 가져오게 했다. 그러고는 고객 앞에서 조립해 타보라고 권했다. 한 사람을 위해 자전거 너덧 개를 조립하고 심지어 가게 문을 한두 시간 늦게 닫기까지 했다(보통은 저녁 9시에 닫았다).

우리가 땀범벅이 돼 애쓰는 모습을 지켜보며 감동하고 안쓰러워하는 고객에게 Y가 열정적으로 설명하고 설득하는 식이었다. 애당초 그들은 자전거에 호기심과 흥미를 느끼고 있었다. 그렇지 않고서야 우리 가게에 들어올 리 있겠는가. 하지만 가게에 들어오기 전까지는 대부분 '좀 알아보고 나서 결정하자'라는 생각이었다. 그걸 Y가 온갖 방법을 동원해 당장 결정하도록 유도하는 것이었다. Y는 예약금을 걸지 않은 채 다음에 다시 오겠다고 하는 손님을 좋아하지 않았다. 그는 세상 소비의 절반 이상이 충동구매라고 믿었다. 모든 사람이 심사숙고한다면 아무도 물건을 살 리 없다는 거였다.

솔직히 Y의 업무 스타일은 나와 상호 보완적이었다. Y와 함께 일하면서 나는 스트레스를 별로 받지 않았다. 고객 응대를 유난히 두려워하는 나로서는 Y가 있으면 굳이 고객에게 말을 걸 필요가 없었다. 내가 싫어하는 일을 전부 Y가 하는 셈이었다. Y는 물건 운반이나 창고 정리를 시키기도 했는데 그건 내가 좋아하는 일이었다. Y는 정리정돈을 잘하지 못하고 툭하면 물건을 아무 곳에나 두었다가 찾지 못했다. 여러 일을 동시에 벌였다가 무슨 일을 했고 무슨 말을 했는지 잊어버리기 일쑤였다.

한번은 고객에게 예약금을 받아놓고 영수증을 쓰지 않은 채 잊어버렸다. 나중에 고객이 자전거를 찾으러 왔을 때 Y가 전혀 기억해내지 못해, 나와 다른 동료 하나가 고객의 신용카드 기록을 찾아서 계정과 금액을 대조해야 했다.

Y는 누구를 만나든 오랜 친구처럼 대했다. 가끔 고객은 기억하는데 그는 기억하지 못할 때도 있었지만, 평소처럼 친절하게 인사하며 청산유수로 말해 거의 티가 나지 않았다.

또한 Y는 병적인 불안감도 있어서 늘 감정을 억누르지 못하고 이랬다저랬다 했다. 언젠가는 자전거에 특별 할인 가격표를 붙이라고 했다가 몇 시간 뒤 떼어버리고는 가격을 내려봐야 아무도 안 보니 붙이지 않는 게 낫겠다고 자조적으로 말했다. 그러고 몇 시간이 지나자 가격표를 도로 붙이고는 가격표를 떼어도 역시 아무도 안 본다고 말했다.

Y는 그렇게 불판 위의 개미처럼 불안해하며 반복적으로 이

해둡실을 따졌다. 어떤 조치가 즉각적인 효과를 얻지 못하면 문제가 있는 거라고 의심했다. 감정 관리를 못 하는 것으로도 이미 악명이 자자했다. Y는 화를 냈다가 사과하고 또 며칠 뒤 화냈다가 사과하곤 했다. 늘 그렇게 반복해서 다들 Y의 사과에 의미를 두지 않았다.

그런 부분에서 나는 Y와 반대였다. 나는 비교적 온화하고 안정적이며 흥분하는 일이 별로 없었다. 정리정돈을 잘하고, 주변이 어지러우면 일할 수가 없어서 자발적으로 가게를 청소했다. 내가 정리하고 위로하고 일깨워줘서 Y의 능률도 올라갈 수 있었다.

그러나 나를 제외한 다른 동료들은 전부 Y의 처세와 작업 방식을 무척 싫어했다. 나와 달리 그들은 자전거를 좋아해서 이쪽 업계에 들어온 사람들이라 퇴근하고 나면 Y가 시큰둥하게 여기는 바로 그 자전거 애호가가 되었다. 그들은 이쪽 업계에서 Y처럼 자전거를 파는 사람은 한 명도 없다고 말했다. Y 밑에서 바쁘고 힘들게 일하지만 쓸데없다고 느낄 때가 많다고 했다. 그들은 Y가 찰거머리처럼 손님한테 매달리면서 자신들에게 자전거를 한 대씩 가져와 조립하라 시키는 걸 싫어했다. 그건 고육지책이자 '저열한 강매'라고 평했다. Y는 가만히 서서 입만 놀릴 뿐, 땀 흘리며 일하는 건 자신들이라고 했다. 손님이 끝내 자전거를 구매하지 않으면 Y가 온종일 쓸데없는 일로 모두를 헛수고하게 만든다는 생각에 휩싸이곤 했다.

Y는 손님한테 하듯 우리에게도 아무 약속이나 한 뒤 번복하는, 체면 구겨지는 일을 종종 벌였다. 내가 보기에 Y는 체면이 구겨지는 걸 별로 두려워하지 않았다. 입으로는 그렇지 않다고 했지만, 실제 행동은 정반대였다.

게다가 Y는 몇몇 동료의 전문적인 기술에 의지하고 있었다. 사장이지만 본질적으로는 판매원이라 Y의 모든 의식과 능력, 개성은 전부 판매원에 맞게 발현되었다. 그의 눈에 가게에서 제일 중요한 것은 취미나 취향이 아니라 장사였다. 그게 틀린 말은 아니지만, Y가 의지해야 하는 사람들은 하필 나를 빼면 전부 취미와 취향에 따라 들어온 사람들이었다.

Y의 가게에 처음 합류했을 때 상근 직원은 기술자인 J와 S 두 명뿐이었다. 놀랍게도 그들은 돈을 횡령해 달아난 내 전임자를 이해하고 지지한다는 태도를 보였다. 나는 횡령을 옳고 그름의 문제라고 생각했는데, 그들 눈에는 수납원의 횡령보다 Y의 행위가 더 밉살스러운 모양이었다. 하지만 내가 우호적이라 그런지 그들도 나한테는 우호적이고 친절했다. 나는 아무것도 다투지 않고 누구에게도 반대하지 않는 예스맨이었다. 나중에 보니 그들 두 사람은 Y가 초빙했던 사람 가운데 가장 능력 있는 직원들이었다. 두 사람이 잇달아 퇴사하고 나서 Y가 데려온 사람

들은 전문성이 떨어지고 품성도 나빴다.

내가 막 입사했을 때 Y는 나와 J의 관계를 이간질하려 했다. J가 곧 나갈 테니 너무 가까이 지내지 말라고 말했다. 원래 J는 우리 브랜드 직영점의 기술자였다. 그건 공인 기술자라는 뜻이었다. 우리 브랜드 직영점과 본부는 상하이 푸둥에 있었다. Y는 J에게 상당한 임금을 제시하며 점장으로 초빙해왔다.

그런데 Y 본인이 매일 가게에 있으니 애당초 다른 점장이 필요 없었다. 게다가 J도 성격이 털털하고 자유로우며 산만하기까지 해서 관리 업무에 적합하지 않았다. 숙련된 기술자일 뿐이었다. 또 J는 야외 활동도 즐겨 시내 라이딩과 산악 라이딩 경험이 모두 많았다. 우리 같은 브랜드는 자전거 판매에만 의존할 수 없었다. 상하이 소비수준이 아무리 높아도 한 대에 수만 위안짜리 자전거가 많이 팔릴 리 없었다. 휴대전화와 달리 한두 해 만에 자전거를 바꾸는 사람은 거의 없었다. 그러다 보니 소모품, 장비, 체험, 서비스 등이 상대적으로 더 중요한 수익원이라 매주 필수적으로 한두 차례씩 이벤트를 계획해야 했다.

Y는 J한테 점장 월급을 주는 만큼 점장의 책임을 다해야 한다고 생각했다. 두 사람의 갈등은 여기에서 시작되었다. 가게를 인수했을 때 Y는 자전거 업계에 문외한이라 주눅도 들었지만, 다른 한편으로는 이 업계의 많은 경영자가 장사를 모르고 너무 건성이라며 낙관하고 자신만만해했다. 그는 같은 외국 기업이

라도 자신이 다녔던 회사와 비교할 때 우리 브랜드는 행정과 관리 수준이 비전문적이고 어수선하며 비효율적이라고 비웃었다. Y가 보기에 우리 브랜드가 자전거라는 미지근한 업종이 아니라 자신이 예전에 종사했던 업종이었다면 진작에 경쟁 상대에게 깔아뭉개졌을 듯한 모양이었다. 그렇다면 Y가 자전거 업계에 뛰어든 것은 흔히 말하는 '하향 지원'이 아니겠는가?

그러한 이유로 Y는 J에게 높은 임금을 주는 만큼 성과를 얻고 싶어 했다. Y는 J에게 높은 매출을 바랐지만, J는 일을 통한 취향의 실현과 가치관의 일관성이 중요했다. Y는 그런 차이를 전혀 인지하지 못하고 J가 자기 요구에 맞추지 못하자 사사건건 비난하기 시작했고, 그건 J의 반감만 부추겼다.

나는 Y가 J와 갈등을 빚고 있으니 자기편에 서라고 하는 게 싫었다. 그들의 갈등은 그들 스스로 해결해야 옳았다. 나는 중립을 지키려 했고, 또 그럴 수밖에 없었다. 그런데 J와 S도 당연하다는 듯 나를 자기편으로 보았다. 똑같은 직원이니 사장인 Y와 근본적으로 대립할 수밖에 없다는 이유였다. 퇴근하면 나는 S, 그리고 나중에 합류한 동료와 근처 골목에 있는 작은 가게에서 마라탕을 먹곤 했다.

사장이라면 다들 그렇듯 Y도 직원이 한가한 꼴을 보지 못했다. 가게에 손님이 없으면 청소나 창고 정리라도 시켰다. 창고는 오랫동안 적체된 물품 때문에 무척 지저분했고 내가 일한 1년여 동안 두 차례 자리를 옮기기도 했다. 나중에 Y는 재고 조사도 시켰는데 우리는 한번도 제대로 한 적이 없었다.

사장이 있는 매장과 매니저가 관리하는 매장의 차이가 바로 거기에 있었다. 예를 들어 C편의점에서는 맡은 일만 끝내면 남는 시간에 빈둥거려도 상관없었다. 점장은 아무 말도 하지 않았고 심지어 본인도 빈둥거렸다. 반면 사장은 직원이 여유로워 보이면 자기 손해라고 생각해 어떻게든 직원을 움직이게 하려 했다.

명색이 수납원이다 보니 나는 가게의 수납 시스템이 무척 낙후되었다는 걸 알 수밖에 없었다. 중복되고 무의미한 데이터가 많은데 상황을 잘 아는 사람이 없어서 깔끔하게 정리할 수도 없었다. 또 일손이 부족해 분업이 잘 이루어지지 않았고 누구나 금전등록기를 조작할 수 있었다. 나도 툭하면 계산대를 비우고 창고에 가 물건을 찾거나 손님을 응대하고 시승을 도왔다.

그러다 보니 바쁠 때는 다들 물건을 팔아놓고 출고 처리하는 걸 잊어버렸다. 헬멧 같은 것은 바코드가 상자에만 찍혀 있건만 손님에게 여러 개 써보라고 내어준 뒤 대충 아무 상자에 집어넣기도 했다. 결국 상자의 바코드와 헬멧이 달라져 팔려고 스캔할 때 오류가 떴다. Y는 원래 부주의하고 세심하지 못한 성격이라 그런 쪽에서 의지가 되기는커녕 문제를 제일 많이 일으켰다.

그런 온갖 요인이 겹쳐 우리 금전등록기는 영수증 발행에만 사용할 수 있을 뿐 재고 확인에는 쓸 수 없었다.

우리는 오전 9시 출근, 저녁 9시 퇴근, 주 6일 근무였다. 정상적으로는 매일 저녁 9시에 문을 닫아야 했다. 하지만 9시가 넘어서도 매장에 손님이 있는 날이 많았다. Y가 리더가 아니었다면 우리는 구매 의사가 별로 없는 손님에게는 내일 다시 오라고 권했을 터였다. 그러나 우리는 Y의 직원이다 보니 매장에 손님이 있으면, 설령 슬리퍼를 질질 끌면서 산책 삼아 들어온 할아버지만 있더라도 문을 닫을 수 없었다.

가끔 나조차도 Y가 이 일을 좋아하는지 싫어하는지 구분이 되지 않았다. 가끔은 그가 자신을 벌주는 김에 우리까지 벌주는 것처럼 느껴졌다. 그렇지 않아도 직원들은 야근을 싫어하는 법이니, J나 S처럼 천성적으로 놀기 좋아하고 야심 없는 사람은 오죽했겠는가. 우리는 판매하는 걸 싫어했다. Y는 가게 최고의 판매원이고, 그가 주도하는 상황에서는 우리한테 거래 수수료도 떨어지지 않았다. 우리한테는 무의미한 야근이었다.

그래서인지 Y는 팀워크를 중시했다. 가게를 매일 열어야 하니 주로 퇴근 후 회식하는 방식을 썼다. 그해 나는 Y를 따라다니며 맛있는 음식을 많이 먹었다. 한번은 해산물 뷔페에 갔는데 세상에, 고급 호텔의 스카이라운지 혹은 그 비슷한 곳으로 얼마나 우아했는지 모른다. 그때 나는 장소에 어울리지 않는 꾀죄죄

185

한 작업용 티셔츠를 입고 있었다. 고급스러운 장소에 가면 뭔가 실수해 비웃음을 살까 봐 늘 조마조마했다. 때로는 종업원의 시선에도 상처를 받았으니 마음껏 즐길 수가 없었다. 나중에 Y가 어디에 가고 싶은지 물을 때마다 나는 저렴한 이탈리아 레스토랑인 사이제리야에 가자고 했다. 해산물 뷔페에 비할 수는 없어도 조마조마한 마음으로 주변 신경 쓸 필요 없이 편안하게 마음껏 먹을 수 있어서였다.

Y는 우리가 잠시라도 한가한 걸 싫어하고 때로는 무의미한 일로 괴롭히기도 했지만, 다른 한편으로는 아낌없이 음식을 대접하면서 좋은 관계를 맺으려 했다. 다른 가게 사장들은 대부분 그러지 않았다. 다만 Y는 모든 면에서 과한 경향이 있었다. 과하게 요구하고 과하게 베풀고, 과하게 상처 주고 과하게 보상했다. 요컨대 마음을 가라앉히지 못하고 늘 끊임없는 격정 속에서 살았다. 그는 타고난 투사였다.

우리 가게에는 Y, J, S, 나 말고도 정기적으로 출근하는 아르바이트생이 몇 명 있었다. 그중 대학생인 L은 BMW를 몰고 출근했다. 하지만 상하이에서 그 정도로는 잘 사는 축에도 못 들었다. L은 똑똑하고 전문 지식이 풍부하며 사교성도 좋은 데다 아마추어 로드 자전거 대회와 철인 3종 대회에 나가 좋은 성적까지 거둔 재주 많은 청년이었다. L은 회사 본부의 자전거 피팅 교육까지

수료해, 오랫동안 우리 가게에서 유일한 피팅 기사로 일했다. 전문적인 자전거 애호가나 예산이 넉넉한 고객이 오면 Y는 그에게 넘겨 고급 모델을 팔도록 했기 때문에 L의 객단가는 매우 높았다. 본인도 선수라 자전거의 성능과 장단점을 잘 알았고 자기 경험을 바탕으로 설명하다 보니 고객도 그의 이야기에 귀를 기울였다. 반면 Y는 예산에 여유가 별로 없거나 자전거를 잘 모르는 사람을 훨씬 능숙하게 상대했다.

J가 퇴사한 뒤 Y는 D와 W를 채용했다. W가 오고 얼마 뒤 S도 퇴사했다. 이후 Y는 몇 명을 더 채용했지만 다들 오래 근무하지 않았다.

D는 원래 외국계 제약회사 영업사원이었는데, 자전거를 좋아해 나중에 본인 가게를 열 마음으로 관련 일을 찾고 있었다고 했다. Y는 나중에 사업 파트너로 삼겠다고 약속하며 D를 데려왔지만, 얼마 지나지 않아 D의 태도에 불만을 품기 시작하더니 약속을 철회해버렸다.

Y에게 속았다는 생각에 D는 분을 참지 못했다. 2014년 설 연휴 때 D는 Y가 상하이에 없는 틈을 타 창고에서 자전거 몇 대를 훔쳤다. 판매가로 4만 위안(당시 환율로 약 700만 원)이 넘는 액수였다. 놀랍게도 D는 자전거를 훔쳐놓고 밀린 성과급까지 요구했다. 자기가 훔쳤다는 증거가 없다는 걸 알기 때문이었다.

그해 설 연휴 때 가게 인테리어 바꾸느라 가게에 있던 물건을 전부 창고로 옮겨놓았었다. 그렇지 않아도 좁은 창고가 가득 찼고 물건은 엉망진창으로 쌓이게 됐다. D는 진작 열쇠를 복사해두었는지 문도 망가뜨리지 않은 데다 매장에 전시하지 않았던 자전거만 노렸다. 그중에는 고객이 예약금을 걸어두었던 자전거와 맡겨놓았던 자전거도 있었다. 그래서 우리는 한 달도 더 지나서야 도둑맞은 사실을 알았다. 창고 바깥에 CCTV가 있었지만 영상이 14일밖에 저장되지 않아 도움이 되지 않았다.

물증은 없어도 다들 D가 훔친 걸 알고 있었다. 그는 원래부터 손버릇이 안 좋았고, 창고도 잘 알아서 흔적을 남기지 않고 슬쩍 훔쳐 가는 것도 가능했다. D는 가게는 인테리어 공사 중이고 창고 관리는 엉망이며 Y가 상하이에 없다는 사실 역시 익히 알고 있었다. 외부인이 알기 힘든 정보를 활용해 최적의 날을 고른 거였다. 게다가 잃어버린 자전거는 모두 평소에 그가 좋아하던 모델이었다. 그중 두 대는 콜나고의 싱글 기어 로드 자전거였다(이 두 대만 해도 3만 위안이 넘었다). D만 고정 기어 자전거인 픽시바이크 마니아라 복고풍 로드 자전거를 좋아했지, 다른 사람은 그런 자전거에 별 흥미가 없었다.

사실 D는 W와 함께 이전부터 가게의 장비와 부품을 많이 빼돌렸다. 물건을 그냥 가져가기도 하고, 고객 증정품이라 보고한 뒤 가져가기도 했다. 처음에 D는 자기 행동이 떳떳하며 당연히 내가 응원할 거라 확신했는지, 내 앞에서 조심하지도 않았다. 실제로 나는 D를 고자질하지 않았지만 그렇다고 한편이 되지도 않았다. 그저 모르는 척만 했다. 그가 훔칠 생각인 줄 몰랐다는 듯 시간 날 때 가져간 물건을 결제해달라고 말했다. D는 내가 참여하고 싶지 않지만 저지할 생각도 없으니 앞으로는 나 모르게 훔치라는 의미로 받아들였다. W는 잘 아는 손님이 수리나 정비를 의뢰하면 개인적으로 돈을 받는 식으로 횡령했다.

기존 직원인 J와 S는 D와 W의 소행을 잘 알았다. 그들은 횡령에 동참하지 않았지만 막지도 않았다. 품행을 따지지 않으면 사실 D와 W는 어울리기 좋은 사람들이었다. D는 다정하면서 재미있었고 W는 털털했다. J, S, D, W 모두 자전거를 좋아하니 공통 관심사가 있고 말도 잘 통했다. J와 S가 보기에 Y보다는 D와 W가 훨씬 가깝고 처지도 이해가 됐기에 나처럼 그들이 뭘 하든 그냥 내버려두었다. 내가 오기 전에 횡령해 달아난 수납원에게도 J와 S는 똑같은 태도를 보였을 듯했다.

내가 단순히 D, W와의 친분 때문에 그들이 한 일을 발설하지 않았던 건 아니었다. 엄밀히 말해 나는 잡역부일 뿐, 가게의 필수 인력은 아니었다. 또 동료들은 전부 Y를 원수처럼 대했다. 나는 어쨌든 C편의점에 있을 때보다 돈도 많이 받고 일도 재미있어서 그들처럼 Y를 싫어할 이유가 없었다. 그렇더라도 Y에게 고자질했다면 나는 다른 동료들에게 멸시당하고 고립되었을 테니, 그랬다면 계속 일하기 힘들었을 것이다.

　문제를 일으키곤 했지만 D는 가게에서 유일하게 Y의 강아지를 좋아하는 사람이었다. 럭키(녀석의 이름은 숨길 필요가 없으니)는 2013년 당시 한 살로 무척 활동적이고 장난기가 많았다. 녀석은 거의 매일 J, S, W한테 맞았고 소변을 지릴 정도로 맞을 때까지 있었다. 태어나자마자 가게 앞에 버려졌던 걸 Y가 데려와서 키웠다. 럭키는 귀가 접힌 단모종의 잡종 개로 몸은 황갈색인데 아랫배와 네 발은 하얀색이었다. 주둥이가 뾰족하고 귀는 처졌으며 허리가 날씬한 게 사냥개 같은 체형이었다. 뛰기 시작하면 도저히 따라잡을 수 없을 정도로 빨랐다.

　이름과 달리 럭키는 무척 불행했다. 피로와 원망과 불평과 불만으로 가득 찬 점원들에게는 사장의 개라는 사실만으로 죄가 큰 셈이었다. 더군다나 툭하면 소란까지 피웠으니 직원들의 취급은 말도 못했다. 그런데 D는 럭키를 때리지 않았을 뿐 아니라 늘 먹이를 챙겨주고 자진해서 산책을 시켰다.

　나도 럭키를 때리지 않았다. 하지만 좋아하지도 않아서 모멘트를 통해 럭키를 때리는 동료들에게 은근히 불만만 표시할 뿐이었다. 내가 럭키를 입양 보내자고 하자 Y도 동의했지만 여기저기 물어봐도 입양하겠다는 사람이 없었다. 순종도 아니고, 내겐 지역 인맥도 없으니 입양처를 찾기가 더더욱 힘들었다.

나는 가게에서 살았기 때문에 럭키의 산책은 자연스럽게 내 몫이 되었다. 매일 저녁 폐점하고 다른 사람들이 돌아가면 나는 그날의 매출을 정리하고 럭키까지 산책시켜야 했다. 녀석이 의기양양하게 오줌 누는 것을 보고 신문지로 녀석의 따끈따끈한 대변을 주우면서 개만도 못한 삶이라고 생각했다. 그런 일들을 모두 마치면 이미 12시가 다 되어 개인 시간과 자유는 완전히 박탈당한 느낌이었다.

가게에서 반년쯤 살았을 때 W도 들어와 살기 시작했다. 나는 다른 사람과 같이 지내는 게 불편해 얼마 뒤 이사를 나왔다. 중개업체를 통해 완티관萬體館 남쪽 이스이자宜仕怡家 단지의 높은 층에 있는 칸막이 방을 얻었다. 총 다섯 개 방을 한 사람씩 쓰고 공용 화장실에 주방은 없었으며 월세는 1800위안이었다. 당시 내 수입으로 충분히 감당할 수 있는 방이었다. 북동향 방이고 창밖으로 내부순환로가 보였으며 맞은편에 완티관이 있었다.

그 시기 틈만 나면 완티관 주변을 달렸다. 보통 10킬로미터를 달렸고 한번은 21킬로미터(하프 마라톤 거리)까지 달려봤다. 완티관의 롄화마트를 돌아다니는 것도 좋아했다. 휴일이면 에어컨이 있는 이케아에 가서 시간을 보내곤 했다. 이케아의 소파에 웅크리고 앉아 잠자는 게 좋았다. 처음에는 아무도 상관하지 않더니 나중에는 경비가 와서 깨우기 시작했다. 다만 잠든 척하는 사람들은 일어나지 않고 나처럼 정말로 잠든 사람들만 일어났다. 가구는 사지 않아도 1층 식품 매장에서 할인하는 앱솔루트 보드카는 자주 샀다. 보통 주스 한 병을 더해 100위안 정도에 팔았다. 밤에 내 방 창가에 앉아 술을 마시며 화려한 야경을 쳐다보면 마음이 이상하리만큼 평온해졌다. 물론 알코올에 신경이 둔해졌을 뿐인지도 몰랐다.

보통 월요일부터 금요일 사이에 하루를 쉬었다. 가게에서 지낼 때는 휴무일에 남아 있으면 Y가 끊임없이 도와달라고 부르기 때문에 무조건 밖으로 나갔다. 그때 쑤저우蘇州, 항저우杭州, 우시無錫, 저우좡周莊, 우전烏鎭, 시탕西塘 등 상하이 주변의 여러 도시를 여행했다. 주로 하루 코스의 단체 관광을 이용했는데, 나를 제외하면 대부분 할아버지, 할머니였다. 몇십 위안으로 경비가 무척 저렴한 데다 점심 식사까지 제공되었다. 도중에 쇼핑센터 몇 곳을 들렀지만 물건을 사지 않아도 가이드가 비웃거나 무시하지 않았다. 그래도 저렴한 특산품을 몇 가지 사곤 했다.

혼자 지하철을 타고 상하이 교외에 놀러 가기도 했다. 하루는 쑹장松江의 쭈이바이츠醉白池와 팡타위안方塔園에 가서 온종일 앉아 있었다. 쑹장의 신도시인 템즈타운이라는 곳에도 갔다. 호수와 교회가 있었는데, 그 앞에서 열 쌍 넘는 커플이 결혼사진을 찍고 있었다. 자딩嘉定의 공원 속 음식점인 구이위안古猗園에서 샤오룽바오를 먹기도 했다. 동료들의 추천을 받아 상하이 안에 있는 위위안豫園, 와이탄外灘, 난징루南京路, 런민광장 등에도 놀러 갔다. 하루 동안 추억을 만들 수 있었으니 내게는 소중한 시간이었다.

주변 도시나 상하이 교외 말고 내가 제일 자주 가고 좋아했던 곳은 가게에서 가까운 푸싱復興공원이었다. 공원 안에 야외 찻집이 있었지만 가보지 못했다. 손님이 전부 노인이라 나처럼 한창 일할 나이의 젊은이가 공원에서 차를 마시는 건 어쩐지 부끄럽게 느껴졌다. 나는 화단 옆에 있는 나무 벤치에서 책 읽는 걸 좋아했다. 가끔은 누워서 잠을 자기도 했다.

언젠가 푸싱공원에서 모델 같은 몸매에 반바지와 탱크톱을 입은 외국 소녀가 풀밭에 누워 일광욕하는 것을 보았다. 속으로는 무척 놀랐고 신기하기도 했지만 나의 존엄과 예의를 지키기 위해 쳐다보지 않으려고 애썼다. 옆에 있던 할아버지와 할머니들 역시 못 본척했다. 어느 한 사람도 멈춰서 쳐다보지 않았다. 그 순간 상하이가 얼마나 서구화되었는지, 사람들은 또 얼마나 개방적인지 알 수 있었다.

자전거를 팔려면 나도 자전거를 타야 했다. 산악 라이딩은 해본 적 없지만 도로 라이딩은 자주 나갔다. 매장 이벤트 때는 우리 브랜드의 알루미늄 로드 자전거를 타고, 개인적으로 탈 때는 오래된 조립식 로드 자전거를 탔다. 두 대 모두 Y가 지인들을 위해 준비해둔 입문용 모델이었다. 클릿슈즈를 처음 신었을 때는 걸음마하는 아기처럼 뒤뚱거렸고, 그때가 아니더라도 자전거는 넘어지는 일이 다반사였기 때문에 나는 배상할 수 없는 비싼 자전거는 최대한 건드리지 않으려 했다.

혼자 탈 때는 주로 가게에서 멀지 않은 룽텅龍騰대로에 갔다. 지금은 녹지가 된 쉬후이빈장徐匯濱江 남단은 저녁만 되면 자전거 애호가들이 모이는 집결지였다. 온갖 기종의 자전거뿐 아니라 배기량이 큰 오토바이까지 모여 즐겁게 놀았다. 나는 베이징, 상하이, 광저우에 살아봤는데 자전거 문화는 상하이가 가장 발달하고 분위기도 좋으며 애호가도 제일 많았다.

Y는 원가에 줄 테니 자전거를 사라고 줄기차게 부추겼다. 자전거가 없으면 내가 금방 그만둘 거라고 생각한 모양이었다. 하지만 원가만 해도 한 달 치 월급에 맞먹고 거기에 부품 업그레이드와 장비 비용이 더 들어가야 했다. 그렇게 큰 지출은 할 수 없었다.

2014년 설 연휴 전, 내가 사는 집이 은행에 넘어갈 듯하니 빨리 다른 집을 구하라고 중개인이 알려왔다. 그래서 링링루零陵路에 있는 단지로 이사했다. 방이 두 칸밖에 없는 집이었는데 나머지 한 방에는 부동산 중개인이 살았다. 부동산 중개인이 본인이 빌린 집의 방 하나를 내게 2차로 세준 것이었다. 월세는 2300위안이었다. 그때 Y가 먼저 보조금으로 500위안을 줄 테니 늘어난 지출을 메우라고 말했다.

나는 부동산 중개인과 잘 지내지 못했다. 일반적으로 공동 임대주택에는 다른 세입자들도 있기 때문에 손님을 재우지 않는 게 원칙이었다. 명문화된 법은 아니어도 문명화된 시민답게 상하이의 세입자들은 그런 암묵적인 규정을 잘 지켰다. 하지만 부동산 중개인은 내게 알리지도 않고 동료 두 사람을 데려왔다. 두 사람이 얼마나 오래 묵을 예정이었는지는 몰라도 대략 2주 뒤 나는 그 일로 말다툼을 벌였다. 두 사람은 곧 이사를 나갔지만 부동산 중개인과 어색한 관계가 되고 말았다.

그때 가게에는 J와 S가 이미 사직하고 없었다. D와 W는 나 몰래 물건을 훔쳤기 때문에 나와는 어느 정도 거리를 두려 했다. 그들은 훔치는데 나는 훔치지 않으니, 내가 고자질하지 않더라도 같은 편으로는 여기지 않은 것이다. 확실히 그들은 실력뿐 아니라 품성까지도 J와 S만 못했다.

J와 S는 우직하고 솔직한 사람들이었다. J는 베테랑 기술자면서 자전거를 좋아해 로드 자전거, 산악자전거, 스트리트 자전거 모두 능숙하게 탔다. S는 자전거 손보는 걸 좋아하는 '기술 오타쿠'였고, 순전히 재미로 산악자전거를 타고 도로를 달렸다. 나는 그런 단순한 사람들이 좋았다.

반면 D와 W는 교활하고 세파에 찌든 유형이었다. D는 호

리호리한 프레임의 복고풍 로드 자전거를 좋아하고 픽시바이크 마니아였다. 관심은 있었으나 기술자 수준은 아니었고 특히 산악자전거는 잘 몰랐다. W는 수준과 경험 모두 미숙한 기술자로 고향에서 자전거 점포를 운영하다 상황이 어려워지자 기술을 배우려 상하이에 왔다. 그래서 들어온 직후에는 J와 S에게 기술을 배웠다. 사실 D와 W도 나쁜 사람은 아니었다. 내 인생 경험으로 볼 때 그들은 사회 평균 수준이었다. 심지어 자전거 애호가들 사이에서는 Y보다 선량하다는 평을 받았다.

    D는 Y와 사이가 틀어져 사직하고 W는 업무 배정에 항의하다가 해고되었다. 둘이 잇따라 나간 뒤 Y는 새 직원을 채용했지만 다들 문제가 많았고 오래 버티지 못했다. S는 사직한 뒤 새 직장을 찾지 못해 계속 쉬다가 Y의 호출을 받고 되돌아왔다. 하지만 몇 달 일하더니 다시 나가버렸다. S는 생각이 단순하고 기술이 좋은 데다 J보다 월급도 낮아서 Y는 S를 어떻게든 붙들어두고 싶어 했지만 뜻대로 되지 않았다.

    당시 나는 1년밖에 일하지 않았는데도 가게에서 가장 오래 근무한 상근 직원이 되어 있었다. Y가 사석에서 나를 수습 점장으로 승진시키고 싶은데 어떠냐고 물었다. 나는 예전에 J한테 있었던 일을 떠올리고는 두 번 생각할 것 없이 제안을 거절했다. 나는 가게 직원들을 통제할 자신이 없었다. 또 나와 Y는 둘 다 기술을 몰랐다. 기초적인 이론만 알뿐 실전에서 뛸 수 없으니,

나와 Y로 구성된 관리층은 기술자들에게 의존해야 할 터였다. 문외한이 전문가를 관리하면 문제가 생기는 법이다.

그렇게 가장 중요한 부분에서 나와 Y는 상보적이지 못했다. 불행히도 Y의 일 처리 방식은 늘 다른 직원들과 불화를 일으켰고, 그때도 새로운 불꽃이 일고 있었다. 그런 상황에 누구와도 갈등을 빚고 싶지 않은 나의 성격적 약점까지 더해지면 협력해 봐야 서로 힘들고 불쾌해질 게 뻔했다. 나는 대립하는 양측에 끼어 힘든 시간을 보내고 싶지 않았다.

Y는 언제나 필사적으로 일했다. 하루에 네댓 시간밖에 못 자면서도 흥분제라도 맞은 것처럼 일에 매달려 안타까울 정도였다. 그런데 직원들은 항상 그와 대립했다. 아무리 자주 음식을 사주고 대접해도 소용없었다. Y와 대립하는 사람들도 나쁜 사람이 아니고 어울리기 힘든 사람도 아니었다.

게다가 Y는 회사 본부와 자전거 동호회에서도 평판이 좋지 못했다. 가게가 회사 본부와 같은 도시에 있다 보니 Y는 툭하면 본부로 달려가 자기 권익을 찾기 위해 애썼는데, 본부 사람들이 Y만 보면 고개를 내젓는다는 말을 한두 군데에서 들은 게 아니었다. 자전거 동호회에서는 탐욕스럽게 이익만 따진다는 게 일반적인 평이었다. 동호인들은 Y에게 자전거는 비즈니스일 뿐이라며, 자기들과 같은 부류가 아니라 돈만 보고 달려든 자본가라고 했다. 그렇다고 Y가 부자도 아니었다. 그나마 있는 재산도 자신의 노력으로 얻은 것이지, 출신이 부유해서가 아니었다.

그런 상황을 두고 보면 Y가 나를 필요로 한 건 당연했다. 나도 자전거 애호가가 아니다 보니 편견 없이 그를 대했다. 비즈니스를 비즈니스로만 봐서 자전거에 대한 열정과 애정, 취향을 논하지 않고 어떻게 다른 브랜드보다 잘 팔지만 논할 수 있었다. 업무에서도 순종적이고 불평이 없었기 때문에 Y는 다른 사람보다 나와 일하는 걸 편하게 여겼다. 하지만 그런 긍정적인 측면보다는 내가 앞에서 분석한 것처럼, 부정적인 측면이 더 컸다. Y는 모든 사람과 다투고 나는 중간에 끼어 양쪽 모두에게 밉보일 게 뻔했다.

Y의 생각은 어떤 부분에서는 복잡하고 어떤 부분에서는 기가 막힐 정도로 단순했다. 예를 들어 이직할 생각이 있느냐고 떠보듯 묻기에 나는 상하이를 떠나 다른 도시로 가겠다고 마음먹지 않는 이상 아니라고 답했다. 그러자 Y는 상하이에서 여자 친구를 찾으라고 부추기면서 몰래 다리까지 놓아주려 했다.

2014년 여름이 시작될 때 나는 자전거 가게를 그만두고 상하이를 떠났다. Y는 계속 붙잡으면서 여러 가지를 약속했다. 하지만 내가 아는 한 Y는 늘 약속할 때 대가나 조건을 명확하게 제시하지 않고 그로 인해 나중에 후회하고 약속을 번복했다. 또한 목숨을 내건다고 해도 내 능력으로는 Y가 직면한 문제를 해결할 수 없었다. 차라리 기술력 있는 파트너를 찾는 식으로 다른 경영 방식을 모색하는 게 나았다.

나는 여러 고용주를 만나봤고 사직도 여러 번 했다. 어떻게 보면 상하이에서도 같은 일을 또 한 번 반복했던 것에 불과했다. 나는 늘 똑같은 상황에 빠지곤 했다. 우선 내 특성 때문에 대부분의 사장들이 나를 무척 좋아하고 갈수록 부담을 줬다. 나는 끝내 그 중압감을 이기지 못하고 그만두었다. 당시 모멘트에 썼던 글이 마무리로 적당할 것 같아 붙여둔다.

'인생은 나선형으로 상승한다'는 말을 누가 제일 먼저 했는지는 모르겠지만 적절하고 생생한 비유다. 다만 상승의 폭이 무척 작고 속도가 느리다는 말이 빠져 있을 뿐. 인생은 등장하는 이름과 형태만 바뀔 뿐 늘 지난날이 반복되고 우리는 과거에 만났던 사람을 새로운 이름으로 다시 만난다.

타인은 나와의 관계만 있지, 개성은 없다. 예를 들어 여자 친구를 사귀다 보면 시간이 갈수록 전 여자 친구와 비슷하다는 걸 발견하게 된다. 단순한 착각이라고 치부할 수도 있지만, 두 여자는 이름과 외모가 달라도 '내 여자 친구'를 연기하면서 그 배역에 맞춰 공통된 면모를 보여줄 뿐이다. 배우가 다르고 각본이 다를지라도 똑같은 인물을 연기하면 두 배우가 보여주는 모습이 상당히 비슷해지는 것처럼 말이다. 그 사실을 깨닫고 나면 다음번 여자 친구도 지금의 여자 친구와 별 차이가 없을 거라고 확신하게 된다. 첫 여자 친구를 사귀었을 때 이미 마지막 여자 친구와 만나고 있던 셈이다.

새로운 회사에서 만난 새로운 상사와 동료 역시 금세 이전의 상사와 동료로 변한다. 그들은 내 인생의 배우들일 뿐이라 어떤 일을 겪고 어떤 대우를 받을지 예상할 수 있다. 그리고 마침내 이 세상의 구조, 그런 사람들은 나를 중심으로 그려진 원이고 그들의 반경이 바로 나와의 관계라는 사실을 깨닫게 된다. 당연히 같은 반경 위에 여러 개의 원이 중첩될 수 있으며, 그건 평면이 아니라 나선형으로 상승하는 인생의 한 조각이다.

바로 그래서 사람들은 생각이 단순한 사람을 좋아한다. 단순한 사람들은 표상을 꿰뚫어 보지 못해 본질에 도달하지 못한다. 그들에게는 살아가는 날들이 완전히 새로운 날이고 만나는 사람들도 전부 낯선 사람이다. 그들은 똑같은 고통과 행복을 무수히 겪으면서도 매번 처음인 것처럼 느낀다.

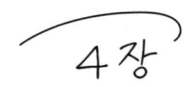

다른 일들

2021년 11월 18일 작성

첫 번째 일부터 여덟 번째 일까지

이제 나는 젊었을 때처럼 다른 사람에게 나를 증명하려 전전긍긍하지 않는다. 손해를 감수하려 하지도 않고, 겉과 속이 다르다는 오해를 살까 봐 두려워하지도 않는다. 모든 사람에게 잘 보이려는 충동은 맹목적이고 헛되다는 걸 알기 때문이다. 사람은 누구나 자기 기준에 따라 남을 판단하므로 진실하지 않은 사람에게 자신의 진실함을 믿게 할 수는 없다. 반대로 진실한 사람에게는 자신의 진실함을 증명할 필요가 없다.

내가 처음 했던 일은 호텔 종업원이었다. 졸업하기 전 학교에서 인턴십으로 배정해준 일이었고, 같은 학년의 동기 30~40명이 같이 보내졌다. 사성급 호텔로, 당시 월급은 600위안이었으니 학교에서 급여의 일부를 떼어갔던 듯하다.

나는 처음에는 연회부에 배치되었다. 나중에 알고 보니 제일 좋은 부서는 컨시어지부고 다음은 객실부였다. 팁을 받을 수 있어서였다. 연회부는 팁을 받을 수 없는 데다 일도 힘들었다. 하지만 나는 개의치 않았다. 일하면서 새로운 경험을 하는 게 재미있었고 그동안 가지고 있던 사회에 대한 궁금증도 풀 수 있었다.

나는 공부를 좋아하지 않고 잘하지도 못해서 학교에서는 답답할 때가 많았고 수업에 흥미를 느끼지 못했다. 우리 학교 학생 대다수가 나처럼 공부에 관심이 없었기 때문에 나는 그게 문제인 줄 몰랐다. 그러다 호텔에 실습을 나가서 보니 다른 친구들은 대부분 일하는 것도 싫어했다. 반면 나는 일하기를 좋아하는 편 같았다. 적어도 그들에 비하면 그랬다.

하루는 연회장을 정리하는데, 내가 한 번에 의자를 여러 개씩 옮기며 서두르자 옆에 있던 친구들이 비웃기 시작했다. 일이라는 게 끝이 없는 법인데 네가 빨리 할수록 저들은 더 많은 일을 줄 거라고, 그런다고 퇴근 전까지 한가하게 둘 리 없다고 했다. 사실 동기들은 팀장한테 나처럼 열심히 일하라는 소리를 들어 기분이 나빴던 것이었다. 지금 돌아보면 그 일이 있기 전부터 동기들은 내가 마뜩잖았던 것 같다. 당시의 나는 단순해서 누구한테든 친절하고 무슨 말이든 잘 들어주었다. 그래서 동기들 말을 듣고 열심히 일하지 않으려 노력했다. 그건 작은 사건이라 불쾌하지도 않고 고민스럽지도 않았다. 아직 인간관계의 사소한 일에 그렇게 민감하지 않을 때였다. 오랜 시간이 흘렀는데도 그때를 기억하는 이유는 그 사건 이후 비슷한 일을 많이 겪었기 때문이다. 그런 경험이 차곡차곡 내 안에 쌓이면서 나는 점점 남과 어울리는 게 힘든 사람이 되었다.

반년의 실습 기간 중 두 달은 연회부에서 일하고 이후에는 레스토랑에서 일했다. 내가 일했던 호텔에는 대형 홀 두 개와 소형 홀 여러 개가 있었다. 소형 홀은 테이블이 하나씩 들어가는 룸이었고, 대형 홀에는 테이블이 이삼십 개씩 들어갔다. 우리 호텔은 국비 지원을 받은 시 정부 산하의 기관이라, 정부 각 부처에서 회의할 때 자주 홀을 이용했다. 일반 회사들도 연회장을 빌려 신제품을 발표하거나 특별판매 행사를 벌였다. 회의나 만찬이 있을 때마다 규모와 분위기에 맞춰 서로 다른 테이블과 의자를 내놓아야 했기 때문에 정리와 배치가 반복적으로 되풀이됐다. 정리와 배치란 연회장의 수십 개 테이블과 수백 개 의자, 수백 개의 식기 세트를 바꿔야 한다는 의미였다.

지름 2미터의 원형 테이블을 빼낼 때는 지면에 수직으로 세운 뒤 넘어지지 않도록 한 손으로 가장자리를 받치고 다른 손으로 윗면을 가볍게 밀어 보관실까지 굴려 갔다. 의자는 차곡차곡 포개 L자형 밀대로 옮겼다. 테이블보를 바꾸는 데도 기술이 필요했다. 테이블보를 두 손에 말아쥐었다가 어부가 그물을 펼치듯 던졌다. 빠르게 테이블보를 바꾸는 기술은 끝내 터득할 수 없었다. 정직원들은 몇 달 뒤에 떠날 실습생들을 가르치는 데 시간을 낭비하려 하지 않았다. 우리는 접시를 놓거나 테이블과 의자를 옮기는 등 기술이 필요 없는 일을 주로 맡았다.

가장 까다로운 건 정부 부처의 회의였다. 우리는 두 사람씩 짝을 지어 줄을 팽팽하게 잡아당기고는 모든 행과 열의 테이블과 의자, 컵과 접시 등을 한 치의 오차도 없이 가지런하게 놓았다. 일반 만찬 때는 세팅을 끝낸 뒤 주방에서 음식을 내오거나 홀에 남아 시중을 들었다.

두 달간 연회부에서 일한 뒤에는 레스토랑으로 옮겼다. 레스토랑은 호텔 3층에 있었고 맞은편에는 중식당이 있었다. 레스토랑은 연회부의 대형 홀 하나 크기로 작은 편이었고 장사도 그저 그런 수준이었지만 인력이 적어서 오히려 더 바빴다. 점심때와 저녁때는 뷔페식이고 아침과 오후에는 맞은편 중식당과 함께 차를 팔았다. 다시 말해 매일 네 차례 음식을 제공했다. 24시간 제공되는 객실 룸서비스도 우리 담당이라 남자 직원들은 돌아가며 밤샘 근무를 해야 했다. 나는 밤샘 근무를 좋아했다. 밤에는 상사가 없어 자유로운 데다 일도 고되지 않아서였다.

    광둥 지방에서는 차를 마실 때 으레 간식을 곁들여 먹는다. 아침에는 주로 노인들이 와서 차를 마셨다. 대부분 시간을 보내러 오는 사람들이라 음식도 별로 안 먹고 돈도 많이 쓰지 않았다. 하지만 토요일 오전에는 손님이 많아서 기본적으로 만석인 데다 대기가 발생하기도 했다. 오후에 차를 마시러 오는 손님은 비즈니스 상담을 하거나 쇼핑하다 지친 몸을 쉬거나 친구를 만나러 오는 등 다양했다.

    내가 일하던 레스토랑은 이름은 레스토랑이지만 완전 서양식이 아니라 스테이크 같은 메뉴가 없었다. 감자튀김, 미트소스 스파게티 같은 기본적인 서양식은 있었지만 우동 같은 일식도 있고 소고기볶음면과 양저우볶음밥 같은 중식도 있었다. 한마디로 잡탕이었다. 점심 뷔페와 저녁 뷔페는 한산했다. 아는 사람도 별로 없고 찾아오는 사람도 별로 없어서 장사가 잘될 리 없었다. 하지만 다른 호텔 레스토랑처럼 외주가 아니라 호텔 직영으로 운영되는 터라 매니저 역시 전혀 안달하지 않았다.

뷔페는 매일 음식이 남았다. 음식을 담은 통을 몇 시간씩 열어두었기 때문에 수분이 다 날아갔지만 좋은 재료를 쓴 거라 그냥 버리기는 아까웠다. 우리는 맛있는 음식을 골라 먹거나 집에 싸가기도 했다. 배가 불러도 식사를 놓칠 수 없었다. 매일 한 끼씩 제공되는 직원 식사이니 먹지 않으면 손해였다. 식당에 가면 컨시어지부와 객실부 동기들이 있었다. 그들은 우리가 직원 식사보다 훨씬 맛있는 음식을 가져오자 자기들 몫도 챙겨달라고 부탁하곤 했다. 우리는 "그럼 너희가 받은 팁도 나눠줘"라고 받아쳐서 화를 돋우었다.

사실 우리도 팁을 받을 기회가 전혀 없었던 것은 아니었다. 특히 룸서비스를 가져갈 때 팁을 받곤 했다. 룸서비스 주문은 보통 밤에 많아서 나는 밤샘 근무를 더 좋아하게 되었다. 밤샘 근무는 보통 세 사람이 했다. 요리사 한 명이 음식을 하고 웨이터 두 명이 주문 전화를 받고 음식을 배달한 뒤 계산했다. 주문이 없을 때는 잡담하면서 주간 팀을 위해 종이 냅킨을 접었다. 자정이 지나면 돌아가며 잠을 청하기도 했다.

반년의 실습 기간이 끝났을 때 우리는 정규직으로 전환하거나 그만둘 수 있었는데 대부분 떠나는 걸 택했다. 내 기억에 인사 책임자는 판潘씨였다. 다들 판 주임이라 불렀다. 판 주임은 내가 그만두는 걸 무척 아쉬워했다. 늘 직원들을 관찰했던 판 주임은 나를 좋게 봤던 모양이다.

그런데 나는 레스토랑 매니저와는 사이가 별로 좋지 않았다. 그는 경박스럽고 말도 교양 없게 하는 사람이었다. 그런데도 동기 몇 명은 그와 친해지려 애쓰며 아첨까지 했다. 아무 권력 없는 작은 레스토랑 매니저라 기껏해야 업무 배치나 좀 봐주거나 그마저도 할 수 없는 사람이었다. 하지만 자기보다 높은 사람에게 아부하는 걸 사회 진출의 필수과목으로 여기는 사람도 있는 법이었다. 나는 그런 모습에 반감이 일었다. 우스운 쪽은 동기들이었지만 나는 동기들이 현혹당하기라도 한 듯 매니저를 경멸했다. 솔직히 매니저는 나에게 불리한 일을 한 적 없었다. 동기들의 아첨도 그가 통제할 수 있는 일이 아니었다. 그런데도 나는 그를 차갑게 대하고 다른 사람 앞에서 경멸과 반감을 드러내곤 했다. 유치했던 시절이었다.

두 번째 일은 홍콩 사람이 운영하는 옷 가게 직원이었다. 목 좋은 자리를 잡은 가게로, 문군Moon Goon이라는 그다지 유명하지 않은 한국 브랜드 옷을 팔았다. 검은색, 흰색, 붉은색 옷이 제일 많았고, 토템 형상이 덩굴 같은 불꽃무늬로 그려져 있었으며, 로고는 고딕체로 새겨져 있었다. 반소매 셔츠 하나에 200~300위안이었으니 당시 기준으로 비싼 편이었다.

홍콩인 사장은 둥관東莞시에 있는 동업자를 통해 한국에서 물건을 수입하는 한편 복제품을 만들어 팔았다. 그래서 우리 가게 옷의 절반은 진품이고 절반은 모조품이었다. 모조품은 진품보다 품질이 떨어졌는데 가공 기술 때문이 아니라 원단이 다른 탓이었다. 오래 일하다 보니 어떤 옷이 한국산이고 어떤 옷이 둥관산인지 한눈에 구분할 수 있게 됐다. 그런데 워낙 비주류 브랜드라 아는 사람이 거의 없었고, 손님들도 진품과 모조품을 따지지 않았다. 이름조차 들어본 적 없는 브랜드에서 진품과 모조품이 무슨 의미가 있겠는가.

나는 옷 가게의 개점에 맞춰 채용된 직원 중 하나였다. 얼마 지나지 않아 나는 판매에 재능이 없다는 걸 발견했다. 수동적으로 손님이 물으면 답해주고 필요하다면 건네줄 뿐, 먼저 나서서 안내하거나 권하지 못했다. 백절불굴의 의지나 목표 달성의 결의 같은 게 부족한 모양이었다. 나는 쉽게 포기했고 남에게 부탁하는 것도, 부탁했다가 거절당하는 것도 두려웠다. 상대가 꺼리는 듯한 낌새만 보여도 더는 설득을 이어갈 수 없었다. 그 바람에 직원 가운데 내 매출액이 제일 낮았으니 이치대로라면 해고되어야 옳았다.

나는 고객이 돈을 쓰도록 설득하지 못할 뿐만 아니라 손님을 두고 동료와 다투지도 못했다. 한가할 때 손님이 가게에 들어오면 언제나 동료에게 양보했다. 다른 사람과 마찰을 빚는 것도 싫고 충돌하는 건 더더욱 싫었다. 대신 동료들과는 사이가 좋았다. 분쟁을 일으키지도 않고 늘 온화하고 예의 바르게 굴었기 때문이다. 서로 적대시하는 그룹 사이에서 우호적인 관계를 유지할 수도 있었다. 그들 눈에 나는 이상하고 무해한 사람, 욕심 없는 방관자, 혹은 뭘 하는지 모르는 바보로 보였을 듯했다.

점장은 나를 해고하지 않았다. 오히려 편애하는 듯했다. 점장은 내가 판매에 재주가 없자 창고로 보냈다. 나 대신 매장에 배치된 창고 직원이 나보다 옷을 훨씬 잘 팔았다. 당시 정부에서 사회보험을 의무화하자 우리 가게도 정부 조사에 대비해 직원 다섯 명에게 사회보험을 제공하기로 했다. 그런데 점장은 능력이 떨어지는 나를 선택했다. 나는 무척 놀랐고 몇몇 동료가 마뜩잖아하는 것도 느껴졌다. 앞으로도 같이 일해야 하는데 괜히 귀찮은 일이 생기고 혹시 다툼이라도 벌어질까 걱정되었다. 그래서 나는 직원들 단합에 도움이 되지 않을 거라고 점장의 호의를 완곡하게 거절했다.

벌써 20년 전의 일이다. 그때 나는 노동자의 권리에 대해 전혀 알지 못했다. 부모님은 착하게 살라고만 가르치셨지, 자신의 이익을 지켜야 한다는 이야기는 한번도 하신 적이 없었다. 지금의 나라면 그렇게 멍청하게 굴지 않고 태연하게 받아들였을 것이다. 사회보험은 노동자가 받아야 하는 합법적인 권리이지, 자본가가 베풀어주는 은혜가 아니다.

불공평하다고 불만을 품는 동료가 있을 수 있지만, 그 불만은 내가 아니라 사측에 품어야 옳다. 지금이라면 원망의 대상을 잘못 고른 사람에게 친절하게 알려줄 것이다. 그렇게 간단한 도리를 당시에는 전혀 몰랐다. 그런 이야기를 나눠준 사람이 아무도 없었던 탓이었다. 부모님은 평생 공공기관에서 일해 시장경제에 대해 모르셨다. 주식투자를 하는 동료를 투기꾼이라며 불법을 저지르는 것처럼 탄식하셨던 분들이다.

개인의 인지 수준은 사회 전체의 인지 수준에 영향을 받는다. 사회에서 어떤 문제에 대해 보편적으로 관심을 가지고 토론하면 개인도 자극을 받게 되고 인식이 높아진다. 하지만 당시에는 정보가 폐쇄적이었고 인터넷도 보급되기 전이라 문제가 생기면 논의할 대상이 주변 지인밖에 없었다. 그런데 우리 집은 외지 출신이라 주변에 친척이 없었고 부모님은 성격이 내성적이었다. 특히 농민 출신인 아버지는 도시 생활에 잘 적응하지 못했고 회사에도 마음이 맞는 친구가 한 명도 없었다. 설 연휴가 되어도 우리는 딱히 찾아갈 집이 없었다. 정월대보름이 가까워질 무렵에야 부랴부랴 어머니 동료 한두 명을 찾아가는 정도였다.

그러니 사회에 발을 내디뎠을 때 나는 다른 친구들보다 유치하고 더딜 수밖에 없었다. 학교에 다닐 때는 별 차이가 없다고 생각했다. 하지만 사회에 나가자 주변 친구들은 달라지기 시작했고, 그런 차이는 시간이 갈수록 더 넓고 깊어졌다. 나는 그들처럼 자연스럽게 사회인으로 탈바꿈하지 못했다는 기분이 들었다. 어떻게 그들이 학생에서 순식간에 성인으로 변했는지 이해할 수 없었다. 학생일 때부터 몸속에 성인을 감추고 있어서 사회에 들어선 뒤 학생이라는 껍질을 찢어버리고 곧장 성인이 되었던 게 아닐까 의심스러울 정도였다. 반면 나는 학생일 때 그냥 뼛속까지 학생이었다. 양파는 껍질을 아무리 까도 계속 양파일 뿐, 절대 감귤처럼 달콤하고 촉촉한 속살이 나오지 않는 것처럼 말이다.

멍청했던 시절 이야기를 꺼내는 게 당혹스럽고 창피하다. 하지만 지금의 나조차 당시의 내가 이해되지 않는데, 독자들은 오죽할까 싶어 자세히 설명해야 할 것 같았다.

그래도 그때와 비교하면 지금은 정말 뻔뻔스러워졌다. 예를 들어 당시에는 옷 가게에서 사회보험을 들어주는 게 특별한 보상이라고 믿고 감사하게 여겼다. 반면 지금은, 방금도 읽은 것처럼 아무렇지도 않게 내 자랑을 늘어놓고 조금도 부끄러워하지 않는다.

이제 나는 젊었을 때처럼 다른 사람에게 나를 증명하려 전전긍긍하지 않는다. 손해를 감수하려 하지도 않고, 겉과 속이 다르다는 오해를 살까 봐 두려워하지도 않는다. 모든 사람에게 잘 보이려는 충동은 맹목적이고 헛되다는 걸 알기 때문이다. 사람은 누구나 자기 기준에 따라 남을 판단하므로 진실하지 않은 사람에게 자신의 진실함을 믿게 할 수는 없다. 반대로 진실한 사람에게는 자신의 진실함을 증명할 필요가 없다.

나중에 가게에 사직서를 내자 점장은 무척 불쾌해했다. 사실 좀 이상한 일이었다. 점장이 불쾌해할 이유가 없었다. 나는 아무 약속도 하지 않았고 사직은 내 자유였다. 지금 와서 생각해 보니, 그는 나에게 호의를 베풀었으니 내가 은혜를 알고 믿음직한 조력자로서 동고동락할 줄 알았던 듯싶다. 그가 보기에 학력이 안 좋은 나한테는 나름 괜찮은 일이었는데, 주제를 모른다고 생각했을지도 모른다. 나를 잘 챙겨주었던 이유도 나를 붙잡아 두고 싶어서였을 것이다. 그리고 결정적으로, 점장은 내가 그런 상황을 다 알고도 그런다고 여겼던 듯하다. 나는 전혀 몰랐다. 당시의 나는 사회에 나온 지 얼마 되지 않았고 경험도 없어서 세상 물정을 잘 모르고 남의 마음을 읽을 줄도 몰랐다.

돌이켜 보면 점장은 사업적 야망이 매우 컸다. 가게에 어느 정도 지분이 있었으니 단순한 직원이 아니었다. 가게가 잘되면 홍콩인 사장은 두 번째 가게, 세 번째 가게를 열 테고 그러면 그의 역할도 더 중요해질 게 분명했다. 점장은 내가 단순해서 좋았을 것이다. 나는 다른 직원들과 달리 욕심이 없고 겸손한 데다 열심히 일했다. 판매 능력은 떨어졌지만, 그런 능력이 있는 사람은 어디서나 구할 수 있었고, 본인 역시 판매 능력이 뛰어났다. 반면 믿을 수 있는 사람은 구하기 힘들었다.

당시 나는 야간대학에 진학하려 했는데 옷 가게는 저녁 10시에 문을 닫아 시간을 맞출 수 없어서 사직했다. 사직 이유는 점장에게 말하지 않았다. 정확한 이유는 기억나지 않지만 말했다가는 점장이 대학에 가지 말라고 할까 봐 걱정했던 것 같다. 그렇지 않아도 거절하는 게 힘든데, 나에게 잘해주는 사람한테는 더더욱 거절하기 힘들었다. 지금은 야간대학이 시간 낭비, 돈 낭비였음을 인정한다. 야간대학에서 가치 있는 것은 하나도 배우지 못했기 때문이다. 아무튼 옷 가게에서는 반년 넘게 일했다.

세 번째 일은 주유소 직원이었다. 신문에 실린 채용 공고를 보고 찾아갔다. 입사하고 보니 나는 비정규직이라 정규직과 같은 일을 해도 보수가 훨씬 적었다. 옷 가게에서 2000위안 초반을 받던 월급이 주유소로 옮기자 1800위안이 되었다.

주유소에는 총 여덟 대의 주유기가 있었고 주유기마다 일반 휘발유, 고급 휘발유, 디젤 세 종류가 비치되어 있었다. 출근

첫날 동료는 말도 섞지 않은 채 주유기의 기본 작동법만 가르쳐 주었다. 하필 그날 택시가 내 앞에 멈춰 섰다. 보통 택시 기사들은 주유소 직원들이 속임수를 쓸까 봐 직접 기름을 넣었다. 경험 있는 직원들은 택시 기사는 응대하지 않고 기름 넣는 모습을 지켜보다가 돈을 내는지만 확인했다. 하지만 그런 관행을 알 리 없었던 나는 적극적으로 다가가 예의 바르게 일반 휘발유인지, 고급 휘발유인지 물었다. 택시 기사는 나를 한참 흘겨보더니 야릇한 어투로 "어떤 걸 넣을까?"라고 반문했다. 나중에야 택시는 고급 휘발유를 넣지 않는다는 걸 알았다. 그 기사에게 내 호의는 바보같이 보였을 뿐이었다.

나중에 알았지만 주유소 직원과 택시 기사는 적은 아니라 해도 절대 친구가 될 수 없는 사이였다. 택시 기사들은 일하다 받은 스트레스와 분노를 그렇게 만든 사람한테는 풀 수 없으니 전부 우리한테 풀었다. 기름값이 0.1위안만 올라도 우리한테 화를 내고 우리가 나쁜 사람을 돕는 하수인이라도 되는 양, 자기들이 더 내는 돈을 우리가 받아 챙기기라도 하는 듯 냉소와 조롱을 퍼부었다. 하지만 우리 역시 비슷한 방식과 태도로 그들을 대했다. 비천한 사람들은 불만이 생길 때 권력에 반항해 봐야 힘만 들기 때문에 다른 비천한 사람을 괴롭힌다. 누구도 괴롭힐 수 없을 때는 동물을 학대한다. 흔히 사랑을 맹목적이라고 하지만, 내가 보기에 사랑은 맹목이나 공리와 동떨어진, 본심에 충실한 감정이다. 맹목적인 것은 오히려 증오다.

당시 우리는 3교대로 일했고 매주 한 번씩 근무 시간이 바뀔 때마다 하루를 쉬었다. 네 명이 한 팀이었고, 총 네 팀이 있었다. 우리 팀은 남자 한 명, 여자 세 명이었다. 주유소 일은 남자보다 여자가 많이 하는 건지 우리 주유소의 특별한 상황이었는지는 알 수 없었다.

앞에서 택시 기사는 우리가 속임수를 쓸까 봐 의심한다고 했는데 사실 그건 불가능했다. 택시 기사들은 매일 아침 똑같은 주유소에서 기름을 넣어 주유기를 잘 알았고 경계심이 높았으며 한 푼도 손해 보는 일이 없었다. 속임수를 쓰는 건 다른 부류였다. 우리 팀만 그랬는지 다른 팀이나 다른 주유소에서도 그랬는지는 모르겠다. 당시에는 현금이 아니라 주유권으로 기름을 넣는 관용차들이 있었다. 어차피 자기 차가 아니어서 관용차 기사들은 심드렁하게 기름을 넣으라고 하고는 얼마나 넣는지 전혀 상관하지 않았다.

나는 무고하다고 할 수는 없어도 정말 몰랐는데, 우리 팀의 다른 세 사람은 의기투합해 주유량을 속이고 주유권을 많이 받았다. 어리숙한 사람까지 알면 들키기 쉽다고 생각했는지 나한테는 말하지 않았다. 나는 나중에 그들의 속임수가 발각되었을 때야 알게 되었다. 그런데 이상하게도 관용차 기사는 책임을 묻지 않고 몇 마디 호통만 치고 말았다. 심지어 많이 받아 간 주유권을 돌려달라고도 하지 않았다. 애당초 관공서 주유권이라 많게 내든 적게 내든 개의치 않았던 모양이었다. 그 기사는 그저 내 동료들이 자기를 무시하고 속이려 들었다는 데 분노했던 것 같다.

　우리 팀은 더 받은 주유권을 현금으로 바꿔 경비로 썼다. 이게 내가 무고하지 않다고 했던 이유다. 그 일을 폭로하지 않았을 뿐만 아니라 상황을 알면서도 그 돈으로 함께 차를 마셨다. 사람은 정말 쉽게 부패할 수 있다.

주유소에서 일한 지 3~4개월쯤 지난 어느 날 갑자기 본사 관리자들이 찾아왔다. 그들은 주유소를 살펴보고 우리에게 손님을 응대할 때 써야 하는 표준화된 문장을 가르쳐주었다. 오래 일한 동료들은 또 형식적인 교육인가 보다 생각하며 건성으로 응했다. 반면 나는 바보처럼 하라는 대로 했다.

　알고 보니 그건 일종의 선발 테스트였다. 회사에서는 도시와 농촌의 경계에 있는 주유소를 시범 주유소로 삼아 영상을 촬영한 뒤 그걸 사내 교육용으로 쓸 계획이었다. 관리자들은 가르친 대로 빈틈없이 수행하는 나를 보고 마음에 들어 했다. 당시 나는 막 스무 살이 되었을 때로, 주유소에서 제일 키도 크고 나이도 어렸다. 다른 동료들은 보통 삼사십 대였다. 관리자들 눈에는 내가 동료들보다 상대적으로 이미지도 좋고 기질도 나아 보였다는 뜻이다.

선발되자마자 나는 새로운 주유소로 옮겨야 했다. 원래 주유소는 집에서 2킬로미터, 야간대학에서 3킬로미터 정도 떨어져 있었는데, 새 주유소는 집과 학교에서 10킬로미터 넘게 떨어져 다니기 불편했다. 회사에서 그 주유소를 선정한 이유는 건물과 주유기가 전부 새것이라, 어떻게 해도 지워지지 않는 검은 기름때가 없어서였다. 주유소 바깥 도로도 새로 포장돼 넓고 평평했으며 깔끔했다. 또한 마을 주민 대부분이 꽃을 재배해 주변이 온통 꽃밭이었으니, 화면에 담기 딱 좋은 곳이었다(실제 지명도 거대한 화원이란 의미였다). 마지막으로 주유소가 외진 곳에 있어서 손님도 드물었기 때문에 여유 있게 연습하고 촬영할 수 있었다.

원래 일하던 주유소 소장은 내가 옮기는 걸 아쉬워했지만 다른 방도가 없다며 일이 다 끝나자마자 돌려보내달라고 본사에 신청하겠노라 말했다. 몇 달 일하는 사이 소장은 나를 우수직원으로 한 차례 선정했었다. 하지만 그건 기존 직원들의 체면을 깎는 일이었다. 소장은 나를 선정해서 기존 직원들에게 자극을 주려고 했던 모양이었다. 나는 황송하게 상을 받았고(보너스가 얼마였는지는 잊어버렸다) 이튿날 아이스티를 한 상자 사서 동료들에게 나눠주었다.

당시 다니던 야간대학은 학생들 대부분이 일하면서 수업을 듣다 보니 결석에 관대한 편이었다. 내 기억으로 어떤 과목이든

3분의 2만 출석하면 문제없었다. 그런데 새 주유소로 옮긴 뒤 상사가 무슨 생각인지 몰라도 군대식으로 관리를 하겠다고 말했다. 가장 문제가 되었던 부분은 퇴근한 뒤 집에 가지 말고 직원 숙소에 살면서 부르면 언제든 달려 나오라는 것이었다. 지금이라면 코웃음을 치고 따르는 척만 하거나 말도 안 된다고 따졌을 텐데.

심지어 그런 요구를 하면서 정규직으로 전환해주지도 않았다! 나는 여전히 임시직이었고 월급도 1800위안에서 오르지 않았던 데다가 복지나 보험을 하나도 누리지 못했다. 그런데도 어떻게 퇴근 후의 개인 생활까지 간섭할 수 있단 말인가? 어디에 사는지는 내 자유였다. 나는 일을 하러 갔을 뿐이지, 노예가 된 게 아니었다.

정유회사는 새 주유소로 이전시킬 때 당연히 따를 것이라 확신했는지 내 의사조차 묻지 않았다. 정말 군대식 처사였지만 나는 군대에 간 게 아니었다. 다만 그 시대에는 다들 권리에 대한 인식이 부족했고 노동법도 지금처럼 정비되지 않아 그런 일이 흔히 발생했다. 상사들도 나쁜 마음을 품었다기보다 자신이 남의 권리를 침해한다는 사실 자체를 인식하지 못했을 것이다. 나도 분개하기는커녕 오히려 회사의 요구를 만족시키지 못하고 집단에 폐를 끼칠까 봐 안달복달했다.

지금이야 따질 것도 명명백백하게 보이지만, 그때는 정말로 어떻게 대처해야 할지 몰랐다. 상의할 만한 사람도 없었다. 부모님은 워낙 사고방식이 보수적이라 그렇지 않아도 회사와 사회의 격변에 안절부절못하고 계셨다. 사회를 이해하지도 받아들이지도 못해 고립되고 힘겨운 상황이셨으니 나를 챙길 여력이 있을 리 없었다.

더군다나 나는 청소년기 이후 어떤 문제도 먼저 나서서 상의해본 적이 없었다. 상의한다고 부모님은 적절한 해답을 내어주실 능력이 없었다. 사회 진출에 관련된 일은 무엇이든 스스로 결정했다. 어쩌면 그래서 지금까지도 진정한 사회인이 되지 못했는지도 모르겠다. 부모님은 기본적으로 내게 유용한 지도나 제안을 해주신 적이 없었다. 나중에 한번 사업자금을 대주신 것 외에는 아무런 도움을 주지 않으셨다. 하지만 내게 돈을 많이 벌라거나 가문을 빛내라거나 노후를 부양하라는 요구도 하신 적이 없었다. 두 분은 그저 법을 지키고 다른 사람에게 폐를 끼치지 말라고만 당부하셨다.

그때 나는 새 주유소 상사에게 야간대학을 다니고 있다는 걸 설명하고 내 의견을 제시했어야 했다. 그들도 비합리적인 사람들이 아니었을 터였다. 공부한다는 건 나쁜 일이 아니니, 주유소 업무에 영향만 주지 않는다면 상황을 봐줬을 것이다. 한발 물러서서 생각해봐도 야간대학이 먼저였고 주유소 변경이 나중이었으니, 새 주유소가 나를 위해 규정을 완화해줄 수 없다면 원래의 주유소로 되돌려보내면 됐다. 하지만 당시의 나는 상사에게 당연한 요구도 하지 못했고 조건을 제시할줄도 몰랐다. 동료들이 특혜라고 불만을 가질지도 모른다고만 생각했다. 나는 생각이 너무 많았고, 그 생각은 왜곡돼 있었다.

 새 주유소에서 두 달 정도 일하는 사이 몰래 수업을 받으러 가거나 집에 돌아갔다. 하지만 상사가 있을 때는 빠져나갈 수 없었기 때문에 결석하는 날이 많아졌다. 나는 주유소의 요구를 다 따를 수 없다면 그만둘 수밖에 없겠다고 생각해서 사직했다.

 그렇게 주유소에서의 반년 남짓한 경력이 끝났다. 내 또래 중에 주유소에서 일하고 싶어 하는 사람은 거의 없었다. 실제 같이 주유소에서 일했던 사람들을 봐도 대부분 외지인이거나 나이가 많은데 기술이 없어서 선택지가 적은 사람들이었다. 사실 처음에 다른 친구도 함께 지원해 둘 다 채용되었지만, 친구는 결국 주유소에 등록하지 않았다. 우리는 도시 출신의 현지인이라 기회가 많은 편이고 체면도 고려해야 했다. 사람들 눈에 주유소는 좋은 직장이 아니었다. 다들 입으로는 직업에 귀천이 없다고 말하면서도 속으로는 그렇게 생각하지 않았다. 하지만 우리 부모님은 정말로 그렇게 믿었고 같은 도시에 사는 친척이나 친구가 없어서 체면을 따질 필요도 없었다. 내가 주유소에 출근한다고 했을 때 두 분은 진심으로 기뻐하셨다.

네 번째 일은 패스트푸드점 배달원이었는데 점심때 두 시간 반만 일했다. 점심 한 끼가 제공되었고 기본급 없는 성과급제였다. 배달 한 건당 1.5위안이라 하루에 20~30위안을 벌 수 있었다. 일이라기보다는 아르바이트였다. 호텔, 옷 가게, 주유소에서는 상근직으로 일했지만 근무 시간이 전부 학교 시간과 겹쳤다. 내 학력으로는 아침 9시에 출근해 저녁 5시에 퇴근하는 일자리를 찾을 수 없었다. 패스트푸드점에서 반년쯤 일했을 때 친구가 일자리를 소개해줘 그만두었다.

다섯 번째 일은 아이스크림 도매점 배송원이었다. 친구의 친척이 하는 가게로 동네 청과 시장 안에 있었다. 출근하기 전에는 배송만 하면 되는 줄 알았는데 가서 보니 영업도 해야 했다. 실제 신분도 영업사원이라 매일 근처의 슈퍼마켓과 매점을 전부 돌아야 했다. 냉장고에 아이스크림이 떨어지면 뭐가 필요한지 물어보고 배송했다. 그런데 나만 일하는 게 아니라 도매점의 다른 상근 직원과 아르바이트생도 똑같은 일을 하며 경쟁했다. 내게 잘 맞는 일이 아니었다.

　　그때 나는 이미 대인관계에 어려움을 느끼고 있었다. 남들이 하는 말의 진의를 늦게 알아채 나중에야 반응하고 창피해하면서 좌절하고 어쩔 줄 몰라 했다. 그런 상황이 반복되면서 나는 무의식적으로 사람들과 거리를 두기 시작했다. 내게 호감을 보이는 사람한테까지 그랬다.

　사람들과 흥정하는 것도 익숙하지 않았고 이익이나 조건을 따지는 것도 좋아하지 않았다. 협상할 때면 일부러 미움을 사는 기분이 들었다. 누군가의 미움을 사기 싫고 모두에게 잘 보이고 싶어 하는 성격은 사람에 대한 두려움을 증폭시켰다. 이율배반적이지만, 너무 잘 보이고 싶어 하다 보니 사람을 가까이하는 게 싫어졌다. 좋은 사람으로 보이고 싶은 충동이 늘 실망과 좌절로 끝났기 때문이었다.

　사람들은 사심 없이 대해주면 친절로 보답하는 게 아니라 더 많은 걸 요구했다. 호텔에서 실습할 때 아침에 네 시간 일하고 저녁에 다시 네 시간 일하는 분리 근무가 있었다. 그런 분리 근무는 출퇴근 시간과 비용이 두 배로 들어서 아무도 좋아하지 않았다. 멀리 사는 사람은 중간에 집에 다녀올 수 없어서 무료하게 기다리거나 하릴없이 호텔 근처를 배회했다. 그래서 상사는 모든 사람이 똑같이 분리 근무를 하도록 근무 시간표를 짰다.

　그러던 어느 날 분리 근무를 하게 된 동료가 집에 일이 생겼다면서 내게 바꿔 달라고 부탁했다. 그가 분리 근무 한 번을 내 야간 근무와 바꾸었으니, 나중에 그의 일반 근무를 내 분리 근무와 바꿔줘야 공평했다. 하지만 나는 너무 쪼잔한 것 같아서, 번거로우니 나중에 바꿔주지 않아도 된다고 말했다. 왜 그러냐고 묻기에 나는 일반 근무나 분리 근무나 별 차이가 없다고, 어차피 퇴근한 뒤에 할 일도 없다고 대답했다. 물론 진심은 아니었다. 나도 분리 근무가 싫었지만, 곧이곧대로 말해서 그의 마음을 불편하게 만들고 싶지 않았다. 얼마나 유치한 발상이었는지는 곧 증명되었다. 며칠 뒤 그가 또 근무를 바꿔 달라면서 집에 일이 있는 건 아니라고 했다.

"너는 분리 근무나 일반 근무나 아무 차이가 없다며? 그럼 이번에도 바꿔줘. 난 분리 근무가 싫거든."

상상도 못 했던 말이라 깜짝 놀랐다. 어떻게 거절해야 할지도 몰랐다. 전에 거짓말했다고, 사실은 나도 남들처럼 분리 근무를 싫어한다고 말해야 했다. 하지만 차마 말할 수가 없어서 다시 한번 바꿔줬다. 문제는 거기에서 끝나지 않았다. 며칠 뒤 그 일을 들은 다른 동료가 찾아와 근무를 바꿔 달라고 했다.

그 일은 나중에 같은 반 친구가 대신 나서서 해결해주었다. 친구는 내게 근무를 바꿔달라고 했던 정규직 직원을 찾아가 인정사정없이 비꼬았고 결국 두 사람은 말다툼을 벌였다. 친구는 뻔뻔하다고 욕하고 정규직 직원은 쓸데없이 참견한다고 호통을 쳤다. 나는 옆에서 이러지도 저러지도 못하며 분위기가 험악해질까 봐 전전긍긍했다. 그런데 그 소동이 있고 나서는 근무를 바꿔 달라고 찾아오는 사람이 정말로 사라졌다. 당시의 나는 순종적이라 누구한테든 좋다고 했고, 내 반응과 남들의 반응이 다르면 당황하고 곤혹스러워했다. 시간이 흐르면서 사람들 대부분이 문제를 자기 각도에서만 볼 뿐, 남의 각도에서 보지 않는다는 것을 깨달았다.

물론 손해를 보면서도 원망하지 않을 만큼 마음이 넓지는 않았다. 마음속에 불만과 원망이 쌓였고, 나중에는 짜증과 증오로 변했다. 계속 손해 보지 않으려면 나도 다른 사람들처럼 따지고 들어야 했다. 네가 이기적으로 나오면 나도 이기적으로 나가고 네가 욕심을 부리면 나도 부리겠다는 식이 되어야만 손해를 보지 않을 수 있었다. 그게 아니면 모든 사람과 거리를 두는 수밖에 없었다. 내게는 거리를 두는 게 훨씬 쉬웠다.

아이스크림 배송일을 할 때부터 나는 이미 알게 모르게 사람들과 거리를 유지하고 있었다. 분명 여러 번 인사했던 고객인데도 매번 처음 보는 사람처럼 깍듯하게 예의를 차리며 서먹하게 굴었다. 그들은 속으로 '나를 기억 못하나? 어떻게 이렇게 빨리 잊어버릴 수 있지?' 하며 의아해했을 것이다. 나는 서먹한 태도가 남의 감정을 해칠 수 있다는 것도 몰랐다.

내가 꿈꾸는 이상적인 세상은 인간의 감정이 아니라 공평하고 합리적이며 빈틈없는 규칙에 따라 굴러가고, 사람과 사람 사이에 교분을 쌓을 필요 없이 규칙만 준수하면 효율적으로 일이 처리되는 '편안한' 세상이었다. 당시의 나는 막 학교를 졸업했을 때보다 사교성이 떨어져 있었지만, 아직 대인기피 정도까지는 아니었다. 이후의 대인기피 증세도 복잡한 요인이 겹쳐져 생겼지, 앞서 이야기한 요인이 전부는 아니었다.

이를테면 나는 '남을 실망시키는 상황'을 몹시 두려워했다. 누가 칭찬하면 생각할 필요도 없이 곧장 부인한 뒤 스스로를 최대한 낮췄다. 나중에 내가 그들이 생각했던 만큼 좋은 사람이 아니라는 걸 알고 실망할까 봐 두려웠다. 그러느니 차라리 처음부터 나는 그다지 좋은 사람이 아니라고 하는 게 나았다. 누가 나를 좋게 보면 언젠가 간파될 거라는 위기감을 견딜 수 없었다. 그래서 나를 계속해서 칭찬하는 사람은 피하고 멀리했다. 그러면 나는 '버리는 사람'이 되지, (상상 속에서) 결국 '버려지는 사람'은 되지 않았다. 그건 이성적인 전략이라기보다 일종의 방어기제였다.

흔히들 성격이 운명을 결정한다고 하는데, 지금 시대에 운명이라는 말은 거창하니 차치하더라도, 성격은 정말로 자신의 인생 행로에 상당히 큰 영향을 준다. 가령 내가 일해온 경력을 이야기할 때 내 성격적 요소를 빼놓으면 말이 되지 않는다. 그때 내렸던 수많은 결정은 단순히 이해득실의 각도에서 저울질한 게 아니라 내 성격의 영향이었기 때문이다.

아이스크림 도매점에서 몇 달을 일했지만, 출근했다고 말하기 민망할 정도로 수입이 적었다. 패스트푸드점에서 벌었던 수준과 비슷했다. 그런데 패스트푸드점에서는 두 시간 반만 일했고 도매점에서는 9시부터 5시까지 일했다.

물론 아이스크림 배송 일은 자유로워서 아침저녁으로 출근 카드를 찍을 필요가 없었고 날씨가 궂은 날에는 안 가도 됐다. 매일 자전거를 타고 돌아다니다 보니 동네의 구석구석을 다 꿰뚫어, 폭이 1미터밖에 안 되는 좁은 골목에 있는 작은 매점까지 알게 됐다.

하지만 경쟁자들은 언제나 나보다 먼저 고객의 냉장고를 채웠다. 경쟁자들에겐 휴대전화가 있었고 나는 삐삐밖에 없는 주제에 삐삐 번호를 가게 사장한테 알려주지도 않은 탓이었다. 게다가 경쟁자들은 전부터 그 지역에서 일해 여러 상점과 친분이 있었다. 나는 그들이 놓친 것만 주울 뿐이었다. 하지만 그때는 돈이 급하지 않았고 학교에도 다니고 있었기 때문에 '졸업한 뒤에야 정식으로 일하는 거지, 지금은 아르바이트하는 셈 치자'라고 생각했다. 몇 달 지나자 날이 서늘해지면서 아이스크림 판매도 줄어들었다. 어느 날 한 건도 배달하지 못하자, 나는 더 이상 계속할 염치가 없어서 그만두었다.

여섯 번째 일도 친구가 소개해주었다. 지난번과 마찬가지로 계약서도 안 쓰고 출퇴근 카드도 안 찍는 곳이었다. 사장은 아파트를 얻어 작업실로 쓰면서 친척을 직원으로 두고 있었다. 삼차원 건축 투시도를 제작하는 일이었는데, 사장은 계약만 따오고 실제 작업은 직원 혼자 하고 있었다.

나는 수습생으로 월급 600위안에 점심 한 끼를 제공받았다. 그때 사용했던 오토캐드14, 3D맥스4, 포토샵5.5 같은 소프트웨어는 아직도 기억난다. 내가 출근하고 며칠 지나지 않아 수습생 두 명이 사장 지인의 소개를 받고 새로 들어왔다. 기존 직원은 너무 바빠서 우리를 가르칠 틈이 없었기 때문에 우리는 매일 책과 CD로 알아서 공부해야 했다.

당시의 포토샵은 기능이 많지 않았던 데다 예전에 배웠던 적이 있어서 사용이 어렵지 않았다. 오토캐드도 간단해 하루 만에 기본 사용법은 파악할 수 있었지만, 능숙하게 다루기까지는 시간이 많이 들었다. 제일 익히기 힘든 소프트웨어는 3D맥스였다. 중국어판도 없었고 소프트웨어 명령어가 무척 많은 데다 우리 플러그인과는 다른 인터페이스와 명령어를 썼다.

그곳에서 반년 정도 일하다 다른 수습생과 함께 나왔다. 알고 보니 같은 야간대학 동기였다. 나는 광고학과였고 그는 회계학과였다. 우리는 같이 퇴근해 길에서 도시락이나 쌀국수를 먹은 뒤 학교에 갔다. 일을 그만둔 이유는 사장이 너무 약삭빨라 계속 일해봐야 손해만 볼 것 같아서였다. 또 정식 회사가 아니다 보니 우리의 권리는 사장의 양심에 달려 있었다.

문제는 사장의 양심을 별로 믿을 수 없다는 점이었다. 예를 들어 나를 소개해준 친구는 형이 사장과 친분이 있다면서 수습생 월급이 1000위안이라고 알려주었다. 하지만 한 달을 채운 뒤 내가 받은 월급은 600위안에 불과했다. 뭐가 문제인지 모르겠는데 물어보기도 민망했다. 사장에게는 물어볼 엄두가 나지 않았고 친구의 형에게는 쑥스러워서 물어볼 수 없었다. 나는 할 줄 아는 것도 없고 별 도움도 못 되면서 매일 남의 컴퓨터를 쓰고 도시락을 얻어먹으니 몇백 위안을 따지는 게 말이 안 되는 행동 같았다. 그런데 몇 달이 지나 일도 제법 해내고 가끔 밤늦게 야근까지 하는데도 내 손에는 변함없이 600위안만 들어왔다. 다른 수습생 상황도 비슷했다. 우리는 둘 다 소심해서 감히 사장에게 이야기하지 못했다. 어차피 야간대학도 졸업을 앞두고 있어서 우리는 전공을 살려 일자리를 구하는 게 낫겠다고 생각했다.

결론적으로 전공과 연계된 일자리는 구하지 못했다. 당시 정기적으로 구매하는 만화 잡지가 있었는데, 그 잡지를 발행하는 만화 출판사에서 수습생을 모집한다는 공고가 실렸다. 요강에 따라 단편 만화를 제출했다가 덜컥 합격했다. 나름대로 이름 있는 출판사였지만 월급 없이 숙식만 제공했으니 일자리라고 할 수는 없었다. 하지만 그곳에서 6개월 이상 있었기 때문에 일곱 번째 일로 치려고 한다.

출판사는 한 단지에서 집 여러 채를 세내 쓰고 있었다. 사장은 서른 살이 안 된 홍콩 사람으로 자기를 선생님이라 부르라고 했다. 선생님은 일본 유학파로 중국에서 출판사를 열고 만화책과 잡지를 내며 새로운 작가를 발굴했다. 나와 같이 들어간 수습생은 열 명쯤 되었고, 스물세 살인 내가 제일 연장자였다. 만화 출판사 수습생은 어린애들이나 하는 일이지, 제대로 된 일자리가 아니라는 뜻이었다.

나는 원래 늦된 편이었다. 몇 년 동안 일하랴 대학 다니랴 정신없이 살았을 뿐, 조급하게 무엇을 하고 싶다는 충동도 없었고 부모님 역시 재촉하는 법이 없으셨다. 어려서부터 아껴 쓰고 아껴 먹으라 교육받았고 부모님도 그러셔서 나는 물질에 대한 욕심이 없었다. 담배를 피우지도, 술을 마시지도, 명품을 사지도 않았다(지금은 술을 조금 마신다). 길가 노점에서 5위안에 이발하고 되도록 자전거로 다녀 평소 지출이 무척 적었다.

같은 도시에 사는 친척이나 부모님 친구도 없어서 남들처럼 동년배와 경쟁하거나 비교할 필요가 없었다. 그래서 큰 야망 없이 이럭저럭 사는 경향이 짙었다. 부모님은 공부를 강요한 적도 없고 학원을 보낸 적도 없으며 남의 집 자식을 본받으라고 요구한 적도 없었다. 두 분이 보시기에는 부지런하고 근검절약하는 게 똑똑하고 유능한 것보다 중요했다. 만화는 많지 않은 내 취미 가운데 하나였다. 당시에는 『세인트 세이야』『드래곤볼』『란마 1/2』『닥터 슬럼프』『캡틴 츠바사』『슬램덩크』같은 일본 만화밖에 볼 게 없었다.

만화 출판사에서 우리는 선 그리기, 인체와 얼굴 그리기, 장면 모사 등 기초 기술을 매일 10여 시간씩 연습했다. 선생님은 기술을 가르쳐주지 않고 연습만 시켰다. 그중 절대적인 비중을 차지하는 연습은 선 그리기였다. 잉크 펜으로 직선을 나란히 그리는 것인데, 약 4센티미터의 선을 최대한 촘촘하게, 보통 0.5밀리미터 간격으로 그려야 했다. 또 선의 길이와 간격이 균일하게 유지되어야 했다. 선 그리기만 하루에 네댓 시간씩 했으니 무척 따분했다. 작가가 아니라 조수를 양성하는 느낌이었다. 사실 창작과 관련된 것은 그게 무엇이든 개인의 자질에 달려 있지, 누가 전수해줄 수 있는 게 아니었다. 아마 선생님도 일본에서 그런 식으로 만화를 배웠던 게 아닐까 싶었다.

    나는 끝내 만화가가 되지 못했지만, 그곳에서 좋은 친구들을 만났다. 무엇보다 그들의 영향을 받아 나도 로큰롤에 입문하게 되었다. 당시 들었던 밴드는 섹스 피스톨즈, 너바나, 나인 인치 네일스, 라디오헤드, 핑크 플로이드 등이었다. 많은 록 청년들처럼 그들도 사회의 간섭에 반항하고 주류 가치관의 개성 말살, 사회의 허위에 저항해야 한다고 말했다. 내가 보기에는 말만 그렇게 할 뿐이었다. 어쨌든 그들의 영향을 받아 나는 만화 출판사의 관행에 저항하기 시작했다. 쓸 만한 견해도 있고 비현실인 견해도 있었지만, 전반적으로 내 견해는 이상주의적이었다. 결국 출판사의 대우를 견딜 수 없어서 나는 몇몇 친구와 함께 그만두었다. 나오기 전에 선생님의 기계적인 훈련을 풍자하는 만화를 그리기도 했다.

그래서 나는 다시 일자리를 찾기 시작했다. 이미 만으로 스물네 살이었다. 대학 졸업생보다 나이가 많고 그때까지의 경력도 별로 도움이 되지 못해 좋은 일자리는 구할 수 없었다. 하지만 까다롭게 따지는 편이 아니라 금세 출근하게 되었다. 새 일자리, 그러니까 여덟 번째 일은 새로 창간된 애니메이션 잡지의 미술 편집이었다.

사장은 꽤 큰 음악 잡지의 발행인이었는데, 애니메이션이 더 전망이 좋을 것 같다며 퇴사하고 회사를 차렸다. 당시 시장에는 비슷한 애니메이션 잡지가 무척 많았다. 그런데 대부분이 간행물 번호를 넣는 대신 녹음 코드가 있는 CD를 첨부해 발행했다. 잡지가 CD의 별책부록인 셈이었다. 우리 잡지도 그런 방식을 채택했다.

사장은 무척 인색했지만, 교양 있는 말투와 태도로 설득력 있게 말할 줄 알았고 생김새도 번듯했다. 그가 나를 채용한 건, 내가 월급에 대해 아무 요구도 하지 않았기 때문이다. 면접 때 나는 회사 내규에 맞추겠다고 했다. 사장은 수습 3개월 동안 1500위안을 주었다. 지금 돌아보면 정말 저렴한 직원이었다. 사장은 내가 순종적이라는 걸 빠르게 간파했다. 순종적인 직원은 그가 제일 좋아하는 유형이었고, 나는 그걸 나중에야 알았다.

미술 편집에는 포토샵과 코렐드로우가 주로 사용되었다. 나는 마침 두 소프트웨어를 모두 사용할 줄 알았다. 내가 들어갔을 때 편집부 인원은 편집장 한 명과 문서 편집자 두 명, 미술 편집자 세 명, 일본어 번역가 한 명으로 구성되어 있었다. 내가 맡은 일은 그림을 한 장씩 처리해 편집하는, 무척 지루하고 무의미한 일이었다. 그래도 좋았던 것도 있었다. 편집부에서는 매달 자료로 쓰기 위해 일본과 홍콩에서 만화 원판을 구매했다. 중국에서는 살 수 없거나 조악한 해적판만 있는 책들이었다. 진귀한 책들을 마음껏 읽을 수 있다는 것이 내게는 매력적인 복지 혜택이었다.

잡지는 한 달에 한 호씩 발행되었고 전반에는 문서 편집자가, 후반에는 미술 편집자가 바빴다. 필름 판이 나오기 전날은 미술 편집자 전원이 밤샘 근무를 해야 했다. 꾸물꾸물 미루는 건 고질병이라 문서 편집자들은 마감 직전까지 원고를 넘겨주지 않았다. 잡지 말고도 우리는 울트라맨 그림책 같은 별도의 책도 만들었다. 저작권 침해지만, 일본의 저작권자들은 중국 민영 도서 시장(우리는 '제2채널'이라 불렀다)의 해적판에 거의 신경 쓰지 않았다.

당시 도서 시장은 내림세로 접어들고 있었다. 스마트폰이 나오려면 아직 몇 년 더 있어야 했지만, PC와 인터넷 보급이 이미 종이책 독자를 다른 방향으로 이끌고 있었다. 그런 상황에 우리 잡지는 자체 콘텐츠도 워낙 특색이 없다 보니 다른 잡지들에 묻혀 전혀 눈에 띄지 않았다. 다만 우리는 다른 잡지들이 몇 호 만에 폐간할 때도 끈질기게 버텼다.

매출이 좋지 않자 사장은 지출 절감에 힘을 쏟았다. 수습 기간이 끝났을 때 사장은 우리에게 계약서를 내밀며 사인하라고 했다. 계약서를 읽은 뒤 모욕적이라는 느낌이 강하게 들었던 게 기억난다. 구체적인 내용은 잊어버렸지만 노동법에 어긋나는 조항이 무척 많았다. 나는 계약서에 사인하지 않았어도 편집부에 있는 책들이 좋아서 곧장 사직하지 않았다. 동료들과 마음이 잘 맞아서 즐겁기도 했다.

잡지 편집부에 다니면서도 만화 출판사에서 만난 친구들과 계속 연락하고 지냈다. 그들이 사회를 비판할 때마다 우리 사장의 여러 행동이 떠올라 부지불식간에 '사회는 역시 더럽고 인간은 확실히 추하다'라는 생각을 하게 되었다. 예전에는 하지 못했던 생각이었다. 이를테면 건축 투시도를 그리던 회사를 나올 때는 조금도 분개하지 않았고 사장이 무섭다는 생각만 했다.

한편으로는, 사회에서 만난 사람들에게 손해를 많이 보면서 이런 걸 전혀 알려주지 않은 부모님을 점점 원망하게 되었다. 부모님이 가르쳐주신 처세술은 사회에서 전혀 통하지 않았다. 부모님은 야망을 가져야 한다고 격려하는 대신 참고 견디라고만 가르치셨다. 옳지 않은 일은 하지 말라고 가르치셨지만, 모든 사람이 옳지 않은 일을 하는 데다 사회는 그들을 벌주고 나를 칭찬하는 게 아니라 그들을 칭찬하고 나를 벌주었다.

잡지사 일도 그랬다. 편집장의 기획은 나와 동료들의 심미관에는 맞지 않았다. 우리가 보기에 회사에서 만드는 책은 내용이 얄팍하고 유치하며 위선적인 데다 억지스럽고 가식적이었다. 애니메이션 산업을 더럽히고 종이를 낭비하고 환경을 파괴하는 일이었다. 그래서 논의에 논의를 거듭한 끝에 우리는 베이징으로 가서 '방랑과 창작'을 해보기로 했다. 나는 일을 그만두고 기차에 올랐다.

아홉 번째 일부터 열한 번째 일까지

앞에서 이야기한 일들은 어느 하나를 빼더라도 대세에 지장이 없다고, 지금의 나를 형성하는 데 별 영향을 주지 않았다고 할 수 있지만 베이징에서 겪은 일들이 없었다면 지금의 나는 완전히 다른 모습이 되었을 것이다. 환골탈태는 과장일 수 있겠지만, 적어도 그때의 경험이 지금의 내가 만들어지는 하나의 출발점이 되었음은 확실하다.

'방랑'이라고 했지만 정말로 떠돌았던 것은 아니었다. 우리는 통저우에 있는 친구 집에 얹혀살다가 근처에 집을 얻었다. 돈이 없어서 나는 바왕펀八王墳에 있는 인쇄소에 취직해서 두 달 정도 일했다.

인쇄소에는 직접 영업을 하는 사장 외에 직원 한 사람만 있었고, 컴퓨터 두 대와 오프셋 인쇄기 한 대가 전부였다. 전단지나 소책자를 제작하기도 했지만 명함이 주요 수입원이었다. 사장은 몇몇 호텔과 손을 잡고 명함을 당일에 신속 납품하는 서비스를 제공했다. 호텔에서 전화가 오면 곧장 건너가 명함 내용을 받고 고객이 준 샘플대로 인쇄했다. 일반 디지털 인쇄기로는 명함에 자주 사용하는 300그램짜리 특수지에 인쇄할 수 없었기 때문에 그럭저럭 장사가 됐다.

고객은 직책 높은 사업가가 대부분이었고 명함에 중국어가 한 글자도 없는 외국인도 많았다. 명함은 한 통에 200위안(당시 환율로 약 3만 5000원)으로 꽤 비싼 편이었다. 직접 거리에 나가 만들면 20~30위안 정도면 만들 수 있었겠지만, 그런 가게들은 배달해주지 않았고 당일에 바로 만들어주지도 않았다. 우리 고객에게는 한 시간만 낭비한다고 해도 그 손실이 200위안보다 훨씬 컸을 터였다. 주문을 아침에 받으면 오후에 배송하고 오후에 받으면 저녁, 저녁에 받으면 이튿날 아침에 배송했다.

사장은 주문을 받고 명함을 가져다주느라 온종일 바쁘게 뛰어다녔다. 가끔 나까지 배송에 나서야 할 때도 있었다. 다른 직원은 인쇄기를 잘 다뤄서 가게에 남아 일했다. 숙식을 제공하는 대신 월급은 1000위안인가 1200위안인가로 별로 높지 않았다. 지하실에서 잘 수 있었는데 나는 퉁저우로 가야 해서 며칠밖에 묵지 않았다. 지하실은 서늘하고 어두웠다. 해가 들지 않아 시계를 보지 않으면 몇 시인지 알 수 없었고 옷이 잘 마르지 않았다. 아침에 줄을 서서 화장실에 가야 했던 것도 기억난다.

친구들은 내가 일하느라 창작에 시간을 쓰지 못하는 것을 마뜩잖아했다. 일이란 사회가 인간을 노예로 부리는 것이라고 했다. 맞는 말 같았지만, 세상을 살아가려면 일하고 말고에 상관없이 무언가의 노예가 되지 않기 힘들었다. 고대 그리스 철학자는 육욕이 인간을 노예처럼 만든다고 했지만, 천천히 늙기를 기다리는 것 외에는 육욕을 제거할 방법이 없다고 했다. 그럼에도 나는 친구의 조언을 받아들여 일을 그만두었다. 그게 내 아홉 번째 일이었다.

지출을 줄이기 위해 우리는 당시 베이징 외곽이었던 퉁저우에서 한층 더 외곽인 옌자오燕郊로 이사했다. 원래 셋이었던 인원에 두 사람이 더 들어와 다섯 명이 되었고 다 함께 집을 얻었다. 옌자오가 아직 번화해지기 전이라 100제곱미터쯤 되는 넓은 집을 얻을 수 있었다. 농민들이 돈을 모아 지은 공동자금주택으로 부동산 권리증이 나오지 않아서 월세가 저렴한 편이었다.

다섯 명이 100여 위안씩만 내면 됐다. 하지만 나는 정말 한 푼도 없어서 부모님께 부탁해야 했다. 부모님은 내 선택을 이해하지도 지지하지도 않으셨지만 조금 도와주셨다. 나는 아래층 조식 노점에서 며칠 일했다. 새벽 4시부터 8시까지 일했고 일당이라고 해야 몇 위안밖에 안 되었지만, 아침 식사는 마음껏 먹을 수 있었다. 나는 유탸오(기름에 튀긴 중국식 파배기―옮긴이) 튀기는 일을 맡았는데, 오전 내내 기름 앞에 서서 백여 개씩 튀겼다. 유탸오는 소매로도 팔리고 부근 식품점에 도매로도 팔렸다. 제대로 된 일자리도 아니고 돈도 너무 적어서 며칠만 하고 그만두었다.

 옌자오에서 잊지 못할 추억은 많이 만들었지만, 창작은 순조롭지 않았다. 친구들은 잡지에 실리는 작품 대부분이 길들여진 가축처럼 타고난 본성을 잃어버렸다며 아무 가치 없는 쓰레기라고 생각했다. 하지만 야생성은 내게도 별로 없었다. 또 야생적인 작품은 발표할 수 없어서 온라인 지하 공동체에서만 소비되었다. 다시 말해 계속 창작해나갈 경제적 수입원이 되지 못했다. 우리는 단순하고 과격하고 유치하고 열정적이고 뒷일은 생각하지 않으면서 어떻게든 세상을 변화시키고 싶어 했다.

 나는 실용적이고 냉정한 편이라 시시각각 수입에 관해 고민했지만, 친구들은 콧방귀만 뀔 뿐이었다. 친구들은 나보다 만화를 훨씬 잘 그리고 경험도 많았다. 나는 만화 출판사에서 수습생으로 6개월 있었을 뿐이고 어디 내놓을 수준도 못 되는 습작 두세 편을 그렸을 뿐이었다. 친구들은 내게 창작에서 제일 중요한 건 '멋진 그림'이 아니라고 열정적으로 말했다. 펑크록만 봐도 코드를 세 개밖에 안 쓰지만 정말 멋지지 않냐고, 작품에서 제일 중요한 요소는 영혼이라고 했다. 영혼이 없는 사람이 많은데 내게는 영혼이 있다고 말해줘 깜짝 놀랐다. 그들은 그들의 이야기 속에서 나보다 훨씬 멋지게 살았다. 당시의 나는 안정감이 부족했기 때문에 그들 생각에 흠칫흠칫 놀라곤 했다.

 아쉽게도 그런 생활은 젊을 때만 가능하고 그마저도 짧게

스쳐 갈 뿐이다. 당연히 우리는 많은 실수를 했고 많은 일을 그르쳤지만 그런 시간을 통해 나는 세상, 최소한 이 사회에 대해 각성할 수 있었다.

그때부터 예전에 읽어보지 못했고 원래라면 절대 읽을 리 없는 책들을 읽었고 나를 변화시킨 개념과 주장을 접할 수 있었다. 그런 경험 덕분에 적당히 맞춰 살면 된다고 생각했던 과거에서 벗어나, 무엇이 중요하고 중요하지 않은지 삶의 여러 가치와 의미를 새롭게 살펴볼 수 있었다. 물론 변화는 한순간에 일어나지 않았고 그때 바로 완성되지도 않았다. 씨앗만 뿌려졌다가 이후 오랜 시간 천천히, 그렇지만 단단하게 뿌리를 내리고 싹을 틔워 지금까지도 내게 영향을 미치게 되었다.

그렇기에 앞에서 이야기한 일들은 어느 하나를 빼더라도 대세에 지장이 없다고, 지금의 나를 형성하는 데 별 영향을 주지 않았다고 할 수 있지만 베이징에서 겪은 일들이 없었다면 지금의 나는 완전히 다른 모습이 되었을 것이다. 환골탈태는 과장일 수 있겠지만, 적어도 그때의 경험이 지금의 내가 만들어지는 하나의 출발점이 되었음은 확실하다. 지금의 나는 다른 사람과의 차이 때문에 불안해하지 않는다. 오히려 내 개성을 소중히 여긴다. 여전히 나는 모르는 게 많고 겁이 많지만 그 덕분에 의지와 신념이 생겼다. 이후로는 일을 하든 글을 쓰든 나만의 정신세계를 구축할 수 있게 되었다.

베이징에서 고향으로 돌아온 뒤 몇 달을 빈둥거렸지만, 부모님은 내가 또다시 '방랑과 창작'을 하러 떠날까 봐 일하라고 재촉하지 못하셨다. 두 분은 관심을 표현하고는 싶은데 어떻게 해야 하는지 모르셨다. 두 분 역시 사회에 적응하지 못하고 혼란과 무력감을 느끼고 계셨으니 나를 이끌거나 일깨워주실 수 없었고 그 때문에 미안해하셨다.

얼마 지나지 않아 예전에 일했던 애니메이션 잡지사 사장이 내가 베이징에서 돌아왔으며 아직 일자리를 구하지 못했다는 소리를 듣고 자기 회사로 오라고 불렀다. 예전 사장 아래서 일했던 데다 기간도 그렇게 길지 않아 경력으로 세지는 않고 간단히 설명하고 넘어가겠다. 애니메이션 잡지는 이미 폐간한 뒤였고, 사장이 잘 아는 영상기기 간행물을 만들고 있었다. 정기간행물 말고도 비정기적으로 특집호를 발행했는데 대부분 일본, 홍콩, 대만 잡지를 짜깁기한 내용이었다.

사장은 애니메이션도 완전히 포기하지는 않았다. 잡지는 발행하지 않았지만 소규모로 투자한 뒤 빠르게 회수할 수 있는 유아 그림책을 취급했다. 또 애니메이션을 캡처한 뒤 말풍선을 넣어 만화로 만들기도 했다. 인터넷에서 찾은 내용으로 CD를 만들어 팔았기 때문에 주제에 따라 분류하고 내용을 요약한 뒤 독자들이 검색해 찾기 쉽도록 인터페이스를 만들었다. 그런 일들이 주요 업무였고, 그 밖에도 설명하기 어려운 자잘한 업무가 더 있었다. 결론적으로 말해서 할 수 있는 일을 다 했다. 하지만 이것저것 했을 뿐 그럴듯한 상품은 없었기 때문에 매출도 적을 수밖에 없었다. 사장의 관점에서 유일한 위안이라면, 모든 인력과 설비를 조금의 낭비도 없이 최대한 활용했다는 점이었다.

  나는 예전처럼 그래픽 편집과 디자인을 맡았지만, 가끔 문서도 편집했고 나중에는 주제 선정에도 참여했다. 하지만 우리가 온 힘을 다했음에도 기대한 만큼 좋은 반응을 얻지 못했다. 우리가 내놓는 작품은 이렇다 할 특색 없이 평범하기만 했다. 기진맥진한 상태에서 만들어냈으니 그럴 만도 했다. 우리는 생존을 위해 끊임없이 작품을 만들었다. 새 작품이 중개상 손에 넘어간 뒤에야 이전 작품의 대금을 회수할 수 있었다. 즉, 제대로 된 작품을 만들 여건 자체가 안 됐다.

  대금이 잘 회수되지 않자 사장은 발행인을 점점 못마땅하게 여겼다. 그런데 발행인은 사장의 처제라 아무리 심하게 다퉈도 결국 같이 일할 수밖에 없는 사이였다. 더 큰 문제는 시간이 지나면서 사장이 돈을 떼먹기 시작했다는 것이다. 툭하면 공급상을 바꾸고 제품이나 서비스가 나쁘다는 핑계를 대다가 대금을 주지 않았다. 심지어 택배비까지 떼먹었다. 월 단위로 결산하는 택배 대금을 계속 미루다가 아예 회사를 바꿔버리는 식이었다. 그 바람에 우리는 계속 택배사를 바꾸며 일해야 했다.

  그래도 내게는 월급이 적다는 것 말고는 괜찮은 편이었다.

내가 쓸모 있고 대신할 사람을 찾을 수 없어서 그런지 사장도 나쁘지 않게 대했다. 적어서 그런지 월급이 밀린 적도 없었다. 부모님과 함께 살 때라 집세 부담이 없었기 때문에 소득이 적어도 그럭저럭 지낼 수 있었다.

점차 사람들이 잡지에서 정보를 얻는 대신 인터넷에서 검색하다 보니 우리 잡지도 점점 생존 자체가 불가능해졌다. 마지막에는 돈 때문에 편집장과 사장도 사이가 틀어졌다. 편집장 말에 따르면 사장은 그에게 줄 성과급을 스피커 한 쌍으로 대신하려 했다. 스피커는 제조업체에서 후기를 써달라고 보내온 샘플이었고, 약속한 홍보비를 주지 않는 바람에 우리가 압수한 물건이었다. 따지고 보면 우리도 잡지 발행 부수가 3000부였는데 2만 부라고 속였다. 그런 속임수는 간행물 업체에서 비일비재했다. 어쨌든 "나무는 자리를 옮기면 죽고 사람은 자리를 옮기면 산다", "군자는 위태로운 담장 아래 서지 않는다"는 말에 따라 편집장은 퇴사하고 자기 회사를 차리기로 했다. 마침 나도 사직한 터라 편집장이 함께 일해보자고 제안했다. 하지만 그 시도는 실패로 끝났다. 고작 한 달 만에 끝나서 경력이라 할 수 없으니 간단하게만 이야기하겠다.

    편집장이 업무상 알게 된 사람이 있었는데, 일단 떠돌이라고 부르겠다. 떠돌이는 우리 도시 인근의 D시에서 자동차정비

협회를 만들었다. 그는 정기적으로 회원들 가게에 보낼 회보를 만들고 싶다며 편집장을 찾아왔다. 하지만 돈을 들이기는 싫었는지, 편집장에게 회보를 맡아주면 광고를 유치해주겠노라 꼬드겼다. 당시 스물 몇 살밖에 되지 않았던 편집장은 떠돌이의 그럴듯한 말에 마음이 흔들렸고, 사장과 부딪치기까지 하자 홧김에 회사를 그만두고 나까지 데려가 창업했다.

이삼 주 정도 지나자 우리는 뭔가 잘못되었다는 걸 알게 됐다. 떠돌이는 우리를 공짜로 부려먹고 있었다. 다른 정비소에 방문할 때 기세를 올릴 심산으로 우리까지 데려갔고, 떠돌이의 친구는 포스터를 무료로 제작해달라고 요구했다.

반면 떠돌이가 약속했던 광고주는 모습을 드러내지 않았다. 떠돌이는 자동차 부품 공급상 자료를 잔뜩 건네주면서 우리더러 직접 전화를 걸어 광고를 받아내라고 했다. 전국 각지에 퍼져 있는 공급상들은 떠돌이의 협회를 들어본 적이 없으니 당연히 우리 회보에 광고를 실으려 하지 않았다. 내게 사기꾼이라고 욕하는 사람도 있었다. 창간호를 거의 마무리했을 때야 떠돌이는 간신히 지인 두세 명을 광고주로 내놓았다. 하지만 두세 페이지 광고로는 회보의 제작비와 우편비를 충당할 수 없었다. 어느 날 저녁 편집장은 떠돌이와 무의미한 협상을 되풀이하다가 완전히 낙심하게 됐고, 나와 편집장은 그 일을 접고 원래 도시로 되돌아왔다.

아버지가 갑자기 중풍으로 입원하신 게 그때쯤이었다. 나는 한동안 집에서 아버지를 간호했다. 아버지는 잘 회복하셨고 두 달 뒤에는 목발을 짚으며 걸을 수 있게 되셨지만, 예전보다 기력이 떨어지고 정신도 크게 약해지셨다.

열 번째 일도 애니메이션과 관련 있었는데, 나와는 상극인 유형의 일이었다. 당시 정부는 중국 애니메이션 산업을 지원했다. 외국 애니메이션의 방영 시간을 제한하고, 중국 애니메이션에는 보조금을 지원하는 방식이었다. 방송 시간을 500분 채울 때마다 얼마씩 보조금을 줬다. 세금 감면과 사무실 임대 등에도 도움을 주었다. 정부에서 그렇게 파격적인 지원을 하는 것은, 외국 애니메이션을 보면서 자란 아이들은 외국 가치관의 영향을 받기 때문이며, 그래서 본토 애니메이션 산업을 육성하려는 것이라고 회사는 설명했다. 본질적으로 이데올로기 싸움이란 의미였다. 나는 그런 해석에 동의할 수 없었다. 내가 본 대다수 외국 애니메이션도 선함, 아름다움, 권선징악 같은 가장 보편적인 가치를 다루고 있었고, 국가 이데올로기는 건드리지도 않았다.

하지만 나는 그렇게 엄청난 문제와는 한참 동떨어진 일개 노동자일 뿐이었다. 새로 들어간 회사는 창립된 지 얼마 되지 않은 전형적인 '정책의 산물'이었다. 그래도 이렇게 정부 재정이 쓰이는 게 고위 관료들이 공금으로 먹고 마시면서 요식업에 흘러들어가는 것보다는 낫지 않나 생각했다.

플래시로 만든 우리 회사 애니메이션은 화면이 조악하고 내용도 지루해 미국이나 일본 애니메이션에 한참 뒤떨어졌다. 하지만 텔레비전에서 방영되는 다른 중국 애니메이션도 조악하기는 마찬가지였다. 우리 사장은 영상과 음악 산업에 오래 종사하면서 두터운 인맥을 쌓았기 때문에 작품을 텔레비전에서 방영시키는 건 일도 아니었다.

회사에서는 애니메이션뿐만 아니라 만화도 제작했고 나는 만화부 소속이었다. 만화도 똑같이 엉성했다. 우리는 대본을 구상할 시간이 없어서 인터넷에서 이미 만들어진 내용을 찾아 조금 바꾸는 수준으로 '원고 세탁'을 했다. 회사는 그러거나 말거나 계약만 따내면 그만이라 여겼고 문제가 생기면 전부 우리 책임으로 돌렸다. 그때 진지하게 만나는 여자 친구가 생겨 지출이 늘어나자 나는 욕심 없는 생활을 계속할 수 없었다.

베이징에서 함께 지냈던 친구들과 멀어진 게 그때쯤이었다. 그들에게 내 상황을 설명하기 창피했다. 내가 다니는 회사는 친구들이 혐오하는 유형이었고, 내가 만드는 작품도 그들이 혐오하는 유형의 작품이었다. 나는 친구들이 규탄하던, 부패한 사회를 대표하는 사람이 되어 있었다. 매일 쓰레기를 제작해 양화를 구축하고 눈과 귀를 더럽히는데 나 자신을 어떻게 옹호할 수 있겠는가? 아무것도 모르는 척하며 "다른 선택권이 없었어. 다들 그러잖아"라고 말할 수 없었다. 그건 대놓고 절교하자는 것이나 다를 바 없는 행위 같았다(그때는 그렇게 생각했다. 나중에 보니 친구들도 끊임없이 변하고 있었다. 친구들은 스무 살 때 들었던 섹스 피스톨즈를 서른 살에는 듣지 않았다. 섹스 피스톨즈가 안 좋아서가 아니라 우리에게는 그게 이십 대의 노래였기 때문이다). 나는 상황이 마음에 들지 않았지만, 벗어날 능력이 없었다. 더러운 일을 하면서 돈도 벌지 못했다. 여자 친구는 내게 불만이 점점 쌓여서 작은 일에도 불같이 화내곤 했다.

야간대학에서 만난 친구가 마침 같은 동네에 살고 있었다. 우리는 직장과 인생에 대한 회의에 젖어 있는 상태였는데, 어느 날 친구가 그러지 말고 둘이 함께 장사해보자고 제안했다. 나도 직장에 다녀봐야 돈도 안 모이고 시간만 낭비하는 기분이 들던 터라 그러자고 대답해버렸다.

 상의 끝에 우리는 베트남을 살펴보러 가기로 했다. 중국은 경제가 이미 비약적으로 발전해 진입장벽이 높고, 우리가 파고들 수 있는 사업 아이템이 더는 남아 있지 않다고 생각해서였다. 반면 베트남은 중국보다 십여 년 뒤처져 중국의 개혁개방을 한창 모방하고 있었으니, 십여 년 앞선 생각을 가지고 낙후된 곳에 가면 좋은 기회를 발견할 수 있을 듯했다.

 우리는 하노이에 두 차례 갔는데, 기차로 난닝南寧까지 가서 핑샹憑祥행 기차로 갈아탄 뒤 유이관友誼關에서 출국했다. 통역은 온라인으로 찾은, 류저우柳州 출신 학생에게 맡겼다. 통역사는 학교를 막 졸업해 아직 하노이국립대학교 기숙사에 살고 있어서 우리도 근처에 숙소를 잡았다.

하노이가 호찌민보다 덜 번화하다고 들었지만, 베트남 남부에 가보지 않았으니 비교할 수는 없었다. 어쨌든 우리 눈에는 정말로 낙후돼 보였다. 시내에 고층 건물도 별로 없고 상점 분위기도 중국의 1980년대와 비슷했다. 남아 있는 프랑스식 건물도 허름한 상태였고 그마저 용도가 달라져 이도 저도 아닌 게 많았다. 통역사는 학교 식당에서 설거지를 물로 하지 않고 천으로만 닦아서 중국 학생들은 도시락을 들고 다닌다고 말했다. 쌀국수 노점상 탁자에 놓인 라임은 향신료가 아니라 수저와 그릇을 소독하는 용도라고도 했다. 농담인지 진담인지 알 수 없었지만, 나는 라임으로 수저와 그릇을 꼼꼼하게 닦았다.

하노이는 물가가 싼 편이었다. 달걀프라이를 곁들인 바게트가 3.5위안이었는데 하나만 먹어도 든든했다. 프랑스 교회 근처의 상점에서는 관광객을 상대로 조악한 조개껍데기 귀걸이와 미군 병사의 유물이라며 라이터, 물병, 인식표 등을 팔고 있었다. 가게 사장은 전쟁터에서 발굴된 유물이라고 했지만 베트남 전쟁은 수십 년이 지났으니 진짜인지 가짜인지 알 수 없었다.

우리는 자금이 넉넉하지 않아 무역은 꿈도 꾸지 않았다. 처음부터 소매를 염두에 두고 살펴보았으나, 아무리 하노이를 돌아다니고 유학생들에게 자문해봐도 무엇을 하면 좋을지 감이 잡히지 않았다. 하노이가 중국보다 십여 년 낙후된 건 사실이었지만, '과거로 돌아가 시장을 제패하는 일'은 상상만큼 간단하지 않았다. 일단 물건을 들여올 때 관세가 붙어 가격이 높아졌다. 또 베트남어를 못 하니 무슨 일이든 통역이 필요한데 그러면 지출이 늘어나고 효과도 떨어질 수밖에 없었다. 베트남의 정책과 법규, 풍습 등도 전혀 모르니 초반에 치러야 할 적지 않은 수업료를 감당할 수 있을지도 미지수였다. 결국 우리는 포기하고 난닝으로 돌아왔다. 난닝은 우리의 '플랜 B'였다.

하노이에 비하면 난닝은 훨씬 이해하기 쉬웠다. 우리는 빠르게 쇼핑몰 하나를 물색했다. 주로 여성복을 파는 쇼핑몰로 원래는 5층이었다가 나중에 한 층을 증축해 6층이 된 곳이었다. 1층에서 5층까지 매장들은 몇 년 동안 영업하면서 확실히 자리를 잡은 상태였지만, 6층은 새로 연 지 얼마 되지 않아서 손님들이 잘 모르고 분위기도 어수선했다. 아줌마 스타일의 옷을 파는 가게도 있고, 10대 스타일 옷을 파는 가게도 있다 보니 어쩌다 올라온 손님들도 별 흥미를 느끼지 못하고 곧 발걸음을 돌렸다. 그런데 초기 임대료가 높게 책정되었던 탓에 가게들은 영 버텨내질 못하고 줄줄이 철수하고 있었다. 빈 가게가 많아지자 방문객도 더 줄어들면서 악순환이 반복되었다.

우리가 갔을 때는 초기 입주 가게들의 철수가 최고조에 이르렀을 때였다. 그래서 쇼핑몰은 점포 소유주들에게 임대료를 낮춰서 일단 가게를 살려야 임대료도 올릴 수 있다고 설득하고 있었다.

6층에 있는 점포는 170여 개였고, 쇼핑몰은 부동산 개발업체 소유였다. 쇼핑몰은 점포를 팔 때 10년 동안 쇼핑몰의 운영 정책을 따른다는 서명을 받았다. 그런 상황이라 우리는 양도수수료를 내지 않고 저렴하게 점포를 임대할 수 있었다. 그게 내 열한 번째 일이었다. 마침내 사람들이 말하는 '자기 일'을 하게 되었다. 저축해놓은 돈이 없어서 부모님께 2만 위안을 빌렸다. 동업자도 2만 위안을 내놓아 창업 자금은 총 4만 위안이었고 두 사람이 절반씩 지분을 갖는 셈이 되었다. 그때 난닝은 경제 수준이 상대적으로 낙후되어 있고 물가도 저렴했다. 내 기억에 쇼핑몰 지하에서 뤄쓰펀(우렁이 육수로 만든 쌀국수, 매콤한 라오유펀과 함께 3대 쌀국수로 불린다—옮긴이)은 3.5위안, 라오유펀은 4위안, 녹두찰밥은 0.5위안에 팔았다.

처음 몇 달 동안은 6층에 고정적으로 찾아오는 손님이 없었다. 어쩌다 올라와도 호기심에 구경만 하고 내려가는 사람이 대다수였다. 우리 가게에서는 동업자의 아내가 자기 스타일대로 골라온 헐렁하고 편안한 옷을 팔았다. 그런데 그런 스타일을 파는 가게는 아래 층에도 수두룩했다. 6층은 유동성이 떨어지니 비슷한 스타일의 옷을 팔아서는 불리할 수밖에 없었다. 사실 쇼핑몰은 높은 층일수록 독특한 스타일을 취급하는 게 적합했다. 대중적인 스타일은 파는 사람도 많아서 박리다매를 노려야 하는데, 높은 층에는 손님이 많이 오지 않기 때문이다.

그렇다고 독특한 스타일이 쉬운 것도 아니었다. 개성이 강한 물건일수록 취향이 세분화될 수밖에 없었다. 나도 동업자도 패션에는 문외한이라 미묘한 스타일을 파악하기 어려웠다. 심지어 이런 것들도 전부 나중에 분석한 결과이지, 장사를 시작할 당시에는 전혀 몰랐다. 너무 요령이 없었다.

6층의 사업자 대부분이 이익을 남기지 못했고, 우리도 문제가 우리에게 있는지 6층에 있는지 파악할 수 없었다. 우리는 6층이 활성화될 때까지 끈질기게 기다리면 잘될 거라고 믿었다. 몇 달이 지나자 마침내 실마리가 잡히기 시작했다. 우리가 장사를 시작할 때 같이 6층에 새로 들어온 사업자 중에는 젊은 사람이 많았고, 학생도 있었다. 그들은 인맥을 이용해 장사를 했기에 자연히 손님들도 그들과 비슷한 연령대였고, 파는 옷도 그 나이 대 사람들의 취향이었다. 천천히 6층의 인기가 올라갔다. 6층에 올라오는 손님은 주로 16~24세 여성이었고, 그들에게 우리가 파는 편안한 옷은 나이 들어 보였다.

그즈음 바로 옆 가게가 급부상했다. 예술대학교 4학년 학생이 남자 친구 돈으로 운영하는 가게였다. 그 가게 사장은 일본 패션 잡지인 《비비ViVi》에 나오는 귀엽고 찰랑거리는 스타일을 지향했다. 10대 후반에서 20대 여성들이 좋아하는 스타일이었고, 잡지 모델인 후지이 레나는 중국에서도 인기가 많았다. 예술대 학생 사장은 사촌 언니에게 가게를 맡기고 잡지에 소개된 옷의 모조품을 찾아다녔고, 마침내 공급처를 발견했다.

그 사장은 《비비》 스타일을 좋아하는 커뮤니티를 원래부터 알고 있었던 터라 공급처를 알아내자마자 커뮤니티 사람들이 찾아오기 시작했다. 옆 가게 스타일은 애초에 잡지를 보고 따라 한 것이기 때문에 우리도 쉽게 따라 할 수 있었다. 학생이 광저우에 갈 때마다 동업자 아내와 동행했던 터라 물건을 떼오는 곳도 진작부터 알고 있었다.

그때 이미 나와 동업자의 역할은 확실하게 나누어져 있었다. 나는 가게를 보고 동업자는 광저우에서 물건을 떼왔다. 그래서 우리는 다른 가게처럼 물건을 떼오느라 한 주에 하루이틀을 쉴 필요가 없었다.

《비비》 스타일 옷을 팔기 시작하면서 우리는 예술대 학생과 사이가 틀어졌다. 학생은 우리가 자기 스타일을 뻔뻔하게 베꼈다고 욕하며 소동을 피웠다. 동업자는 광저우에 있어서 그 난리를 피해갔지만 나는 학생의 분노를 고스란히 받아내는 수밖에 없었다. 내가 할 수 있는 일이라고는 같은 말을 되풀이하면서 끊임없이 달래는 것뿐이었다.

하지만 욕을 먹었다고 장사를 포기할 수는 없었다. 장사라는 게 원래 그렇게 추해질 때가 있었다. 또 이미 더러운 일을 하려고 마음먹은 이상 빈손으로 끝낼 수도 없었다. 몇 달 뒤에는 다른 가게도 공급처를 찾아내 세 점포가 나란히 같은 스타일의 옷을 팔게 되었다.

우리처럼 작은 가게들은 브랜드 대리점이 아니라 벌크 시장에서 물건을 골라와 팔았다. 어느 집 옷이 잘 팔릴 때 공급처를 찾을 수만 있으면 다른 집도 똑같이 팔 수 있었다. 그래서 점포마다 자기네 인기 상품은 옆 가게가 알지 못하도록 숨겨놓았다. 손님과 가격을 흥정할 때도 옆 가게에서 듣지 못하도록 입으로 말하는 대신 계산기로 쳤다.

서로 속고 속이는 장사판이었지만, 우리는 경계하는 한편 서로 의존하기도 했다. 예를 들어 식사하러 가거나 화장실 갈 때 서로 가게를 봐주고 잔돈을 바꿔주었다. 하루에 열 시간 넘게 가게에 있으니 서로 교류하며 시간을 보내야 했다. 그래서 불만이 있어도 최대한 반목하지 않고 웃으며 대하려 애썼다. 속에 칼을 품은 채 웃는, 표리부동한 사람이 될 수밖에 없었다.

쇼핑몰 안에 매장이 그렇게 많고 한가한 사람도 그렇게 많은 데다 이해관계가 복잡하니 유언비어가 난무하는 것도 당연했다. 매일 시비를 못 걸어 안달하는 사람들까지 있어서 나는 정말 마음이 불편했다. 남의 시선을 늘 신경 쓰는 성격이다 보니 답답함이 쌓여갔다. 누가 뒤에서 내 욕이라도 하면, 특히 없는 일을 지어내 욕할 때면 무척 괴롭고 기운이 빠졌다. 결백을 증명하고 싶은 충동을 억누르기 힘들었다. 그런 인간관계 속에 있다는 게 너무도 고통스러웠다.

다행히 우리 가게는 1년도 안 돼 본전을 회수했다. 그렇다고 돈을 가만 쌓아둘 수는 없었다. 경쟁자들이 호시탐탐 노리는 상황이라 멈추면 도태될 가능성이 컸다. 그래서 나는 젊은 여성 직원을 고용해 가게를 맡긴 뒤 새로운 가게를 물색하기 시작했다. 우리 가게 직원은 판매 수수료 덕분에 6층에서 제일 높은 임금을 받았다. 원래도 수수료 비율이 다른 가게의 두 배 이상인데 계단식으로 설정해 제일 많은 달에는 2300위안이 넘기도 했다. 다른 가게 직원은 기껏해야 700~800위안밖에 못 받았다.

    얼마 뒤 나는 새로운 가게를 찾아냈다. 같은 쇼핑몰 6층이었지만, 중앙 계단 바로 옆이라 첫 번째 가게보다 위치가 좋았다. 6층의 노른자위라 할 만한 자리였다. 같은 층에서 제 살 깎아먹는 꼴이 되지 않도록 새 가게에서는 다른 스타일의 옷을 팔기로 했다. 그때는 이미 6층으로 올라오는 손님이 1년 전과 비교할 수 없을 만큼 많아졌다.

새 점포에서는 품질 좋은 학생 스타일, 예를 들어 한국의 이랜드나 티니위니 같은 브랜드의 모조품을 팔기로 했다. 모조품이어도 진품만큼 품질이 좋았는데 가격은 3분의 1이나 4분의 1밖에 안 됐다. 우리는 광저우와 난닝 양쪽에 사람이 있어서 제품을 빠르게 보충할 수 있었기 때문에 박리다매 전략을 채택했다.

다른 점포들은 한 주에 한 번, 혹은 이삼 주에 한 번씩 물건을 가지러 가 우리만큼 빠르게 대응할 수 없었다. 가령 유난히 인기가 있어 금세 품절된 상품이 있다면, 우리는 곧바로 재고를 보충할 수 있었지만 다른 가게들은 물건을 가지러 가는 날까지 기다려야 했다. 그런 이유로 다른 가게에서는 가격을 너무 낮춰서 팔 수 없었다. 반면 우리는 대량의 물건을 신속하게 확보할 수 있어서 인기 상품이 나오면 바로 가격을 낮춰 많이 팔았다. 다른 가게는 우리가 싸게 팔기 때문에 똑같은 상품을 가져올 수 없었다. 재고를 처리할 때도 우리는 다른 가게가 믿지 못할 만큼 파격적으로 할인했다. 재고는 털어버리지 않으면 계속 쌓이고 시간이 지날수록 처리하기 힘들어졌다.

나와 동업자는 모든 열정을 장사에 쏟아부었다. 얼마 못 가 포기하는 점주들과 달리 우리는 좀 더 고생하더라도 빠르게 움직여 확실하게 자리를 잡았다. "천하 무공에서 가장 중요한 것은 속도"라는 무협지 속 말과 비슷했다. 첫 번째 가게는 직원에게 맡기고 나는 두 번째 가게를 봤다. 새 가게는 열자마자 판매가 잘 돼서 걱정을 말끔히 씻어낼 수 있었다.

    나는 업보라는 걸 믿지 않는다. 겉으로는 업보처럼 보일지 몰라도 어떤 일이든 내재된 규칙에 따라 발생한다고 믿는다. 새 가게가 한창 잘되고 있을 때 우환이 뿌리를 내리기 시작했다. 새 가게를 열고 얼마 뒤 중앙 계단 건너, 대각선 맞은편 점포의 주인이 바뀌었다. 새 주인은 후베이湖北 사람이었다. 부부가 20대 아들을 데리고 가게를 열었고 아들의 여자 친구도 매일 나와서 일을 도왔다. 온 가족이 작은 가게 하나에 매달리는 경우는 6층에서 찾아보기 힘들었다.

    그들 말에 따르면 부부는 의류 도매상을 하다가 상황이 나빠져 일찌감치 은퇴한 상황으로, 지금은 아들에게 장사를 가르치기 위해 가게를 연 것이라고 했다. 개점하고 처음 그들이 내놓은 옷들은 6층의 분위기와 달라서 하루에 한 벌 팔기도 힘들었다. 더군다나 점포를 인수한 뒤 상호만 바꿨을 뿐 인테리어도 새로 하지 않았다. 반면 우리는 인테리어에 상당히 공을 들였다.

    그때만 해도 그들이 그렇게 교활하게 굴 줄은 전혀 몰랐다. 부부가 옷 장사를 했었다는 말은 거짓말이 아니었지만, 전부 믿을 수는 없었다. 그들은 우리 가게가 잘 되는 것을 알자마자 우리가 예전에 예술대 학생에게 했던 방법을 그대로 썼다. 우리 스타일을 베낀 것이었다.

    50대인 아버지가 광저우에 가서 물건을 가져왔고, 어머니와 아들, 아들의 여자 친구가 돌아가며 가게를 지켰다. 그들도 원가를 따지지 않고 저렴하게 옷을 내놓자 우리 가게가 내세우던 장점은 의미가 없어졌다. 또 어머니란 인물은 입을 함부로 놀렸다. 우리 가게는 모조품을 파는데 자신들은 정품을 판다고 떠벌렸다. 아무렇지도 않은 척 할 수 없어서 금세 공개적으로 반목하게 되었다. 그러자 그 가게 주인은 더욱더 거리낌 없이 시비를 걸기 시작했고, 나는 견딜 수 없이 고통스러워졌다.

그 시기 많은 일이 있었다. 우선 매달 며칠씩 시장 변화를 살펴보러 들르는 내 동업자가 어느 날 6층의 다른 가게 주인과 싸움을 벌였다. 안 그래도 우리와 적대적이었던 가게 주인은 싸움까지 하게 되자 분이 안 풀렸는지 불량배 셋을 불러들였다. 불량배들은 옷 속에 식칼을 숨기고 들어와 내 동업자를 쇼핑몰에서 끌어내려 했다. 하지만 쇼핑몰 경비가 먼저 신고했고, 경찰이 금세 도착했다. 불량배들은 재빨리 내뺐고 싸움을 벌인 두 사람은 파출소로 끌려갔다. 두 사람은 한바탕 훈계를 들은 뒤 각서까지 써야 했다.

두 사람이 끌려가자 나는 이 일을 수습해야 했다. 먼저 동업자와 싸운 가게 주인의 여자 친구와 관계 회복을 도모했다. 그날 밤 나와 동업자, 그 가게 주인과 여자 친구 네 사람은 나가서 화해의 뜻으로 생선구이를 함께 먹었다. 경찰이 주시하고 있으니 다시 싸울 가능성은 별로 없었다. 그런데 그들은 이 지역 토박이인데다 내가 알기로 점주 여자 친구는 부모님이 휴대전화 절도단 두목이었다. 누구나 아는 사실이었지만 누구도 문제 삼지 않았다. 옷을 팔든 휴대전화를 훔치든 전부 직업 선택일 뿐이라고 여기는 듯했다. 나는 혹시 몰라 화해의 식사를 할 때 식칼을 신문지로 말아 허리춤에 숨기고 나갔다.

두 가게가 경쟁하는 한 적대 관계는 계속됐다. 화해는 거짓된 연출에 불과했다. 쇼핑몰에서는 분쟁이 거의 매일 발생했다. 경찰이 출동하는 일이 드물 뿐이었다.

그즈음 여자 친구와 헤어진 게 또 다른 사건이었다. 전부터 여자 친구 어머니는 여자 친구에게 해외로 나가라고 압박하고 있었다. 여자 친구는 나와의 관계 때문에 망설이고 있었는데, 결정을 내리지 못해 우왕좌왕하는 동안 부정적인 감정을 내게 고스란히 쏟아냈다. 여자 친구는 내가 성공하지 못하는 것을 시종 한스러워했다. 사실 나는 그의 결정을 존중하겠다고 완곡하게 암시한 상태였다. 무슨 선택을 하든 받아들이겠다는 뜻이었다. 하지만 내가 먼저 헤어지자고 말할 수는 없었다. 이별 이야기만 꺼내면 여자 친구는 나더러 못났다, 장래성이 없다, 무책임하다며 욕했다. 사람들이 보기에 틀린 말은 아니었을 것이다.

그 시기 우리 사이에 있었던 여러 가지 일은 내 마음에 큰 상처를 남겼다. 우울증에 걸릴 것만 같았다. 그래서 여자 친구가 해외로 나가겠다고 결정했을 때 내가 느낀 감정은 슬픔보다는 해방감이었다. 내 능력으로는 여자 친구를 만족시킬 수 없다는 걸 잘 알고 있었다. 지금 그는 외국에서 적극적이고 긍정적이며 충실하게 살고 있다. 그때의 결정이 현명했다는 증거다. 우리는 지금도 친구 사이로 잘 지내고 있다.

그런데 그때는 해방감이 얼마나 큰지 갑자기 맥이 풀리면서 더는 아무것도 하고 싶지 않았다. 그때까지 여자 친구는 내가 일에 매진하는 중요한 원동력이었다. 그런 '부담감'을 내려놓자 기력이 다 빠지는 느낌이 들었다.

나는 난닝에서 2년 넘게 살았다. 가게가 정상 궤도에 오른 뒤 거의 2년 동안 매일 아침 일어나자마자 쇼핑몰에 나가 저녁 10시가 넘어서야 집으로 돌아오는 단조로운 일상을 보냈다. 설 연휴 외에는 일 년 내내 쉬는 날도 없었다. 난닝을 떠날 때가 되어서야 내가 쇼핑몰을 빼면 아무 데도 가지 않았다는 걸 알게 됐다. 2년을 살았는데 처음 들어보는 지명이 많았다. 그 시절 내 신경은 쇼핑몰과 장사에만 국한돼 있었다. 세상에 무슨 일이 있는지 알지 못했고 관심도 없었다. 심지어 베이징에서 올림픽이 열렸다는 사실조차 몰랐다. 쓰촨 대지진만 잠시 내 신경을 끊었을 뿐이었다. 가게에서도 진동이 느껴지고 건물 전체가 휘청거리자 쇼핑몰도 문을 닫고 사업자들도 전부 대피했었기 때문이다. 그게 2년 동안 내가 유일하게 기억하는 쇼핑몰과 관련 없는 '뉴스'였다.

    2009년 설이 되자 쇼핑몰도 휴업했다. 섣달그믐날 이른 오후부터 가게 주인들은 집으로 돌아갔고 우리 가게 직원도 하루 전날 돌아갔다. 나는 쇼핑몰에서 제일 마지막에 나왔다. 저녁 기차라 시간이 비었다. 보슬비가 살짝 내리는 거리는 평소와 달리 사람이 한 명도 없고 문을 연 상점도 없었다. 멀리에서 폭죽 소리만 간간이 들려왔다. 유일하게 불이 켜진 맥도날드에서 저녁을 먹은 뒤 기차역으로 갔다. 텅 빈 거리를 걷고 있자니 만사가 부질없다는 생각이 들었다. 이제는 그렇게 과장된 감상에 젖지 않는다. 평화로운 시대에 태어나 진짜 고난을 겪어본 적 없는 내가 만사가 부질없다고 생각했다 하면 비웃음거리밖에 안 될지도 모르겠다. 하지만 그날 오후에 든 생각과 감정은 정확히 기억하고 있다. 세상에 태어난 게 꼭 행복한 일은 아닐지도 모른다는 생각이 강렬하게 들었기 때문이다.

새 가게를 얻을 때 우리는 소유주와 임대계약을 하지 않고 기존 점주와 전대차 계약을 했다. 장사가 잘될지 확신하지 못했기 때문이다. 두 가게가 같은 층에 있으니 기존과는 다른 스타일을 발굴해야 했다. 소유주와 직접 계약하면 기존 점주에게 양도수수료를 내야 했다. 우리는 기존 점주가 소유주의 동생이란 걸 알고 있었다. 주변 가게 사장들의 말을 들으니, 그 동생은 노는 걸 좋아하고 장사에는 관심이 없다며, 애초에 점포도 언니가 동생을 단속하려고 내준 것이라 했다. 그러다 동생이 임신하면서 점포를 재임대하려 내놓은 상황이었다.

나와 동업자는 양도수수료를 주고 언니와 계약하느니 매달 월세를 좀 더 내고 동생과 재임대하는 게 낫겠다고 생각했다. 재임대하면 양도수수료를 아낄 수 있으니 시행착오가 있어도 부담이 덜하다는 장점이 있었다. 단점은 소유주와 직접 거래하지 않아서 나중에 이전 점주에게 경영권을 회수당할 수 있고, 소유주와 이전 점주 사이의 계약이 틀어지면 우리도 영향을 받을 수 있다는 점이었다. 하지만 두 사람이 친자매이니 임대차 관계는 안정적이었다. 또 동생은 곧 아이를 낳을 예정이라 앞으로는 육아에 더 많이 매달릴 터였다. 애당초 장사에 별 뜻이 없었으니 가게에 미련이 있을 리도 없었다. 그래서 우리는 전대차 방식으로 동생과 계약했다.

그런데 재수가 없으면 엎어져도 코가 깨지는 법이었다. 1년 뒤 동생이 갑자기 연락해 다시 장사를 하고 싶어졌다고 말했다. 도대체 무슨 속셈인지 알 수가 없었다. 여러 경로로 파악한 정보에 따르면 동생은 사업에 뜻이 없어서 가게에 며칠씩 코빼기도 안 비쳤다고 했다. 더군다나 아직 돌도 안 된 아이를 두고 어떻게 돌아와 옷 장사를 하겠는가? 임대료를 올리고 싶으면 그냥 이야기하지, 빙빙 돌릴 필요도 없었다. 그러고 나니 나는 다른 사람, 이를테면 내 동업자와 싸운 점주의 사주를 받은 게 아닌가 의심스러워졌다.

나는 체면을 내려놓고 부탁했지만, 고작 3개월만 연장할 수 있었다. 그때부터 대인기피증 증상이 조금씩 나타나기 시작했다. 손님이 들어오는 게 보이면 반가운 게 아니라 짜증스럽고 두려웠다. 내가 믿는 지인이 아니면 대화를 피할 때도 있었다. 모르는 사람이 웃음을 지어 보이면 악의가 있는 듯 느껴졌다. 누군가와 부딪치기만 하면, 그럴 만한 일이 아닌데도 몸이 부들부들 떨렸다. 예전에는 화낼 때조차 그런 일이 없었는데 말이다.

두 번째 가게를 잃은 뒤 나는 동업자에게 그만하고 싶다고 말했다. 우리는 이익을 두고 다투는 일 없이 우호적으로 동업을 끝냈다. 내가 일을 그만둔 뒤 그는 아내의 친척을 새로운 동업자로 맞았다. 나중에 점포를 네 개까지 늘렸지만, 지금은 업종을 바꿔 더는 여성복을 취급하지 않는다.

난닝을 떠나 집으로 돌아온 나는 곧바로 일자리를 찾지 않았다. 더 나은 일자리를 찾을 수 없기도 했지만 그게 진짜 이유는 아니었다. 난닝에서 2년 남짓 장사하는 동안 나는 매일 하늘이 보이지 않는 폐쇄된 공간에 갇혀 있었다. 겉으론 웃고 있지만 속에는 칼을 감춘 경쟁자들 속에서 온갖 유언비어와 중상모략을 끊임없이 들어야 했다. 나는 뒤에서 다른 사람을 욕한 적은 없어도 사업을 위해 주도적으로 남의 이익을 해치고 어떻게든 경쟁자를 몰아세우려 했다. 쇼핑몰에 아무리 손님이 많아도 다른 가게 물건을 사면 우리 물건을 팔 수 없어진다. 예술대 학생을 보면 자책감이 들기도 했지만 대부분 시간에는 분노와 증오에 휩싸여 있었다.

쇼핑몰 일을 그만두고 바깥 세계로 나왔을 때는 빛이 조금 두렵게 느껴졌다. 너무 오랫동안 햇빛을 받지 않고 지낸 탓이었다. 난닝에서는 매일 아침 쇼핑몰까지 걸어가는 15분 동안만 햇빛을 볼 수 있었다. 그때 나는 모든 사람이 두렵고 모든 것이 의심스럽고 다들 이상한 눈으로 나를 쳐다보는 것처럼 느껴졌다. 가끔은 나를 쳐다보는 사람을 똑바로 바라보기도 했는데, 다들 표정이 자연스럽고 심지어 나를 보고 있지 않기도 했다. 나는 낯선 전화는 받지 않았다. 지인의 전화를 받지 않을 때도 있었다. 친구들 단톡방에 더는 글을 올리지 않았고 모임에도 나가지 않았다. 한 친구가 여러 차례 전화했는데도 끝내 받지 않았다. 그렇게 몇 년이 지나자 동업자였던 친구 외에 더는 누구와도 연락하지 않게 되었다(정신상태도 문제였지만 남들보다 못하다는 생각 때문에 친구들을 피했다. 오랜 시간이 지난 뒤에야 그런 부적절한 열등감을 극복할 수 있었다). 친구가 메신저에 글을 남기면 한참을 고민하다가 답장했다. 가벼운 안부에도 혹시 내가 부적절한 말을 하는 건 아닌지 걱정돼 반복해서 고치고 고민하느라 그랬다. 소중한 친구일수록 더 대하기 힘들었다.

글쓰기를 시작하다

일이든 사업이든 감정이든 내 삶에는 좌절과 고통이 가득했다. 나는 내가 적응하기 힘든 세상에서 인정받으려 애쓰다가 끊임없이 실망하고 실패했다. 물론 실패를 외부 환경 탓으로만 돌릴 수는 없었다. 나도 남들한테 인정받으려 그렇게 애쓸 필요가 없었다. 글쓰기처럼 내가 좋아하는 일을 해야 했다. 그 시간 동안 내 정신세계는 현실 세계가 척박해지는 만큼 풍요로워졌다.

하루는 길을 가고 있는데 오토바이 한 대가 빨간불에 불법으로 길을 건너더니 갑자기 방향을 바꿔 역주행하다가 무방비 상태였던 내 앞에 아슬아슬하게 멈춰 섰다. 다치지는 않았어도 소스라치게 놀란 나는 씩씩거리며 욕하고 주먹으로 운전자를 내리치기까지 했다. 그러자 주변 사람들이 둘러싸더니, 그렇게 몰아세우면 안 된다고 이구동성으로 나를 질책했다. 오토바이 운전자는 열악한 환경에서 힘들게 일하는 사람이니 너그럽게 대해줘야 한다는 것이었다. 그럴듯하게 들리는 말이지만, 만약 내가 임신부였다면 어땠겠는가? 내가 그렇게 반문하자 사람들은 대꾸하지 못했다. 내 강경한 태도가 거슬렸는지 한 젊은이가 "지금 싸우고 싶어서 그러시는 거죠? 그럼 저랑 싸워요"라며 나섰으나 옆에 있던 노인들에게 저지당했다. 노인들은 좋은 게 좋은 거라며 더 따지지 말고 각자 갈 길을 가라고 했다.

사실 나는 따질 생각이 전혀 없었다. 어쩌면 내 안에 가득한 분노를 쏟아내고 있었는지도 모르겠다. 살면서 공공장소에서 다른 사람과 대립하고 질책을 받은 건 그때가 처음이자 마지막이었다. 당시 내 안에 있던 히스테리, 긴장감, 위태로운 정신 상태가 집약된 사건이었다.

완전히 그 일 때문은 아니지만 그때부터 나는 방에 처박혀 거의 밖으로 나오지 않았다. 장사를 접고 부모님께 2만 위안을 돌려드린 뒤에도 내 수중에는 몇 만 위안이 남아 있었다. 부모님은 내가 무슨 일을 겪었는지 모르셨고, 지금까지도 모르신다. 일도 안 하고 외출도 안 하고 누구를 만나지도 않자 부모님은 영문을 몰라 걱정하고 엉뚱한 생각까지 하셨지만, 딱히 손쓸 방법도 없으셨다.

나는 온종일 멍하니 방에 처박혀 있었던 게 아니라 글을 쓰기 시작했다. 2009년 10월이었다.

개인 사업은 확실히 시간을 많이 잡아먹었다. 하지만 쇼핑몰은 오후 2~3시부터나 손님이 오기 시작하지, 오전에는 한가했다.

그래서 나는 가게에서 책을 읽으며 시간을 보냈다. 심심풀이용 책도 읽고 문학작품도 읽었다. 문학작품은 몇 권 안 됐지만 그래도 제롬 데이비드 샐린저의 『호밀밭의 파수꾼』을 무척 감동적으로 읽었다. 샐린저의 『아홉 가지 이야기』도 참 좋았다. 샐린저의 작품들은 하나같이 세상과 어울리지 않는 순수함, 나아가 훼손된 순수함을 다룬다는 생각이 들었다.

내 첫 글쓰기는 샐린저를 모방하는 것으로 시작되었다. 이어서는 레이먼드 카버를 읽으며 그가 묘사한 일상생활의 붕괴에 깊은 감명을 받았다. 지금보다 훨씬 감상적이었기 때문인지 쓸쓸한 리처드 예이츠의 작품도 좋았다. 트루먼 커포티의 작품도 읽었다. 내게는 자전적인 어린 시절 이야기들이 『티파니에서 아침을』보다 훨씬 감동적으로 다가왔다. 그때는 미국 현실주의 작가들이 그려낸 일상과 감정이 가슴에 와닿았다. 상품화된 사회와 소비주의 등이 세계를 정복하면서 인간의 삶이 동질화되었기 때문일지도 몰랐다.

문학작품을 많이 읽을수록 현실에서 점점 멀어지는 느낌이 들었다. 일이든 사업이든 감정이든 내 삶에는 좌절과 고통이 가득했다. 나는 내가 적응하기 힘든 세상에서 인정받으려 애쓰다가 끊임없이 실망하고 실패했다. 물론 실패를 외부 환경 탓으로만 돌릴 수는 없었다. 나도 남들한테 인정받으려 그렇게 애쓸 필요가 없었다. 글쓰기처럼 내가 좋아하는 일을 해야 했다. 그 시간 동안 내 정신세계는 현실 세계가 척박해지는 만큼 풍요로워졌다.

그런 다음에는 어니스트 헤밍웨이를 읽었다. 헤밍웨이가 다루는 소재는 내 현실 생활과 거리가 멀었고 등장인물도 나와 무척 다른, 어떤 면으로는 정반대의 사람들이었다. 하지만 헤밍웨이는 '빙산 이론'을 제시했다. 빙산이 웅장하게 보이는 이유는 8분의 1만 해수면 위로 드러나고 8분의 7은 수면 밑에 잠겨 상상만 할 수 있어서라고 했다. 문학작품으로 말하자면 수면 위로 드러난 8분의 1은 글과 이미지이고 8분의 7은 사상과 감정이었다. 전자는 작가의 펜이 닿는 곳이고 후자는 전자 안에 포함되었다.

빙산 이론은 글쓰기를 막 시작한 내게 유익한 깨달음을 안겨주었다. 글로 표현한 부분보다 써내지 않는 부분이 방대하고 묵직해야 했다. 소설의 예술성은 제한된 글자와 이미지 안에 무한한 사상과 감정을 담아내는 데 있었다. 나의 첫 글쓰기는 그것을 실현하려는 시도였다. 나는 여백을 어떻게 남겨야 할지, 무엇을 써야 할지가 아니라 쓰지 말아야 할지를 고민했다.

그러다 독서량이 많아지고 시야도 넓어지면서 예술에 깨뜨릴 수 없는 원칙이란 없으며 '빙산 이론'은 날카로운 비수일 뿐, 유일한 진리는 아니라는 것을 깨달았다. 나는 실제 경험을 바탕으로 소설을 여러 편 썼다. 그리고 온라인 문학 카페에 글을 올려 공유했다. 얼마 뒤 몇몇 작품이 문학잡지에 실렸는데, 원고료는 형편 없는 수준이었다. 8000자짜리 소설의 원고료가 300위안(약 5만 원)도 안 되었던 걸로 기억한다. 내가 받았던 최저 원고료여서 지금까지도 잊히지 않는다. 글쓰기를 생업으로 삼으면 어떨까 잠시 꿈꾸었던 나는 빠르게 포기했다.

이 책에서 이야기한 경력들은 내가 쓴 여러 소설에 반영되었다. 둘을 비교해 읽으면 또 다른 재미가 있을 것이다. 내 소설은 고지식하고 딱딱하며 비통하고 증오로 가득하다는 인상을 준다. 소설과 비교할 때 이 책은 무척 가볍다. 나부터가 편하게 썼기 때문이다. 지난 일을 있는 그대로 서술하면 그만이지, 머리를 굴려 이야기를 지어낼 필요가 없어서 부담이 덜했다.

또한 이 책에는 소설에 담을 수 없는 부분, 수면 아래 8분의 7에 해당하는 부분이 들어 있다. 내가 겪은 일들의 맥락, 당시의 느낌과 정신상태, 내가 처한 환경을 설명했다. 객관적인 글쓰기란 애당초 존재하지 않으니, 내 글 역시 객관적이라고 말할 수 없다. 우리는 주관적인 시선과 입장에서 사건을 보고 느끼기 때문에 똑같은 사건을 겪어도 사람마다 진술이 다를 수 있다. 나는 최대한 사실을 존중하고 최선을 다해 중립을 유지하려 애썼을 뿐이다.

본론으로 돌아가, 나는 2년여 동안 계속 글을 썼다. 물론 직업은 아니지만 내가 쏟은 열정과 노력만큼은 내가 했던 모든 일을 뛰어넘었다.

글을 쓰기 시작한 뒤부터 평소 떠오르는 자잘한 생각과 느낌을 기록하는 습관이 생겼다. 지난 메모를 뒤적거리다 보니 함께 싣고 싶은 글들이 있어 몇 편 소개하려 한다. 첫 번째 글은 베이징에서 '방랑과 창작'하던 때 내가 받아들이고 체화했던 것이다. 그때의 소중한 경험은 '내가 다른 사람이 아닌 내가 되는 데' 중대한 영향을 미쳤다. 이기적이고 제멋대로에 무례하게 보이는 면이 있을 수도 있지만, 진심에 대한 동경과 자아에 대한 욕구는 나를 이끄는 첫 번째 빛이었다. 두 번째 글은 '일'과 관련해 부정적인 느낌을 기록한 메모다. 둘 다 오래전에 쓴 글이라 지금 보면 과격하고 유치하지만, 생각이 흘러온 궤적으로서 '일'에 대한 태도가 어떻게 변했는지 직·간접적으로 보여주기에 소개한다.

첫 번째 글은 로큰롤에 관한 메모로 원래 제목은 '예술로서의 록'이었다. 하지만 지금이라면 '순순히 들어가면 안 되는 깊은 밤'이라고 할 것 같다.

(A) 예술형식으로서 록의 두드러진 특성은 형식적 성과가 아티스트의 독특한 개성과 기질에 아주 많이, 직접적으로 의존한다는 것이다.

(B) 록의 매력은 아티스트와 음악 간의 궁극적인 조화, 아티스트의 영혼(내용)과 음악(형식)의 일치에 있다.

(C) 록 아티스트는 평생 자신의 영혼과 가장 잘 어울리는

소리를 찾아 헤맨다.

(D) 그래서 록 아티스트는 매너리즘을 가장 경계하고, 아무리 정교하고 우아하고 세련되어도 영혼이 없는 음악을 제일 싫어한다.

(E) 록은 위선, 무감각, 중용, 질서, 교조주의에 반대한다. 대신 제멋대로에 난폭하고 과격하며 혼란스럽고 절망적인 성향을 자주 드러낸다. 록의 힘은 건설이 아니라 파괴에 있다.

(F) 록은 '불건전'한 방식으로 '건전'한 현실 세계에 미친 듯 반항한다.

(G) 최고의 록 음악이 반드시 아름다운 곡, 우아한 노래, 능숙한 퍼포먼스로 이루어지는 것은 아니다. 심지어 또 다른 극단으로 치달아 기교, 능숙함, 정밀함을 버리고 단순함, 즉흥, 거침을 추구하기도 한다.

(H) '편견'은 창의적이고 의미심장할 때가 많다. 예술은 논리적인 견해나 주장을 목적으로 하지 않으므로 '편견'을 배격할 게 아니라 '편견'이 독특하고 예리한지만 따지면 된다. 록 역시 마찬가지다.

(I) 더군다나 세상에는 편견만 있을 뿐 공정한 인식이라는 게 없다.

(J) 작곡도 창작이고 퍼포먼스도 창작이다. 퍼포먼스는 행위를 형식으로 삼는 예술이다.

(K) 록은 퍼포먼스 예술이기도 해서 연출을 거부하지 않지만, 허위의 연출은 거부한다. 진정성이 없는 생각, 감정, 태도는 록 정신에 어긋난다.

(L) 록 정신의 핵심은 진정성이다.

(M) 록 밴드에서는 가장 개성 있는 사람이 영적 인물이 된다.

(N) 흔히 록을 음악 장르가 아니라 일종의 정신이라고 한다. 록이 본질적으로 음악의 형식이 아니라 개인과 삶의 예술화를 추구한다는 뜻이다. 그래서 록은 '거친 음악'이라는 비난을 받곤 한다.

(O) 결국 록 아티스트는 인성의 탐색, 감각의 연마, 영혼의 고문 같은 것에 열중하기 때문에 끊임없이 자아를 파고들고 채우고 형상화할 수밖에 없으며 자아의 연마를 최대, 심지어 유일한 예술 성과로 설정한다.

(P) 자아의 연마는 작품과 행위 속에서 필연적으로 음악 형식에 대한 탐구로 이어지지만 둘은 선후, 주종의 관계다.

(Q) 록 아티스트는 남과 다른 개성을 타고 났어도 연마를 통해 끊임없이 자신을 민감하고 극단적으로 만든다. 이는 그들이 예술적 생명과 창의성을 유지하고 공고히 하려는 본능이다. 자신의 가장 보잘것없는 방면에서까지 선명하고 독특한 형식을 추구하려 해 결국 사랑과 미움이 감당할수 없을 정도로 커지고 심할 때는 정신적 붕괴나 그 직전에 이르기도 한다. 이는 의

식해서 하는 행위가 아니라 자기도 모르게 하는 정신적 행위다.

(R) 록은 자기파괴적 영웅을 사랑할 뿐만 아니라 필요로 한다.

(S) 그래서 되돌아갈 수 없는 길이다. 중지를 결정하거나 강요당할 때 그들의 예술 생명도 끝난다. '죽은' 록 아티스트도 작곡과 퍼포먼스를 할 수는 있지만 그건 또 다른 상황이다.

(T) 록은 다른 예술형식보다 훨씬 아티스트의 헌신을 요구한다. 현존하는 록 아티스트 중에는 '죽은' 록 아티스트가 매우 많다.

(U) 평범한 사람은 자아에 대한 과도한 연출과 해석을 알아차리기 힘들다. 진정한 록 아티스트는 모두 천재고, 자신이 천재임을 자각하고 있다.

(V) 록은 천재의 예술이라 할 수 있다.

(X) 파우스트처럼 록 가수는 악마와 영혼을 거래하고 재능과 함께 고독, 모순, 고통, 피로를 받는다. 진정한 록 음악은 경쾌하고 생기발랄하게 들릴지라도 실은 아티스트가 심연으로 떨어지면서 내지르는 비명이다.

두 번째 글은 일에 관한 것으로, 제목은 없다.

생계만을 위해 일한다면 비참한 감옥살이나 다름없다. 그저 살기 위해 일한다는 사람은 거의 없다. 보통 그 일에 흥미가 있다, 같이 일하는 사람들이 좋다, 일하면 삶이 충실해지는 느낌이다, 라는 식으로 말한다. 사실이라 해도 너무 편파적이다. 직업이 없어도 똑같이 흥미로운 일을 할 수 있고 자신이 좋아하는 사람과 만날 수 있으며 충실하게 살 수 있다.

    기성세대는 더 솔직해서, 일하지 않으면 어떻게 스스로를 책임지느냐고 말한다. 그들은 일 때문에 스스로를 가두고 자유를 제한하는 게 비참하다고 생각하지 않는다. 오히려 맹목적인 노동을 영예롭게 여긴다. 그 시대에 일하지 않는 사람은 게으른 사람뿐이었다. 서머싯 몸의 말처럼, 모든 사람이 먹고살기 위해 동동거릴 필요가 없을 때 무엇을 해야 하는지 아는 건 아니다.

    힘들고 가혹했던 과거에는 사람들이 비참할 정도로 단조롭고 편협하게 살았지만, 이제 사회적 환경이 바뀌었다. 소비주의가 새로운 이데올로기가 되었다. 하지만 감금은 여전해 우리는 겉으로만 자유로워 보일 뿐이다. 하고 싶은 걸 못 하게 제한하기보다는 필요한 것을 내주거나 실현할 길을 열어주는 방법이 사회를 더 굳건하고 안정적으로 만들 수 있다. 물론 그러한 방식 역시 사람을 노예로 만든다.

    이러한 사회에서 개인이 자아를 실현할 가장 중요한 수단은 여전히 일이다. 그래서 우리는 자기 일을 중시할 뿐만 아니라 남의 일에도 관심을 둔다. 직업은 이미 가장 중요한 신분증이 되었다. 오랜만에 친구를 만나도 무슨 일을 하는지부터 묻는다. 처음 만난 사람과 대화할 때도 직업을 먼저 묻는다.

천성적으로 사회규범에 맞는 일을 통해, 그러니까 대중이 인정하는 물질적 보수가 있는 일을 통해 성과를 내고 즐거움을 누리는 사람들이 있다. 하지만 모두가 그런 것은 아니다. 일은 생존을 위한 수단이지 인생의 목표가 아니다. 사회가 발전한 덕분에 더는 먼 옛날의 조상들처럼 죽어라 일해도 얼어 죽거나 굶어 죽는 상황에 처하지는 않는다. 오늘날에는 5일 밤낮 잠도 못 자고 쉬지도 못한 채 매머드를 쫓아다닐 필요가 없다. 오늘날 사람들은 그런 상황에 놓인다면 자살하고 말지도 모른다. 다행히 우리는 복잡한 사회 규범과 생산 수단을 만든 덕분에 품위를 지키며 일할 수 있다. 설령 본질이 같다고 해도 피비린내 나는 원시시대 사냥과는 차원이 다르다.

열두 번째 일

온라인 쇼핑몰을 운영하면서 문학 카페의 글을 읽고 댓글을 다느라 많은 시간을 인터넷에서 보내고 있었다. 현실과 동떨어진 느낌이 들 정도였다. 자연에 가까이 가고 싶었다. 사회에서 도망가고 싶었던 걸 수도 있다.

거의 2년 동안 집에만 있자 나가고 싶은 생각이 들기도 했고, 언제부터인가 글쓰기도 한계에 부딪혔다. 부모님과 함께 살아 지출이 무척 적었어도 끊임없이 책을 샀더니 어느새 수중의 돈이 절반가량 사라졌다. 그래도 낯선 사람을 대하기는 두려웠기 때문에 아직은 일할 수 있는 상태가 아니라고 생각했다.

그즈음 애니메이션 잡지를 함께 만들었던 미술 편집자 동료와 연락이 닿았다. 성격이 온화하고 부담 없이 농담을 주고받을 수 있던 사람이라 우리는 사이가 무척 좋았었다. 그도 사업을 시작했는데, 광저우 상샤주上下九의 쇼핑몰에서 점포 하나로 시작해 이미 매장을 여섯 개 운영하고 있었다.

우리는 만나서 온종일 즐겁게 이야기를 나누었다. 그는 오프라인 매장 상황이 점점 나빠진다며 앞으로는 온라인이 잘될 거라고 말했다. 2011년이었다. 또 얼마 전에 600제곱미터짜리 창고를 임대했다며, 온라인 쇼핑몰을 운영하면서 오프라인 매장은 폐쇄해나갈 계획이라고도 했다. 내가 난닝에서 여성복 장사를 하다가 쉬고 있다고 하자 그는 나더러도 온라인 쇼핑몰을 해보라고 했다.

나는 큰 창고를 빌릴 능력이 안 되었다. 그는 도매시장 옆에 방을 얻어 몇 벌만 온라인에 올리되 물건을 쌓아두지 말고 하나 팔릴 때마다 도매시장에서 가져오라고, 그러면 큰 자본 없이 시작할 수 있다고 말했다. 나는 그의 제안에 따라 온라인 쇼핑몰을 열었다. 열두 번째 일이었다.

온라인 쇼핑몰은 장사가 잘 안됐지만, 원가가 워낙 낮아서 그럭저럭 수지를 맞출 수 있었다. 나는 여전히 책을 읽고 글을 썼기 때문에 온라인 쇼핑몰에 완전히 집중할 수 없었다. 두 가지 일을 동시에 할 수 있으리라 생각했는데 사실상 둘 다 제대로 할 수 없었다. 당시만 해도 타오바오는 그렇게 경쟁이 치열하지 않았다. 온라인 상인들이 대충해도 돈을 벌 수 있었다며 '타오바오의 황금기'라고 부르던 때였다. 하지만 나는 대충해도 돈을 못 벌었으니, 영 돈벌이엔 젬병인 셈이었다.

　온라인 매장이라 하루 대부분을 셋방에서 보낸다고 해도 어쨌든 밖에 나가 물건을 떼오고 발송해야 해서 매일 도매상, 택배기사와 만나야 했다. 나는 그것도 힘들었다. 일단 물건을 많이 가져오지 않고 여러 상점에서 몇 벌씩만 샀더니 도매상 앞에서 고개를 들기도 민망했다. 때로는 눈을 쳐다볼 수조차 없었다. 사실 대수롭지 않은 일이고, 한 번에 몇 벌만 가져가는 사람도 많았지만, 나는 열등감과 두려움을 극복할 수 없었다. 그렇다고 재고가 쌓이지 않았던 것도 아니었다. 체면 때문에, 몇몇 잘 나가는 디자인은 조금 무리해서 가져왔다. 그래야 물건을 보충하러 갔다가 도매상에서 쭈뼛거리는 상황을 줄일 수 있었다.

　존재감 없는 투명인간처럼 사람들 눈에 띄지 않았으면 싶었다. 하지만 물건을 가지러 오는 다른 상인들과 너무 달라서인지, 나를 인상 깊게 보는 도매상이 있었다. 내가 예의 바르고 조용한 데다 늘 먼저 인사하고 무리한 요구를 하지 않기 때문인 것 같았다. 나는 그 도매상과 티셔츠를 오랫동안 거래했다. 도매는 원래 흥정을 거의 안 하기 때문에 나는 깎아달라는 말을 한 번도 한 적이 없었다. 그런데 어느 날 물건을 가지러 갔더니 도매상이 먼저 티셔츠 가격이 2위안 떨어졌다고 말해주었다. 그러고 보니 며칠 전부터 뭔가 말하고 싶은 표정이었던 게 떠올랐다. 이미 가격이 내려갔지만, 내가 묻지 않는데 먼저 알려주는 것도 이상하다고 생각한 게 분명했다. 기존 가격에 만족하는 사람 앞에서 굳이 자기 이윤을 포기할 필요가 어디 있겠는가?

난닝의 쇼핑몰에서 여성복을 팔 때 나는 매일 가게에만 있고 직접 물건을 가지러 간 적이 없었지만, 물건의 구매가는 알고 있었다. 비싸게 출시된 옷도 생산량이 늘어나면 가격이 점차 내려갔다. 다른 공장에서 디자인을 베껴서 가격이 떨어지는 일도 흔했다. 그래서 물건을 살 때면 항상 가격을 확인하는 게 불문율이었다. 하지만 나는 남들과 말을 섞고 싶지 않고, 물건을 워낙 적게 사 쑥스럽기도 한 데다 구매 경험이 적어서 일일이 가격을 확인하지 않았다. 그 사실을 깨달은 순간 너무 창피하고 어떻게 해야 할지 알 수가 없었다. 그래서 그날 이후 더는 그 도매상을 찾지 않았다. 내가 너무 바보 같고 창피해서 그의 얼굴을 볼 수 없었다.

택배기사와도 일이 좀 있었다. 당시 민영 택배사 가운데 제일 일을 잘하는 곳은 위안퉁圓通, 다음은 중퉁中通이었고 제일 떨어지는 곳은 후이퉁匯通(지금은 바이스百世로 이름을 바꿨다)이었다. 물건이 많지 않았기 때문에 택배비가 제일 싼 후이퉁을 선택했다. 물건을 가지러 온 택배기사는 18~19세 정도로 무척 젊었는데, 그와 거래하는 게 쉽지 않았다. 직장인이 아니라 어린애 같았다. 시간을 지키는 법이 없어서 약속을 잡는 게 무의미했다. 언제 시간이 되느냐고 물어도 대답하는 법이 없었다. 또한 가게로 올라와 물건을 받아가는 대신 나더러 가지고 내려오라고 해놓고는 한참 뒤에 올 때도 있었다. 그래도 이해할 수 있는 상황이라 한 번도 질책하지 않았다.

참을 수 없던 건 저녁이 다 되어서 너무 바빠 물건을 가지러 갈 수 없다고 하는 것이었다. 그러면 물건을 하루 늦게 발송할 수밖에 없었다. 당시는 온라인 구매가 보편화되지 않았을 때라 결제하고 몇 시간만 지나도 물건을 보냈냐고 재촉하는 구매자들이 있었다.

그러다 보니 매일 저녁마다 택배기사가 안 오지는 않을지, 전화를 놓치지는 않을지 전전긍긍하게 되었다. 그렇다고 먼저 전화해 재촉할 성격도 못 됐다. 평소보다 늦어지는 날은 한층 더 초조했다. 그런 일이 반복되자 나중에는 위가 아프기 시작했다. 어느 날 그 택배기사가 휴가를 갔다며 나이 든 택배기사가 대신 왔다. 그는 물건을 가지고 내려오라 하지 않고 직접 가게까지 올라왔다. 택배비를 건네자 그가 눈살을 찌푸리며 물었다.

"내내 이렇게 많이 주셨어요?"

지금까지 하나당 8위안씩 냈다고 대답했더니 나이 든 택배기사가 한마디 했다.

"이 자식이!"

젊은 택배기사가 나에게 바가지를 씌우고, 중간에서 그 돈을 떼어먹었다는 걸 곧바로 알아차릴 수 있었다. 이미 반년을 거래했을 때였다. 진작 택배사 관리자와 연락했거나 가격을 깎았다면 그렇게 많이 낼 필요가 없었을 거다. 무능해서 어린애에게 놀아났다는 생각에 씁쓸해졌다.

    더는 그 택배기사를 보고 싶지 않아서 이튿날 택배회사를 중통으로 바꿨다. 후이퉁 택배의 지점장에게 연락이 왔다. 왜 거래를 끊느냐는 질문이었다. 사실 그도 이유를 알고 있었기 때문에 내가 얼마에 중통을 이용하는지 완곡하게 묻는 것뿐이었다. 중통도 8위안이었지만 알려주지는 않았다.

그즈음 현실을 소재로 썼던 이전의 내 소설들이 너무 촌스럽고 시대에 뒤떨어진다는 생각이 들었다. 변환기에 들어섰는지 내가 쓴 소설을 읽는 게 부끄러웠다. 문학 카페의 교류는 유익했지만 열등감을 건드릴 때도 많았다. 그동안 좋아했던 작가들도 심드렁하게 느껴졌다. 그들의 글을 꼼꼼하게 반복해 읽었고, 몇몇 작품은 열 번 넘게 읽었으니 질릴 만도 했다.

    나는 모더니즘으로 나아가기 시작했다. 사실 그건 일종의 심미적인 실용주의였지만 당시에는 인지하지 못했다. 모방 대상이 셀린저에서 카프카로 바뀌었다. 게시판에 레이먼드 카버가 너무 인기 있고 쉬우며 작법이 정형화돼서 더는 좋아하지 않는다는 글까지 썼다. 제임스 조이스도 모방의 대상으로 삼았다. 하지만 『율리시스』를 완독하지 못해 모방 대상은 『더블린 사람들』로 국한되었다. 다만 내가 제임스 조이스를 모방하는 줄 아무도 모르는 듯해 그에 대해서는 입을 다물었다.

　시간이 지나면서 내 안에도 은밀한 악의가 있다는 걸 발견하게 되었다. 예를 들어, 나는 카페 관리자라 소설 게시판에 올라온 모든 작품을 읽고 최대한 댓글을 달아야 했다. 그런데 일부 작품은 제대로 이해하지 못한 나머지 부정적이고 부적절한 댓글을 달았다. 그러면서도 그게 악의에서 나온 거라고는 전혀 인식하지 못했다. 그저 생각하는 대로 표현하는, 정직한 평론이라고만 생각했다. 그건 카페의 평론 스타일이 날카롭고 직설적이며 인정사정없었던 탓도 있었다. 적절한 평론인지 따지기보다 말만 번지르르하거나 서로 편들어 칭찬하는 패거리 분위기를 더 싫어하는 분위기가 있었다.

　하지만 능력도 안 되는 주제에 입을 다물지 않았으니, 분명 상처받은 사람이 있었을 것이다. 사실 내 공격성은 열등감에서 만들어진 심리적 방어기제였다. 그 사실을 깨닫고 나는 무척 낙담했다. 나 스스로에 대해, 글쓰기에 대해 회의감이 들었다. 인터넷에서 벗어나고 싶어졌다. 온라인 쇼핑몰을 운영하면서 문학 카페의 글을 읽고 댓글을 다느라 많은 시간을 인터넷에서 보내고 있었다. 현실과 동떨어진 느낌이 들 정도였다. 자연에 가까이 가고 싶었다. 사회에서 도망가고 싶었던 걸 수도 있다. 이게 나중에 원난성으로 옮겨간 이유 중 하나였다.

온라인 쇼핑몰로 돈을 거의 벌지 못하는 것도 또 다른 이유였다. 적자는 아니었지만 딱 월세와 식비를 감당할 정도였다. 그런데 당시 나는 월세와 식비를 최대한으로 아끼고 있었다. 도매시장을 바꾸느라 이사까지 해가면서 온라인 쇼핑몰을 1년 남짓 운영했건만 장사에 대한 흥미는 갈수록 떨어졌다. 도매상, 택배기사, 집주인을 만나는 게 점점 더 싫어졌다.

글쓰기도 교착상태에 빠졌다. 쓰고 있던 글을 뒤엎고 싶었지만, 카프카는 모방하기 쉬운 작가가 아니었고, 형식적으로라도 쓰고 있었으니 그럴 수 없었다. 그러던 어느 날 더는 안 되겠다는 생각이 들었다. 장사가 잘 안돼 생활이 궁색해졌고 온라인에서도 친절하지 못했다. 정신상태가 건강하지 못한 데다 심리적으로도 뒤틀리기 시작했다.

그래서 환경을 바꿀 때가 되었구나 싶었다. 도시의 이곳에서 저곳으로 옮기는 게 아니라 완전히 낯선 곳으로 옮겨야 할 때였다. 그때 베이징에 있는 친구와 다시 연락이 닿았다. 프리랜서로 동화책 삽화를 그리는 친구라 어디에 살든 상관없었다. 우리는 상의 끝에 윈난을 선택했다. 또 다른 친구가 그렇지 않아도 다리大理로 이사 가고 싶었다며 추천해서 우리 둘이 먼저 가기로 했다. 하지만 정작 다리를 추천한 친구는 끝내 합류하지 않았다.

열세 번째 일과 열네 번째 일

다관에서 1년 남짓 사는 동안 출근하지 않아서 하루하루가 즐거웠다. 아무 일 없이 허송세월한다는 생각은 들지 않았다. 하루하루를 열심히만 살면 무의미할 리 없었다. 알렉산더 대왕이 찾아와 무엇이 필요하냐고 묻는다면 나 역시 햇빛을 가리지 말아 달라고 할 것 같았다.

2012년 9월 나와 친구는 윈난성 다리시 샤관下關에 정착하기로 했다. 집을 하나 빌려 친구는 그림을 그리고 나는 일자리를 찾아 출근했다. 방 두 칸에 화장실 하나가 딸린 집으로 임대료는 분기당 1000위안이었다. 인터넷에 덜 접속할 작정으로 네트워크는 깔지 않았다. 남들과 교류할 만한 게 없다는 생각이 들어 글쓰기도 잠정 중단했다. 그렇지만 메모는 계속했다. 앞서 소개한 '예술로서의 록'도 그때 쓴 글이다.

윈난으로 출발하기 전에 화웨이 중고 스마트폰을 장만했다. 당시 안드로이드 운영체제는 보잘것없는 수준이었고 화면

해상도도 320×240에 불과했지만 그때부터 나는 휴대전화로 글을 쓰기 시작했다. 다시 컴퓨터로 글을 쓰게 된 건 2020년 무렵이었다.

샤관에서 했던 열세 번째 일은 쇼핑몰 관리, 그러니까 경비원이었다. 내가 일하게 된 쇼핑몰의 관리 구역은 1층에서 3층까지로 그다지 넓지 않았다. 4층 이상에 있는 마트, 가구점, 주택은 우리 소관이 아니었다. 4명으로 이루어진 4조가 24시간 동안 3교대로 근무했다. 주유소에서 일할 때와 같은 방식이었다. 다만 주유소에서는 1800위안을 받았는데 쇼핑몰에서는 1500위안을 받았다. 다시 말해 12년이 흘러 비슷한 일을 하면서 월급은 300위안 적게 받는다는 뜻이었다. 샤관이 얼마나 덜 발달했는지 알 수 있었다. 하지만 바로 그 점이 매력적이었다. 쇼핑몰 4층에 있는 마트에서 4위안에 즉석 음식을 먹을 수 있고, 노점의 고기국수는 한 그릇에 5위안이며 월세는 한 달에 330위안이었으니 1500위안으로도 충분했다.

얼하이洱海 호수의 최남단, 얼허洱河 강어귀에 자리 잡은 샤관은 호수가 바로 옆에 있고 서쪽에는 창산蒼山이 있어서 경치가 무척 수려했다. 샤관의 한 동료는 "살기에는 우리 샤관이 최고지!"라고 의기양양하게 말했다.

새로 시작한 일은 무척 수월했다. 사실 나는 경비 일은 노인만 하는 줄 알았다. 그래서 지원했던 건데, 동료 중에는 내 또래가 여러 명인 데다 심지어 20대 초반까지 있었다. 전망이 별로 없는 일인 것을 알았지만, 미래를 따지고 싶지 않았다. 현재만 잘 살면 충분했다. 내 글이 평범한 건 내 삶이 평범해서라고 생각했다. 완전히 새로운 시선으로 삶을 발견하고 싶었다.

쇼핑몰에는 작은 당직실이 있었다. 알루미늄판과 유리로 지어진 당직실은 쇼핑몰 뒤편, 자전거 보관소 옆의 잘 보이지 않는 곳에 있었다. 자전거와 전동차, 오토바이 관리도 우리 책임이라 한 사람씩 돌아가며 당직실에 앉아 있어야 했다. 쇼핑몰 순찰은 무척 무료했다. 아무리 천천히 걸어도 세 층을 모두 둘러보는 데 30분도 걸리지 않았다. 나 혼자만 도는 것도 아니었다. 쇼핑몰은 하루 대부분 한산했기 때문에 내가 걸어갈 때 판매원들의 시선도 따라 움직이곤 했다. 그들과 떠들길 좋아하는 동료도 있었지만 나는 한번도 이야기를 나눈 적이 없었다.

주차장은 다른 업체에서 관리해 우리가 신경 쓸 필요가 없었다. 그래도 나는 가끔 밖으로 나가서 차량을 점검하는 듯 두리번거리곤 했다. 안에만 있는 게 지겨워 바람을 쐬고 싶었다. 낮 근무 때 당직실에 앉아 있는 것도 무료하긴 마찬가지였지만 그래도 신문을 읽을 수 있었다. 나는 돌아가며 잘 수 있는 야간 근무를 선호했다. 샤관이 워낙 평화롭다 보니 상사도 모르는 척 눈감아주었다. 범죄자들조차 진취적이라 발전을 꿈꾸며 더 발달한 도시로 떠나는 모양이었다.

어느 날 밤 우리는 당직실에 모여 음식을 구워 먹었다. 딱 봐도 처음 있는 일이 아니었다. 잘못이라는 걸 알았지만 딱히 걱정되지 않았다. 내가 놀란 건 전기난로에 음식을 굽는다는 사실이었다. 평소에는 누구도 신경 쓰지 않던 방치된 전기난로였다. 동료들은 가열램프 위에 설치된 보호용 철망에 음식을 구웠다. 숯불처럼 열이 확 오르지 않았는데, 그게 오히려 긴 밤을 보내기에 안성맞춤이었다.

한 사람당 20위안씩 내자 한 동료가 전동차를 타고 바비큐 노점에서 양념된 재료를 사 왔다. 메밀주까지 한 병 챙겨왔다. 왜인지 몰라도 다들 내가 근무 중에는 술을 마시지 않을 거라 생각했다. 내가 규칙을 잘 따르는 사람처럼 보였던 모양이었다. 하지만 나는 개의치 않았다! 다들 마시면 나도 마시는 거지! 내가 마시는 것을 보고 동료들은 엄지를 치켜세웠다.

사관에서의 일상은 편안했다. 월급은 많지 않아도 초과 근무 없이 하루에 여덟 시간 일했다. 내 능력으로 충분히 감당할 수 있는 일이라 마음이 편했다. 동료들도 우호적이었고, 유일한 외지인인 내게는 외국인을 대하듯 정중할 때까지 있었다. 그들 속에 있으면 내게 사교적인 문제가 있다는 생각이 들지 않았다. 동료들은 월급 1500위안에 만족했고, 더 욕심이 없었다. 마음도 단순하고 생각도 단순해 꿍꿍이 같은 것도 없어 보였다. 꿍꿍이를 부릴 줄 아는 사람은 더 발전한 곳으로 떠난 모양이었다.

샤관의 날씨도 무척 마음에 들었다. 겨울은 따뜻하고 여름은 시원한 데다 햇살이 충분하고 비도 많으며 바람도 많이 불었다. 하늘이 특별히 아끼는 듯 모든 원소가 두 배씩 많아 보였다. 두 달 정도 시간이 흐르자 몸과 마음이 예전보다 편안해진 게 느껴졌다.

어느 날 인사부 매니저가 사무실로 부르더니 쇼핑몰 4층의 베이커리에서 수습생을 모집한다며 월급이 똑같이 1500위안이지만 경비원보다 낫다고 이직을 권했다. 경비는 아무 기술도 배울 수 없는 일이라고 했다. 동료들과 헤어지는 게 아쉬웠지만 신경 써준 매니저를 실망시키지 않으려고 그랬을지 몰라도, 어쨌든 나는 망설이지 않고 호의를 받아들였다.

베이커리 사장은 쇼핑몰 사장의 딸이라 인사 관리가 통합적으로 이루어졌다. 관리부에서 베이커리로 옮긴다고 하자 동료들은 대부분 잘했다며 경비 일은 시간 낭비라고 말했다. "간식 생기면 우리한테도 줘야 해"라고 당부하기도 했다. 농담으로 한 말이었지만 나는 정말로 그렇게 했다.

베이커리의 작업장은 제빵부와 케이크부 두 개로 나뉘어 있었고, 양쪽 모두에 제작실(우리는 성형실이라 불렀다)과 오븐실이 있었다. 제빵부 안에는 발효실, 반죽실, 그리고 페이스트리와 크루아상 전용실도 있었다. 그 외에 공용 배합실도 있었다. 나는 제빵부로 배정받았다.

처음 갔을 때 베이커리에는 제과사만 한 명 있었다. 제빵사는 한 달쯤 지난 뒤에야 들어왔다. 제빵부 인원은 팀장 두 명에 수습생 여섯 명이 됐다. 제빵부에서 내 나이가 두 번째로 많았고, 두 팀장은 모두 나보다 어렸다. 백족 세 명, 회족 두 명, 한족 두 명, 태족 한 명이었다.

나는 새로 들어간 수습생이니 밀가루 분배 및 반죽, 재료 배합과 분류, 보충 같은 잡일을 맡았다. 에그타르트, 비스킷, 쿠키 등 기술이 별로 필요 없는 제품은 나도 거들었지만 빵 성형에는 끼어들 수 없었다. 내가 만든 빵은 모양이 제멋대로였기 때문이다. 하지만 바쁠 때는 분업이 잘 지켜지지 않아서 나도 빵 성형에 투입되곤 했다.

성형실에서 한 달여 일했을 때 새 제빵사가 왔다. 충칭 사람인 그는 원래 제빵사였지만 영업사원으로 전업해 우리 가게에 밀가루를 팔러 왔다가 사장한테 제빵사로 고용되었다. 샤관에서 수준 높은 제빵사를 찾기가 얼마나 어려운지 알 수 있었다. 새 제빵사는 우리 업무를 조정했고, 나는 그때부터 오븐실에서 빵을 굽게 되었다.

발효가 끝난 반죽은 오븐에 넣기 전과 후에 가공해야 했다. 오븐에 넣기 전에는 모양을 잡아 기름을 칠하고 달걀물을 입힌 뒤 향료를 뿌리는 등 손이 갔다. 오븐에서 꺼낸 뒤에는 크림을 짜고 설탕을 뿌리고 과일을 올리고 장식을 하는 식이었다.

오븐실에는 3단짜리 업소용 대형 오븐 외에도 에그타르트, 비스킷, 쿠키 등을 만드는 풍로 오븐과 도넛 등을 튀길 때 쓰는 전기 튀김기, 자동 발효기도 있었다. 발효기는 발효실 것보다 이용하기 편했다. 타이머를 맞춰두면 냉장 상태로 있다가 지정된 시간에 습도와 온도가 올라갔다. 덕분에 성형실에서 넘어온 제품을 퇴근하기 전에 넣어두면 이튿날 출근하자마자 구울 수 있었다.

오븐실의 출퇴근 시간은 성형실보다 한 시간 빠르고 베이커리 개점 시간보다 두 시간 빨라, 나를 포함한 오븐실 담당은 쇼핑몰에서 제일 먼저 출근했다. 내 기억으로는 7시였을 것이다. 샤관은 하노이보다도 서쪽에 있었지만 베이징 시각을 따르기 때문에 해가 늦게 떴다. 겨울에는 가게에 도착할 때까지도 칠흑같이 어두웠다.

상온 제품은 하루만 판매할 수 있어서 남는 건 전부 폐기해야 했다. 아침에 출근하면 우리는 전날 남은 빵부터 먹어치웠다. 그렇게 아침 식사 비용을 절약할 수 있었다. 이른 아침이면 빵더미 속에서 튀어나오는 쥐를 발견하기도 했다. 저녁에 가게 문을 닫기 전 진열대에서 꺼낸 빵을 작업대에 쌓아놓고 덮개를 씌우지 않은 탓이었다. 하지만 다들 개의치 않았다. 이리저리 살펴보고 쥐가 갉아먹은 흔적만 없으면 먹었다.

　쥐는 뭘 해도 사라지지 않았다. 요식업 종사자들은 이미 알고 있는 일이었고, 나도 천천히 무감각해졌다. 우리 베이커리는 마트와 같은 4층이었고 마트 창고 역시 4층에 있었다. 층 전체가 뚫려 있으니 쥐에게는 숨을 곳도 많고 먹을 것도 많은 셈이었다. 쥐를 없애려 온갖 방법을 다 써봤는데 그중 끈끈이가 제일 효과적이었다. 매일 밤 잡힐 정도였다. 하지만 몇 마리가 잡히든 상관없이 쥐는 끊임없이 출현했다. 개체의 지능이나 민첩성보다 번식력이 종의 유지에 결정적 조건임을 인정하지 않을 수 없었다.

　사장은 우리가 남은 빵을 먹는 걸 알았지만 모르는 척했다. 사장한테는 월급을 올려주는 것보다 아침 식사를 제공하는 게 수지에 맞았다. 만약 우리가 유통기한이 지난 빵을 먹고 배탈이 나도 결국 훔쳐먹은 셈이라 본인 책임이었다.

　명색이 수습생이니 당연히 기술을 배울 수 있었다. 하지만 학교가 아니기 때문에 가르칠 의무는 없었다. 케이크부의 제과사는 열일곱 살 때 일을 시작했으며 첫 3년 동안은 아무것도 못 배우고 케이크 시트만 구웠다고 했다. 하루아침에 배울 수 있는 기술이 아니니 자신이 시키는 대로 하면 되지, 괜히 배우겠다고 동동거리지 말라는 뜻이었다. 실제로 제과사는 신제품 개발, 재료 구매, 업무 배정, 품질 검사 등의 일 때문에 우리 옆에 없을 때가 많았다.

평소 함께 일하는 두 팀장이 우리 스승인 셈이었다. 하지만 팀장은 기술을 알려주거나 궁금증을 풀어주려 하지 않았다. 정말로 바쁘기도 했고 "제자를 가르쳤다가 스승이 굶어 죽는" 상황을 걱정했다. 사람 관계라는 게 이익이 걸리면 단순해지기 힘들었다. 수습생들이 물으면 그들은 무척 예민해져 일부러 말을 흐리거나 꼭 필요한 부분만 겨우 알려주었다.

경비 일을 할 때는 어떤 일, 예를 들어 에스컬레이터 작동법을 물어보면 동료들이 주저 없이 자세하게 알려주었다. 에스컬레이터 작동이 가치 있는 기술도 아니고 그 방법을 알려줬다고 나한테 밀려날 리도 없어서였다. 반면 제빵은 가치 있는 기술이고 전문적으로 배우려면 입문 과정에만 몇천 위안이 들었다. 그들도 온갖 난관을 뚫고 배운 기술이었다. 그래서 일에 필요한 것이어도 기술을 배우기는 쉽지 않았다. 우리가 도움을 요청하면 팀장은 돌연 표현력을 상실한 듯 다급하게 눈살을 찌푸리고 턱을 만지작거리면서 머릿속으로 빠르게 문장을 찾는 듯 굴었다. 하지만 한참이 지나도록 한 마디도 못하다가 마지막에 뱉어내듯 말하곤 했다.

"아무개(다른 수습생)한테 이미 알려줬으니 그에게 물어봐요."

그 아무개에게 물어봐도, 시원한 답을 들을 수 없었다. 그들은 과장되게 웃으며 반문하곤 했다.

"세상에, 그런 것도 몰라요?"

그 말만 반복할 뿐 질문에 답해주지 않았다. 내가 알아맞히게 하거나 일부러 엉뚱한 대답으로 놀릴 때도 있었다. 답을 얻고 싶으면 입씨름하며 긴 시간을 낭비해야 했다. 나는 그런 인내심이 없었다. 말하기 싫다면 안 들으면 그만이었다. 나는 기술을 배우겠다는 욕심이 없었기 때문에 그들이 가르쳐주기 싫어한다는 사실을 알고 난 이후부터는 가르쳐달라고 청하지 않았다. 난감해하고 가식적으로 구는 모습을 보고 싶지 않았다. 이타심은 고상한 마음이지만 사람 됨됨이의 기본 원칙은 아닐지도 몰랐다.

그렇지 않아도 인간관계에 젬병이라 그걸 어찌해볼 생각이 들지 않았다. 그저 모든 사람과 최대한 단순한 관계를 유지하고만 싶었다. 단순할수록 좋았다. 나는 상처받지 않았고 불쾌하지도 않았다. 어쨌든 그들보다 나이도 많고 경험도 풍부하니 포용할 줄 알아야 했다. 실제로 그 점을 제외하면 잘 지냈다. 사이좋게 일했고 한번도 다투지 않았으며 퇴근한 뒤에는 함께 식사하고 공원으로 놀러 가기도 했다.

샤관에서 반년 넘게 지내는 동안 나는 정신상태가 많이 좋아졌다. 친구는 석 달 뒤에 떠났고, 2013년 나도 개인적인 이유로 샤관을 떠나 상하이에서 1년 남짓 일했다. 열네 번째였던 그 일은 3장 '상하이 자전거 가게'에서 따로 다루었다.

그때까지 나는 상하이에 가본 적이 없었지만, 사실 어머니가 상하이 출신으로 여섯 살 때까지 상하이에 사셨다. 외할아버지는 창저우 출신이고 외할머니는 쑤저우 출신이라, 나와 누나는 어려서부터 상하이 말을 배웠다. 다만 두 분의 상하이 말은 억양이 강하고 어머니는 너무 어릴 때 상하이를 떠난 데다 오랫동안 외지에서 살아 발음이 정확하지 않았다. 그래서 나는 상하이에서도 표준어를 쓸 수밖에 없었다. 하루는 내가 어머니와 상하이 말로 통화하는 것을 동료가 듣더니 '새로운 상하이 사람' 말처럼 들린다고 했다. 그가 말하는 '새로운 상하이 사람'이 어떤 사람인지는 알 수 없었다.

2014년 상하이에서 일을 그만두고 다시 샤관으로 돌아왔다. 이번에는 얼허 북쪽의 다관大關에서 살았다. 원래는 작게 장사를 하고 싶었다. 수중에 몇만 위안이 있었고 D시에서 함께 회보를 만들었던 편집장이 동업하자고도 했다. 우리는 수입과자점을 낼 계획이었다. 편집장이 광저우에서 물건을 가져오고 나는 판매를 맡기로 했다. 내가 상하이로 가기 전까지만 해도 샤관에는 수입과자점이 없었다. 그런데 돌아와서 보니 이미 몇 곳이 있는 데다 장사가 잘되지 않았다. 몇 군데 찾아 다녀봤지만 마땅한 자리가 없어서 우리는 결국 포기했다.

대신 노점을 시작했다. 다리대학의 샤관캠퍼스 옆에 자리를 잡았는데, 매달 150위안씩 도시관리인에게 자릿세를 내야 했고 정기적으로 벌금 고지서를 받았다. 나는 타오바오에서 귀여운 문구류를 사다가 팔았다. 가격은 몇 위안에서 20여 위안 사이였다. 노점에서는 하루에 40~50위안밖에 못 벌었고 비가 오면 한 푼도 벌 수 없었다. 도시관리인도 수시로 찾아와 윗사람이 내려오니 다음 주에는 노점을 열지 말라는 식으로 일을 방해하곤 했다. 감히 거스를 수 없어서 띄엄띄엄 장사하는 수밖에 없었다. 억울했지만 월세가 아니라 벌금을 내는 데다 얼마 되지도 않아서 따질 수 없었다. 보통 점심 두 시간, 저녁 서너 시간 장사했다.

그즈음 글쓰기를 재개했다. 독서량이 늘어서인지 시야도 넓어졌다. 더는 카프카를 모방하겠다는 유치한 생각도 갖지 않았다. 휴대전화로 써서인지 글이 짧아졌고 비현실적인 소재도 다루기 시작했다.

    기타도 다시 치게 되었다. 베이징을 떠난 뒤 제대로 기타를 쳐본 게 거의 10년 만이었다. 상하이를 떠날 때 한 동료는 아식스 운동화를, 다른 동료는 브라이튼 속도계를 선물로 주었다. 샤관으로 돌아온 뒤에도 나는 상하이에서 시작한 달리기를 계속했다. 보통 시민건강센터의 분수 광장을 달렸고 제일 많이 달린 달은 245킬로미터까지 달렸다.

    집주인인 백족 할머니는 중국어를 할 줄 모르는데도 이야기 나누는 것을 좋아해, 나를 볼 때마다 붙들고 몇 마디를 나눈 뒤에야 놓아주었다. 1년여 동안 같이 지냈지만 단 한 마디도 알아들을 수 없었다. 나는 그저 미소만 지을 뿐이었다. 할머니가 말하다 웃을 때까지 계속 웃고만 있었다. 다관에서 1년 남짓 사는 동안 출근하지 않아서 하루하루가 즐거웠다. 아무 일 없이 허송세월한다는 생각은 들지 않았다. 하루하루를 열심히만 살면 무의미할 리 없었다. 알렉산더 대왕이 찾아와 무엇이 필요하냐고 묻는다면 나 역시 햇빛을 가리지 말아 달라고 할 것 같았다.

부정적인 부분도 진지하게 짚어보게 되었다. 내가 우울증이 아니라는 사실만큼은 확신할 수 있었다. 사람들과 교류하는 걸 좋아하지 않을 뿐이었다. 사람은 아주 낙관적이면서 비관적일 수도 있다. 이는 모순이 아니다. 사람의 정신은 무척 복잡하고 때로는 다성적이라 여러 선율이 동시에 연주될 수 있다.

나는 당시 내 정신상태에 영향을 준 여러 요소를 분석하고 싶지도 않고 그럴 능력도 없다. 하지만 그때 썼던 글을 들춰보면 다른 방면에서 접근할 수 있지 않을까 싶다. 글의 제목은 '해가 지고 난 뒤'다.

밤이 되자 모든 즐거움이 한자리에 모여드는 듯했다. 해가 지고 난 뒤 기온이 확 떨어졌지만, 바람막이를 걸치고 모자까지 쓰니 그렇게 춥지 않았다. 광장에서는 아이들이 불꽃놀이를 하고 있었다. 반짝거리는 밤하늘 아래에서 아이들은 쫓고 쫓기며 장난쳤다. 그렇게 즐거움으로 가득하니, 모든 불쾌한 일은 행복을 조금도 해치지 못할 만큼 멀리 떨어지는 듯했다. 집으로 돌아온 뒤 술을 조금 마시자 그런 느낌이 한층 강해졌다.

하지만 불꽃놀이와 음주는 밤에만 할 수 있을 뿐, 낮에는 현실을 직시해야 한다. 현실은 온종일 헛소리만 지껄이는 힘센 야만인 같아도 결국에는 항상 자신이 옳다는 걸 증명해낸다. 누구든 그를 의심하면 엄청난 고통을 맛봐야 한다! 현실을 받아들이겠다고 말하는 사람은 사실 현실에 받아들여지려 애쓰고 있을 뿐이다. 현실을 거부하겠다는 사람은 얼마 전 현실에 거부당했을 수 있다. 정신 승리는 꿈도 꿀 수 없다. 현실 앞에서는 '승리'라는 생각조차 해서는 안 된다. 현실에 대해 트집 잡히지 않으면서 유치하거나 기만적으로 보이지 않게 말하기란 정말 힘들다. 그래서 최대한 적게 말하는 게 좋다. 아니면 아예 입을 다물고 아무것도 말하지 않는 게 좋다.

돌부리에 걸려 넘어지면 일어나서 엉덩이를 툭툭 털고는 계속 걸어간다. 돌부리가 우스워지게 만드는 것이다. 그러면 수십만 년 동안 돌부리는 자신이 초래한 고통이 얼마나 불필요하고 보잘것없었는지 반성하고 결국에는 성불해 세상을 친절하게 대할 줄 알게 된다.

예술가는 항상 순수함을 갈구한다. 자신이 무엇인지, 무엇이 되어야 하는지를 찾고 때로는 상상하기 어려운 경지, 혼란과

공포를 일으키는 경지까지 나아가려 한다. 예술가의 정신이 그렇게 순수하지 못하면 예술가의 눈에 비친 세상은 빛을 잃고 예술가는 어떻게 창작해야 할지 길을 잃을 것이다. 이는 "사실 예술이란 없고 예술가만 존재할 뿐이다"라는 E.H.곰브리치의 말의 또 다른 반복일지도 모른다.

노점을 하는 동안 나는 쇼핑몰 베이커리에서 함께 일했던 동료들과 계속 연락하고 지냈다. 그들은 온라인에서 생화케이크를 파는 업체로 옮긴 상태였고, 케이크 작업장은 내가 사는 다관에서 무척 가까웠다. 어느 날 생화케이크 공장장이 된 예전 팀장이 빵집을 차릴 계획인데 함께 할 생각이 있느냐고 물었다. 그는 얼위안洱源 사람으로 아내 집이 있는 빈촨賓川에 가게를 내려고 했다.

나는 그를 따라 빈촨으로 두 차례 현지 조사를 나갔다. 우리 목적지는 빈촨 중심가가 아니라 중심가에서 20킬로미터 떨어진 빈쥐賓居였다. 그는 아내가 부근의 초등학교 교사로 전근 가서 빈쥐에 정착할 계획이었다. 지도상으로 보면 샤관에서 빈쥐까지는 멀지 않았지만 중간에 산이 첩첩이 놓여 있고 직통 도로도 없었다. 우리는 샤관에서 버스를 타고 빈촨에 가서 마을버스로 갈아탄 뒤 빈쥐까지 멀리 돌아가는 수밖에 없었다. 빈촨행 버스를 처음 탔을 때 나는 차 안 풍경과 내 심정을 휴대전화에 기록했다. 지금 다시 정리하는 것보다 그 기록이 훨씬 더 생생하고 정확하게 당시의 내 상태를 반영하는 듯해 소개하려고 한다. 제목은 없다.

진정한 은거는 저잣거리에서 가능하고 마음이 멀어지면 세상과도 멀어지므로 굳이 시골에 갈 필요가 없다고 했다. 그런데 나는 이사 준비를 위해 시골행 버스에 올랐다. 며칠 내내 맑다가 조금 전에 비가 쏟아졌다. 일기예보에 따르면 내일부터는 계속 맑다고 했다. 이번 비는 고기만두 사이에 놓인 담백한 만터우(소가 들어가지 않는 중국식 밀 빵—옮긴이) 같았다. 육즙 가득한 고기만두에 길들여진 입맛을 조절해 미각을 예민하게 되살려주는 만터우 말이다.

버스 승객들은 하나같이 즐거워 보였다. 이제 곧 설이라 오랜만에 친지를 만나고 풍성한 음식을 먹을 게 기대되는 모양이었다. 버스는 구불구불한 산길에서 유쾌하게 흔들리고 나와 친구도 그런 화기애애한 분위기에 휩쓸린 듯, 우리를 열정적으로 맞아주는 이 현실 세계가 우연적인 필연성 덕분인지 아니면 필연적인 우연성 덕분인지 열띤 토론을 시작했다. 결국 둘 다 상대를 설득하지 못한 채 유쾌하게 자기 의견을 고수했다.

그때 앞쪽에 앉은 농민공(농민이었다가 자신이 살던 지역을 떠나 도시에서 노동하는 사람—옮긴이)들이 내 관심을 끌었다. 그들은 끊임없이 큰 소리로 떠들며 해바라기 씨를 까먹고 있었다. 옆에 있는 쓰레기통을 못 봤는지 씨앗 껍질은 사방으로 뱉었다. 운전기사는 차갑게 훑어보기만 할 뿐 아무 말도 하지 않았다. 제멋대로인 사람들에게 시달리다 못해 마비되어, 더는 주의를 주느라 힘을 낭비하기 싫은 듯했다.

    어쩌다 들리는 파편적인 말로 농민공들이 임금을 다 받지 못했음을 알았다. 도시에서 매달 조금씩 생활비만 받으며 1년간 일했는데 공사가 끝나자 원래 받기로 한 임금이 사라졌다는 것이었다. 설을 쇠러 집으로 돌아가고 있는데, 거의 무일푼이 된 그들이 얼마나 난감할지 선하게 그려졌다. 그러나 그들은 슬퍼하거나 분개하지 않았다. 눈을 반짝거리면서 힘차게 말했다. 힘 있게 사회적 분배의 공평성을 논하고, 개량주의와 철저한 혁명이 사회 진보에 미치는 긍정적 역할과 부정적 영향에 대해 열정적이면서 투박하게 비교했다. 그들은 미래를 간절히 열망했다. 어서 설을 쇠고 공사장으로 돌아가 행복의 기반을 다지고 싶어 했다.

    그들의 적극적인 태도를 보자 나도 모르게 가슴이 뜨거워졌다. 대다수 사람은 이치를 조금만 아는 게 유익하다. 하지만 이치를 많이 깨닫고도 거기에 안주하지 않는 뛰어난 사람들도 있다. 그들은 숙련된 조타수가 물속 암초를 잘 아는 것처럼 이치를 잘 알았다. 그들이 이치를 파악한 목적은 급작스럽게 튀어

나온 암초가 항로를 막아 원래 기대하고 있던 행복을 빼앗아가지 못하도록 대비하기 위함이었다. 바로 그런 뛰어난 사람들 덕분에 사회의 행복 총량이 대폭 증가했다.

　우리는 역사상 가장 위대한 시대에 살고 있으며 우리가 짊어진 역사적 사명은 용감하게 더 많은 행복을 누리는 것이다. 이전 세대처럼 빈곤과 무지에 맞서고 끝없는 고통과 슬픔을 극복하려 애쓸 필요가 없다. 그렇다면 오늘날 불행한 사람은 몰염치하고 무책임하다고 할 수 있다. 지금 버스에 앉아 있지 않다면 나는 당장 소리 높여 생명과 세상을 찬양하고 이 아름다운 시대를 찬미했을 것이다!

지금보면 연습 삼아 쓴 글이라 내용이 과장되고 터무니없는 부분이 있다. 풍자적이기도 하지만 그 안에 담긴 낙관과 유쾌함, 만사태평함은 정말로 당시의 내 정신상태였다.

열다섯 번째 일

내가 파는 조림은 식사라기보다 간식에 가까웠는데 그곳 사람들은 간식에 별 흥미가 없는 듯했다. 어쩌면 간식은 물질적 풍요로 늘어난 욕망, 혹은 생존 압박에서 벗어나기 위한 정신적 해방구일지도 몰랐다.

나와 예전 팀장은 2015년 설날 전부터 계획을 세운 다음 몇 달 동안 상의한 뒤 현지 조사를 나갔다. 빈쥐의 가게를 임대해, 절반은 팀장의 빵집으로 쓰고 반은 내 식품점으로 쓰기로 했다. 가게를 함께 쓰면 가겟세 부담이 줄고 서로 지원할 수도 있었다.

나는 샤관의 신차오 시장에서 스테인리스 작업대와 선반, 냉장 기능이 있는 판매대, 컵 밀봉기를 구매한 뒤 228리터짜리 수평 냉장고와 2구짜리 인덕션을 징둥에서 구매했다. 사업자등록증을 신청하러 갔을 때, 신분증 기한이 만료돼 호적지에 가서 새로 발급받아야 한다는 사실을 알았다. 그러기 싫어서 사업자

등록증을 내지 않았다. 내 가게와 팀장의 가게가 연결돼 있으니 팀장만 사업자등록증이 있으면 됐다. 또 당시에는 개인사업자의 수입이 10만 위안 이하일 경우 세금을 면제해주는 정책이 있었으니 실제로도 탈세를 저지르지 않은 셈이었다. 그보다 까다로운 문제는 거처였다. 빈춰에는 외지인이 없어서 셋집도 없었다. 나는 힘겹게 농가의 방을 하나 빌릴 수 있었다. 1년에 1200위안이었다.

그렇게 해서 2015년 4월 두 가게가 동시에 개점했다. 샤관의 노점은 진짜 일이라고 할 수 없으니, 그게 열다섯 번째 일이었다.

우리 가게는 마을 중심의 신작로에 있었다. 마을 중심이라 해도 가로 길 두 개와 세로 길 하나가 전부이고 이쪽 끝에서 저쪽 끝이 다 보였다. 마을에는 젊은 여자들이 일하는 2층짜리 마트가 있었다. 스무 살 전후의 여자들은 아랫마을에서 일하러 오는 듯했다. 가게를 열고 며칠 지나지 않아 몇몇 여자가 우리 가게에 오더니, 물건은 안 사고 질문만 던지고는 입을 가리며 웃었다. 몇 명이 함께 와서 시시덕거리며 서로 놀리는가 하면, 혼자 와서 머뭇머뭇 쭈뼛거리기도 했다. 물건을 사려는 생각은 없어 보였다.

처음에는 무척 이상했고 그들 의도가 무엇인지 알 수 없었지만 금세 깨달을 수 있었다. 전부 혼기가 찼으나 상대가 없는 아가씨들로, 마을에 온 새로운 사람을 보러 왔던 것이다. 함께 가게를 낸 팀장은 기혼이라 여자들은 그의 가게에는 가지 않았다. 그들은 내가 도시에서 한 번도 본 적이 없는 방식으로 이성을 물색했다. 제인 오스틴의 소설에 나오는 장면 같았지만, 나는 귀족도 아니고 재산도 없었다. 그들은 내가 말을 걸지 않자 무슨 의미인지 알아차리는 듯했다. 나중에 시장에서 다시 마주쳤을 때는 보통 손님과 다를 바 없이 나를 대했다.

빈쥐는 지리적으로 외지고 적은 인구가 흩어져 살았다. 주민들은 주로 농사를 지었고 외지인은 극히 드물었다. 일주일에 한번 장이 서고 아랫마을 사람들까지 물건을 사러 와도 사업하기에는 한계가 있었다.

발전할 여지가 있는 지역이 아니었지만, 발전 가능성 같은 건 내게 고려의 대상이 아니었다. 나는 광저우에서 태어나 상하이에서 일해보았고 난닝에서도 장사해봤다. 발전 가능성이 있는 도시에서 애써 노력해봤지만 끝내 발전하지 못했다. 나는 발전에 적합한 사람이 아니었다.

나는 농촌에서 살아본 적이 없어서 시골의 모든 것이 신기하고 재미있었다. 지금까지 힘들었던 것도 잘못된 곳에서 태어난 탓 같았다. 더군다나 빈쥐 주변의 자연 풍경만으로도 내게는 충분히 매력적이었다. 식품점만 잘되면 아르바이트생을 고용하고 내 시간의 절반은 글을 쓰는 데 투자하면서 오랫동안 빈쥐에서 살 작정이었다.

　나는 식품점에서 조림과 음료를 팔았다. 조림은 주로 간장에 조린 오리 부산물과 채소였고 가끔 고추와 땅콩, 닭발도 팔았다. 그런데 빈쥐에서는 오리 부산물을 살 수 없고 연근도 구하기 힘들었기 때문에 나는 중고 전동차를 사서 매주 한두 번 빈찬에 나가야 했다. 음료 재료는 타오바오에서 구매했다. 그밖에 단팥코코넛화채, 계화매실탕, 연밥구기자버섯죽, 다시마녹두탕 같은 디저트도 몇 가지 팔았다. 이전까지 빈쥐에서 파는 디저트라고는 쌀 알갱이를 새우 모양으로 만들어 갈색 설탕물에 불린 량샤凉蝦밖에 없었다.

　그때까지 빈쥐에서 찾아보기 힘든 음식이라 기대했지만 장사가 잘되지 않았다. 내가 파는 조림은 식사보다 간식에 가까웠는데 그곳 사람들은 간식에 별 흥미가 없는 듯했다. 어쩌면 간식은 물질적 풍요로 늘어난 욕망, 혹은 생존 압박에서 벗어나기 위한 정신적 탈출구일지도 몰랐다. 빈쥐 사람들은 부유하지도 않고 특별한 압박도 없는 모양이었다.

　그렇다고 품목을 반찬으로 바꾸면 이미 마을 시장에 반찬 가게가 있어서 위치상 불리할 수밖에 없었다. 사람들이 일부러 빙 돌아서 올 리 없고 음료를 같이 팔기도 어려울 터였다. 사실 음료나 조림이나 수입은 비슷한데 음료를 만드는 게 훨씬 간단했다. 하지만 음료 전문점으로 바꿀 수도 없었다. 내 가게에서 멀지 않은 곳에 이미 두 군데나 있었고, 면적도 더 넓고 앉아서 먹고 갈 수 있는 데다 간식까지 팔았다. 내 가게는 손님이 앉을 공간이 없어서 테이크아웃만 가능했다. 모든 음료가 경쟁 가게보다 싸다는 것이 장점이었지만, 테이크아웃 손님 자체가 그렇게 많지 않았다.

모멘트에 2015년 6월 6일 아침부터 저녁까지 무슨 일을 했는지 올렸던 적이 있다. 그 기록이 없었다면 매일 무슨 일을 하며 하루를 보냈는지 기억해내지 못했을 게 분명하다. 그때 모멘트에 적었던 내용을 정리해서 붙여둔다.

8시: 기상. 어젯밤 향신간장에 담가두었던 오리 부산물과 채소를 건지고 향신간장을 끓인 뒤 다시 오리와 채소를 넣어 20분간 끓이다 불을 끈 채 그대로 둠. 밤새 해동한 오리 내장을 씻어서 데치고 자른 뒤 불을 끈 향신간장에 투입(오리 내장은 향신간장에 끓이지 않은 채 담그기만)

9시 30분: 전동차를 타고 빈찬으로 가서 오리 다리 10킬로그램, 목 12킬로그램, 내장 4킬로그램, 발 1킬로그램과 연근 5킬로그램 및 기타 물품 구매

11시: 가게로 복귀. 향신간장에 담가둔 오리와 채소를 꺼내 진열하고 가게 오픈. 버블티용 티피오카 펄을 끓이고 레모네이드 조제. 디저트 요리

13시: 오리 부산물 해동. 채소류 준비(연근, 깐 달걀, 다시마 매듭, 두부피)

15시: 해동시킨 오리 부산물을 씻어서 데친 뒤 채소와 함께 상온의 향신간장에 담금

16시: 계화매실탕 품절, 새로 한 솥 끓임

17시: 향신간장에 담가두었던 오리 부산물과 채소를 건지고 향신간장을 끓인 뒤 다시 오리와 채소를 넣어 20분간 끓이다 불을 끈 채 그대로 둠

18시 30분: 향신간장에 담가둔 오리와 채소를 꺼내 선풍기로 식힌 뒤 진열

20시 30분: 오리 부산물 해동. 채소류 준비

22시: 해동된 오리 부산물 씻어서 데친 뒤 채소와 함께 상온의 향신간장에 담금

23시: 폐점. 남은 음식은 냉장 보관. 가게와 기구 정리. 화장실 청소, 쓰레기 처리

0시 15분: 집에 돌아가 샤워, 빨래

1시 15분: 가게 복귀

1시 45분: 취침

당시 나는 얼음 사용량을 제대로 예측하지 못했다. 밀크티와 주스를 주문받는 대로 만들었는데, 끓인 물과 얼음을 1대 3으

로 넣고 액체와 얼음 비율이 3대 1이 될 때까지 흔드는 방식이었다. 그런데 제빙기가 없어서 대량의 얼음을 냉동고에 넣어둔 뒤 사용해야 했다.

냉동고 공간이 부족하니 오리 부산물을 쟁여둘 수가 없었다. 다시 말해 한꺼번에 많이 사올 수 없었다. 그래도 다행히 한 주에 한두 번만 사러 가도 됐다. 위에 기록한 날은 구매하는 날이었다. 그렇지 않았으면 아침 9시 30분에 가게를 열었을 것이다. 조림은 매일 오전과 오후 한 솥씩 두 차례 만들었다. 음식을 판매대에 넣어두면 수분이 증발하면서 식감이 떨어졌기 때문에 하루에 한 번만 만들 수가 없었다.

밤에 가게에서 잔 이유는 셋방이 너무 더웠기 때문이다. 온종일 여름 햇살을 받은 방은 밤이 되어도 찜통 같아서 잠을 이룰 수 없었다.

여름의 또 다른 문제는 벌레였다. 우리 가게의 뒷문을 열면 오솔길이 있었고, 그 아래는 전부 밭이었다. 그 밭에서 밤만 되면 엄청나게 많은 벌레가 날아들었다. 하늘소, 사슴벌레, 쇠똥구리 같은 도시에는 본 적이 없는 벌레가 매일 가게로 들어왔다. 수십여 종은 될 듯한 온갖 종류의 메뚜기도 있었다. 제일 끔찍한 건 커다란 하루살이였다. 틈만 있으면 한번에 수천 마리가 들어왔다. 그렇다고 장사하는 가게에 불을 켜지 않을 수도 없었다. 너무 심한 날은 문을 일찍 닫아야만 했다. 하루살이가 온몸에 달라붙어 쫓아낼 수도 장사할 수도 없는 지경에 이르러서였다.

여름은 여러 면에서 힘들었지만 시원한 음료는 잘 팔렸다. 가을로 접어들어 기온이 떨어지자 음료와 디저트 판매가 나날이 저조해졌다. 조림은 크게 영향을 받지 않았지만 예전만큼 팔리지도 않았다.

그즈음 수입과자점을 함께 내고 싶어 했던 편집장이 연락해 광저우에서 온라인 상점을 운영해보자고 제안했다. 그는 매일같이 열정적으로 연락하고 장단점을 설명하면서 미래 모습을 그려주기까지 했다. 빈쥐에서의 사업은 확실히 어려운 상황이었다. 가게는 너무 작고 사업 아이템과 방식에서 선택의 여지가 적었으며, 다가올 겨울에 대한 대책도 없었다.

무엇보다 빈쥐는 빠르게 발전하는 지역이 아니라 앞으로도 인구가 많이 늘어날 리 없었다. 내가 조정할 수 있는 여지가 적은 데다 기대할 만한 외부 변화도 없었다. 빈쥐에서 나는 하루 열대여섯 시간씩 일하느라 책을 읽을 틈조차 없었다. 빈사 상태인 장사가 개선될 가능성이 없다면 장기적으로 할 일이 아니었다. 한참을 저울질하다가 결국 떠나기로 마음먹었다. 함께 가게를 빌린 예전 팀장과 상의한 뒤 나는 2015년 말 광저우로 돌아갔다.

열여섯 번째 일과 열일곱 번째 일

그에게 내가 믿을 수 있는 오랜 동료이자 친구라는 사실은 잘 알고 있었다. 가치관이 달라도 그는 나를 믿을 수 있고 경계할 필요 없는 사람이라고 생각했다. 실제로 그가 경계해야 할 사람은 그와 가치관이 비슷한 사람이었다.

편집장은 미디어 업계를 떠나 자동차 후방카메라 공장의 소주주가 되어 공동 경영하고 있었다. 하지만 인건비가 점점 오르고 경쟁도 치열해지면서 공장을 유지하기 힘들어지자 그와 다른 소주주는 새로운 길을 찾기 시작했다. 온라인 상점을 계획한 편집장은 나 말고 예전의 또 다른 동료도 끌어들였다. 당시 두 사람은 연인 관계였지만, 그들은 내가 광저우로 돌아갈 때까지 그 사실을 알려주지 않았다.

아무튼 그렇게 해서 우리 세 사람은 10년 만에 다시 모여 함께 일하게 되었다. 그게 내 열여섯 번째 일이었다. 우리의 동업은 1년 6개월 동안 지속되었다. 사실 1년도 안 되었을 때부터 떠나고 싶었지만, 친분에 얽매여 시간을 낭비하고 말았다.

처음에는 편집장 공장의 직원 숙소에서 살았다. 편집장과 나는 8인실을 같이 썼다. 가끔 공장이 너무 바쁘면 우리도 생산 라인에 나가 도왔다. 그때 편집장은 창업 콘텐츠에 푹 빠져 있었다. 특히 뤄전위羅振宇가 진행하는 뤄지쓰웨이(뤄의 생각)라는 강연을 무척 좋아했다. 편집장은 내게도 적극적으로 추천했지만, 나는 좋기는커녕 오히려 반감이 들었다.

편집장은 뤄전위가 문화 쪽 일을 한다면서 내가 글을 쓰겠다는 이상 관심을 가져야 한다고 말했다. 나는 뤄전위가 문화 쪽 일이 아니라 마케팅을 하는 장사꾼이라고 반박했다. 그렇지만 편집장은 뤄전위가 책도 파는 문화 영웅이라고 주장했다. 뤄전위가 어떻게 책을 파는지 아냐면서, 사전에 무슨 책인지 알려주지 않고 책값을 받은 뒤 보내줘서 구매자는 책을 받고서야 자신이 무슨 책을 샀는지 알게 된다고 했다. 그런 방식으로 인기 없는 책을 할인도 없이 한 번에 20만~30만 권씩 팔 수 있다고 말했다. 나는 무척 놀랐지만 감탄은 아니었다. 그렇게 책을 산 사람이 정말 그 책을 읽을 리 없었다. 하지만 편집장은 뤄전위를 숭배했다. 말투도 갈수록 뤄전위와 비슷해졌다. 원난에 있을 때는 그런 사람의 존재 자체를 몰랐기 때문에 편집장의 변화를 알아차리지 못했다. 정말로 좋은 기회를 발견해서 그렇게 열정적이고 자신만만해진 줄 알았다.

편집장은 자신이 구매한 경영 및 창업 분야 베스트셀러를 읽으라고도 했다. 나는 몇 권을 열심히 읽었다. 외국 작가들 책은 좀 나았지만 국내 작가들이 쓴 책은 한심했다. 하지만 편집장은 어떤 일이든 상통하는 도리가 있으니 그런 책도 내 글쓰기에 도움이 될 것이라 여겼다. 그토록 오래 글을 썼는데도 아직 성공하지 못했다면 반성해야 한다고도 했다.

편집장의 말이 틀렸다고는 할 수 없지만, 나는 그가 말하는 '성공'을 추구할 생각이 없었다. 내가 반성해야 할 부분은 그가 생각하는 쪽이 아니었다. 어느 날 대화하다가 편집장이 갑자기 나더러 너무 감성적이라고 말했다. 나는 곧장 아니라고, 나는 무척 이성적인 사람이라고, 최소한 사회 대다수 사람보다 이성적이라고 반박했다. 편집장은 동의할 수 없다는 듯 히죽거리며 헛소리한다는 표정으로 나를 쳐다보았다. 그 순간 그가 이성과 이익(나쁜 뜻이 아니라)을 동일시한다는 걸 알았다. 이익에 따라 행동하지 않으면 이성적이지 못하다고 생각하는 것이었다.

10여 년 전 우리가 아직 20대일 때는 별 의견 차이나 이견이 없었다. 설령 차이가 있어도 편집장은 내게 친절하고 후했다. 자기 경제 상황도 안 좋은데 나를 많이 배려해주었다. 그에게 내가 믿을 수 있는 오랜 동료이자 친구라는 사실은 잘 알고 있었다. 가치관이 달라도 그는 나를 믿을 수 있고 경계할 필요 없는 사람이라고 생각했다. 실제로 그가 경계해야 할 사람은 그와 가치관이 비슷한 사람이었다.

편집장은 온라인 상점이 아니라 문화 브랜드 사업이 최종 목표이며 온라인 상점은 그 일의 첫 관문일 뿐이라고 처음부터 분명히 밝혔다. 하지만 뭐전위도 문화 일을 한다고 믿는 사람이라 나는 큰 의미를 두지 않았다. 우리는 우선 회사를 등록한 뒤 회사 명의로 타오바오에 기업상점을 열었다. 나중에 보니 기업상점이나 개인상점이나 사실상 차이가 없었다.

　어쨌든 당시 티몰Tmall, 天猫(티몰과 타오바오 모두 알리바바그룹 산하의 쇼핑몰인데, 타오바오는 기업과 개인 모두 입점할 수 있지만, 티몰은 기업만 입점할 수 있다 —옮긴이)에서는 우리가 하려던 사업 유형을 더는 받아주지 않았고 초기 투자금도 꽤 많이 요구했다. 우리는 신중하게 바닥부터 차근차근 경험을 쌓기로 했다.

　우리의 주요 상품은 차량용 방향제였고, 처음에는 도매시장에서 구매하다가 공장을 찾아 OEM 제작하고 마지막에는 자체적으로 생산할 계획이었다. 편집장은 초기부터 그런 계획을 세웠고 내가 합류하든 말든 추진할 생각이었다.

　그런데 2016년 타오바오는 트래픽이 한계에 달해 활성 사용자 수를 더는 늘릴 수 없게 되자 발전 방향을 객단가 인상, 소비 고급화로 바꾸었다. 그 바람에 우리 같은 중소업체는 사이트의 무료 트래픽을 점점 얻기 힘들어져 사이트 밖으로 트래픽을 유도하거나 돈을 내고 사야 했다.

당시 경영 상태로 볼 때, 우리에게 더 적합한 플랫폼은 핀둬둬拼多多(공동구매와 초저가 상품을 전략으로 내세운 전자상거래 기업, 테무의 모회사—옮긴이)였다. 그런데 세 사람 모두 핀둬둬를 써본 적이 없었고 저가 제품만 판다는 고정관념이 있었다. 편집장은 고가 이미지를 쌓아야 하며 우리의 목표는 티몰이므로 알리바바 시스템에서 경험을 쌓아야 한다고 생각했다. 그래서 우리는 무료 트래픽에 모든 정력을 쏟았다. 결과적으로는 시간 낭비일 뿐이었다.

당시 우리는 흐름을 읽지 못하고 시스템에 최적화되지 않다 보니 무료 트래픽이 적다고 생각해 그쪽만 열심히 공략했다. 편집장은 온라인 상점을 해본 적이 없어서 운영 방식을 전혀 몰랐지만, 학습 능력이 뛰어나고 몰입도도 나보다 훨씬 높았다. 그는 온라인 상점 운영과 관련된 동영상 강의를 찾아 수많은 수업을 들으며 우리 문제점을 짚어보았다. 전자상거래 교류 플랫폼인 파이다이왕派代網에서 관련된 글을 찾아 읽기도 했다. 그런데 파이다이왕 같은 곳에 올라온 글은 과장이 심하고 핵심은 은근슬쩍 넘어가는 게 많았다. 부차적인 요소만 중요한 척 늘어놓으며 허세를 부렸다.

사실 대부분의 인기 제품은 잘 팔린 다음에 데이터가 쌓이는 게 아니라 데이터가 먼저 쌓인 다음에 잘 팔렸다. 또 기업상점이든 개인상점이든 타오바오에 오픈하는 게 무료처럼 보여도 사실은 곳곳에 돈을 써야 했다. 그러지 않으면 아무도 상점을 클릭해 들어오지 않았다. 어쨌든 알리바바는 자선 단체가 아니었다. 돈을 쓰지 않으면 사업 데이터의 표본 크기가 작아지면서 무작위성의 영향력이 커져서 정확한 판단을 내릴 수 없게 되었다. 한마디로 말해, 세상에 공짜는 없었다.

　　어떻게 돈을 쓰는지도 일종의 기술이었다. 올바른 방법을 찾아야지, 그렇지 않으면 순식간에 날리기 쉬웠다. 직통차(타오바오에서 판매자에게 제공하는 광고 마케팅 시스템. 키워드 설정과 클릭 횟수에 따라 요금이 부과된다—옮긴이)는 말할 필요도 없고, 당시에 유행하던 판매량 조작도 놓쳐서는 안 됐다. 그건 주력 상품에 비밀 쿠폰을 설정하고 타오바오의 쇼핑 중개자 도움을 받아 그들의 할인 그룹에서 아주 낮은 가격에 주문을 유도하는 방식으로, 주문 건수마다 중개자에게 수수료를 지불했다.

　　그렇게 만들어진 기초 판매량은 허위 주문보다 안전하고 효과적이었다. 대량의 허위 주문은 위험부담이 컸고 안전이 보장되는 플랫폼에서는 비용이 건당 10위안을 넘었다. 반면 할인 그룹을 통하면 적지 않은 돈을 쏟아부어야 해도 실제로 판매가 이루어졌다. 나중에 돈을 벌 수 있을지 없을지의 여부는 제품 만족도에 달려 있었다. 우리는 몇 가지 제품을 시험해봤는데 판매

된 뒤 문제가 많았다. 데이터가 좋지 않다 보니 검색 가중치가 빠르게 떨어졌고 결국에는 투자한 돈조차 회수할 수 없었다.

검소하고 궁핍하게 살면서 소농 의식이 생긴 나는 돈을 쓸 때 거부감이 일곤 했다. 오래전부터 저축이 1만 위안 밑으로 떨어지면 초조하고 불안해졌다. 1만 위안이 심리적 안전선이었다. 돈을 어떻게 써야 하는지 몰랐으니, 사업 운영에 무척 소극적이고 보수적이 될 수밖에 없었다. 어떻게 발전할 수 있을지는 거의 생각해본 적이 없었다. 반대로 어떻게 파산을 피할지는 늘 고민했다. 답은 돈을 적게 쓰는 것이었다.

내가 너무 보수적으로 보였는지 두 파트너는 빈번하게 이런저런 제안을 했다. 명목상으로는 내가 온라인 상점 운영자였지만 실질적으로는 세 사람이 상의해서 결정을 내렸다. 문제는 그들도 운영해본 적이 없다는 사실이었다. 편집장이 아무리 몰입해도 워낙 생소한 분야라 핵심을 파악하지 못했다. 의미 없는 부분에 우리는 너무 많은 시간을 낭비했고 잘못된 판단을 내렸다. 사실 우리는 제품 선정에 더 많은 시간을 들여야 했지만 나는 도매시장에서 상인들과 접촉하는 게 싫었다. 그래서 적합한 제안을 하지 못했고 책임도 지지 못했다. 다음 계획이 OEM 제작이었으니 편집장은 제조업체와 협력을 강화하고 싶어 했지만, 나는 바로 그런 이유로 더 광범위하게 신제품을 발굴하거나 제조업체와 접촉하는 것을 피했다.

설령 적합한 제품을 찾았더라도 결국에는 운영 자금 문제로 돌아올 수밖에 없었을 것이다. 타오바오는 여러 가지 피드백 데이터에 따라 노출 기회를 주었기 때문에 새로운 제품은 노출될 기회가 매우 적고 데이터의 무작위성이 컸다. 게다가 경쟁자들이 전부 데이터를 정비하므로(우리는 '조작' 대신 완곡하게 '정비'라 했다) 우리도 똑같은 방식으로 정비하지 않으면 판매가 힘들었다. 지속적인 거래가 있고 판매에 대한 피드백 데이터가 쌓여도 정비하지 않으면 성장세를 이어가기 힘들었다.

데이터가 매력적으로 유지되어야 타오바오는 트래픽을 계속 내주었다. 티몰의 만족도 평가는 별점제인 반면 타오바오는 좋음·보통·나쁨 평가에 별점 평가까지 있어서 데이터 정비 비용은 증가할 수밖에 없었다. 최대 난관은 상품평 정비였다. 처음에 나는 돈을 절약하기 위해 상품평 정비를 외부에 맡기지 않고 보통·나쁨을 주는 손님에게 직접 전화를 걸었다. 매일 그런 전화를 하는 것만으로 위가 아팠다.

2016년 말 나는 능력도 안 되고 일할 때 즐겁지도 않다는 사실을 깨닫고 그만두겠다고 말했다. 편집장은 책임과 희망, 미래 등을 말하면서 때로는 강하게, 때로는 부드럽게 남아달라고 붙들었다. 결국 나는 2017년 5월이 되어서야 떠날 수 있었다.

온라인 사업을 그만두었을 때 저축이 얼마 남지 않아서 나는 잠시도 쉴 수 없었다. 며칠 만에 58퉁청에서 새로운 일자리를 구했다. 자세한 내용은 1장 '광저우 물류센터 야간직'에 썼고, 그게 내 열일곱 번째 일이었다. D사에서 나는 야간직으로 근무하며 밤낮이 바뀐 생활을 했다. 근무 시간은 긴데 주변 환경은 낙후되었다 보니 돈 쓸 일이 거의 없어서 돈은 잘 모였다.

하지만 일은 무척 힘들었다. 하루 열두 시간씩 밤새 물건을 날랐고 열 시간 가까이 음식을 먹을 수 없었다. 하지만 그 일은 한편으로는 내게 안식처 같았다. 정말 견딜 수 없을 만큼 힘들 때면(주로 견딜 수 없게 졸렸다) 다관에서 살았던 1년을 떠올렸다. 그때의 소소한 기억에서 따스함을 느끼며 힘을 회복할 수 있었다.

2018년 3월 개인적인 이유로 D사를 그만두고 베이징으로 갔다. 베이징에서는 S사 택배기사로 6개월 동안 일하다 핀쥔택배로 옮겨 4개월을 더 일했다. 2019년 12월 핀쥔택배가 해산하면서 나와 동료들은 전부 해고되었다. 그것이 내 열여덟 번째와 열아홉 번째 일이었다. 그 내용은 2장 '베이징의 택배기사'에 자세히 서술했다.

에필로그

래티샤 필킹턴의 위대한 실의

상하이에 있을 때 문학 카페 친구들과 만난 적이 있었다. 우리는 자기가 좋아하는 작품을 한 편씩 낭독했다. 상하이에 관한 부분을 쓸 때 불현듯 그 일이 떠올랐다. 기억하기로 우리는 런민광장에서 만나 서점을 둘러보았고 나는 이반 투르게네프의 『사냥꾼의 수기』를 샀다. 더 중요한 건, 그날 내가 낭독한 작품이 떠올랐다는 점이다. 그게 이 책을 마무리하기에 더할 나위 없이 적절한 작품이라는 생각이 들었다.

    버지니아 울프의 『보통의 독자』에 수록된 산문이었다. 버지니아 울프는 전기를 무척 좋아해 유명인뿐만 아니라 일반인의 전기까지 아주 다양한 전기를 많이 읽었다. 내가 읽은 산문은 버지니아 울프가 『래티샤 필킹턴의 회고록Memoirs of Laetitia Pilkington』을 읽고 쓴 독후감이었다.

    래티샤 필킹턴은 정말 무명이었던 듯 중국 웹사이트에서는 정보를 찾을 수 없었다. 이혼했으니 남편 성인 필킹턴은 쓰지 말아야 할 듯하지만, 어쨌든 래티샤 필킹턴은 18세기 영국의 몰락한 귀족이었고 생몰 연도는 제인 오스틴(1775~1817)보다 반세기 정도 앞선 것 같다. 교육은 받아도 유산은 받지 못했고 남편과 이혼한 뒤 혼자 두 아이를 키웠다. 글로 생계를 유지했으나 그를 먹여 살린 글은 대부분 유명인사를 투영해 만들어낸 저속한 이야기였다. 스스로 돈을 위해서라면 무엇이든 쓴다고 밝혔으니 대단한 걸작을 썼을 리는 없다.

버지니아 울프가 그의 회고록을 읽고 독후감을 쓰지 않았다면 나는 래티샤 필킹턴이란 작가가 있었는지도 몰랐을 것이다. 래티샤 필킹턴은 귀족 출신이었지만 궁핍했고 마지막에는 방세가 밀려 감옥에 갔다. 하지만 버지니아 울프는 이렇게 썼다.

> 그가 수없이 되풀이되는 방황에 빠졌든, 위대하다 할 수 있는 실의에 빠졌든….

래티샤 필킹턴은 한때 기도했고(조심하지 않아 교회에 갇혔지만) 구걸했으며(본인은 모욕을 당한 것이라 여겼지만) 진지하게 자살을 고민하기도 했다. 그럼에도 그는 삶을 사랑했고 끊임없이 누군가를 사랑하고 미워했다. 자신에게 상처 준 사람을 독하게 저주할 수 있었으며 저속한 이야기 속에서 잊지 않고 그들을 비웃었지만(꽤 많이 과장했을 듯), 음식을 즐길 줄 알았다. 무척 감정적이면서 한편으로는 무신경했던 것 같다.

래티샤 필킹턴은 천성적으로 드라마틱한 감정선을 타고난 데다 본능적으로 사람들 입맛에 맞는 글을 썼기 때문에, 그의 고통은 참혹하게 보이는 대신 무대 위의 코미디처럼 보였다. 그리고 특유의 무신경함 덕분에 고통 속에서 빠져나와 의기양양하게 삶에 뛰어들고 사랑과 증오에 몰두할 수 있었다. 래티샤 필킹턴은 교양과 저속함, 박애와 앙심을 동시에 갖고 있었다. 처음 그 글을 읽었을 때 나는 감동의 눈물을 흘렸다. 울프는 이렇게 끝맺었다.

거칠고 파란만장한 모험 같은 일생을 살면서도 그는 낙천적인 마음을 유지하고 교양과 용기를 잃지 않았다. 그런 마음과 교양과 용기 덕분에 그는 짧은 일생의 마지막 순간까지 농담을 던질 수 있었고, 마음이 죽고 머리맡에 빚 독촉장이 있는데도 오리고기를 즐길 수 있었다. 그것을 빼면 상처와 분투로 가득한 인생이었다.

"마음이 죽고 머리맡에 빚 독촉장이 있는데도 오리고기를 즐길 수 있었다"라니, 아무런 희망도 없는 절망 속에서 사랑은 삶을 밝히는 빛이었다. 일평생 사회적 지위가 끝없이 추락했어도 그의 영혼은 시종일관 고귀하고 순결했다. 내게 감동과 위안을 주고 미로 속에 있을 때 길을 보여준 래티샤와 그의 '위대한 실의'에 경의를 표한다.

(후기)

삶의 또 다른 부분

2021년 8월 1일 작성
2022년 6월 20일 수정

베이징에서 택배기사로 일하던 마지막 며칠 동안 나는 오후 한시경 배달을 마치고 징퉁루스벨트광장으로 갔다. 에어컨이 있었기 때문이다. 주로 지하 1층 푸드코트 뒤쪽에 있는 직원 식당에 앉아 있었다. 그곳은 음식 배달기사들이 주문을 기다리거나 쉬는 곳이기도 했다. 매장에서 쓰지 않는 식탁과 의자가 쌓여 있어 손님들은 들어오지 않았다. 사각지대에다 남쪽 유리벽에서 햇빛이 굴절돼 들어올 뿐 전등은 들어오지 않아 전체적으로 어둑어둑했다. 불이 환하게 켜진 매장과 비교하면 장막에 가려진 무대 뒤편 같았다.

    그곳에서 보낸 시간은 내게 큰 의미가 있다. 언제까지나 그곳을 기억하고 그때의 느낌을 간직할 것이다. 배달기사들은 그곳에 앉아 수다를 떨거나 졸거나 게임을 하거나 동영상을 보았다. 나는 이어폰으로 음악을 들으며 그들을 살펴보았다. 그들도 대부분 나와 마찬가지로 베이징에 정착하지 않은 듯 보였다. 베이징에서는 잠시 표류할 뿐이고 그건 그들 삶의 전부가 아닐 것만 같았다.

그렇다면 그들 삶의 다른 부분은 무엇이었을까? 분명 베이징에서는 모든 시간을 돈벌이에 쏟으며 힘겹게 살고 있을 텐데, 대체 무엇이 그들 삶의 또 다른 면이길래 그들이 현재를 기꺼이 희생하게 되었을까? 그 질문에 대한 답은 사람마다 다를지 모른다. 일이라는 게 어쩔 수 없이 해야만 하는 것이고 개인적 소망을 단념하면서도 해야 하는 것이라면, 그 반대의 삶에서는 자신이 진정으로 바라고 원하는 것에 충실해야 할 것이다. 그게 무엇이든 여기에서는 일단 자유라고 부르겠다.

일할 때 나는 자유에 대해 생각해본 적이 없었다. 일하지 않는 게 자유라고 생각했기 때문일지도 모르겠다. 직장에 다닐 때는 고용주나 손님의 요구에 따라, 내 사업을 할 때는 시장조사와 분석에 따라 효과적으로 일하는 것만, 그로 인해 받을 보상만 생각했다. 물론 모두 나와 같은 생각으로 일하는 것은 아니었다. 자신이 하는 일을 좋아해서 직장을 다니는 게 바로 원하던 일을 하는 길이라고 생각하는 사람도 있었다. 자신이 좋아하는 일을 하는데, 마침 고용주나 손님까지 만족시킬 수 있어서 모종의 자유에 도달하는 경우도 있는 듯했다. 하지만 그런 행운은 쉽게 주어지는 게 아니었다.

지인 중에 '편한' 일을 하는 사람들도 있는데, 가끔 다른 사람들이 그들을 보고 부럽다며 참 '자유'로워 보인다고 말하는 것을 들었다. 그런데 편한 일을 한다고 정말로 자유로울까? 자유로운지 여부는 본인만 알 뿐이다. 예를 들어, 그들의 기준에 따르면 우리 아버지의 일은 정말로 자유로웠다. 매일 아침 출근하면 차를 마시며 신문을 읽었고, 사무용품을 구매, 관리, 배부하는 게 주요 업무였으며 가끔 아무도 보지 않는 홍보 글을 쓰는 정도가 전부였다. 물론 아버지는 오래전에 퇴직하셨고, 이제는 회사에 그런 한직이 남아 있지 않다. 그런데 아버지를 매우 잘 아는 내가 단언컨대 아버지는 한번도 자신이 자유롭다고 생각해보신 적이 없었다. 그의 의식에는 자유라는 개념 자체가 없었다. 자유에 관해 논하면 아버지는 이해하기 어려운 황당한 말만 늘어놓으실 것이다.

내 생각에 자유란 무엇을 누리는가가 아니라 무엇을 의식할 수 있는가에 달려 있다. 학교도 거의 다니지 않았고 공부할 기회도 없었던, 외진 농촌에 사는 지식수준 낮은 농민이 있다고 해보자. 그는 매년 24절기의 제약을 받는데도 자신이 자유롭다고 생각할 것이다. 농한기에는 친구와 카드놀이를 하고 농번기에는 온종일 일한 뒤 저녁에 귀가해 술을 마시면서 쉬고, 언제 무엇을 하든 본인이 원한 일만 한 것처럼 만족해할 터이다. 반면 지식수준이 높고 생각이 복잡한 사람은 일할 때 자유를 느끼기 힘들다.

내가 말하고 싶은 자유는 고도의 자아의식을 기반으로 추구하는 개인적 갈망과 자아실현이며 타인과 확실히 구분되는 정신이다. 나는 그런 자유를 동경하는 사람이 많아질수록 세상이 더욱 다양하고 다원적으로, 더욱 평등하고 포용적으로, 더욱 풍부하고 다각적으로 변할 수 있다고 믿는다. 사람들이 자유를 갈망할 수 있게 돼야 서로 다른 목표를 추구할 것이기 때문에 좁은 외나무다리에서 부딪칠 필요가 없어진다. 유전적 차원에서 환경에 대한 적응은 다양성을 기반으로 하는 것처럼, 사회 전체의 행복은 사회 구성원의 정신적 다양성에 기반한다.

나는 진리의 추구가 진리의 소유보다 소중하다는 도리스 레싱의 말에 동의한다. 자유도 진리와 마찬가지로, 볼 수만 있을 뿐 잡을 수 없을지도 모르고 어쩌면 평생 도달할 수 없을지도 모른다. 하지만 그런 건 중요하지 않다. 자유를 추구하는 게 자유를 얻는 것보다 중요하며 그것이 모든 사람, 더 나아가 전 세계에 중요하기 때문이다. 자유는 이상과 신념처럼 삶의 지렛목이다.

나는 2020년 설을 보낸 뒤 베이징으로 돌아왔다. 코로나19 유행 때문에 거리에서 사람을 찾아보기 힘들었고, 익숙한 가게들이 줄줄이 문을 닫았으며 그중에는 완전히 폐업한 가게도 있었다. 영영 설 연휴가 끝나지 않는 느낌이었다. 동료 중에는 벌써 새 일자리를 찾은 사람이 있는가 하면 여전히 고향에 머물며 추세를 지켜보는 사람도 있었다.

　우리는 핀쥔에서 해고 수당을 막 받은 상태였다. 나는 두 달 보름치 월급을 보상금으로 받았고 마지막 달의 월급과 보증금 5000위안까지 합해 총 3만 위안 정도를 손에 쥐었다. 아주 큰 금액은 아니어도 코로나가 어떻게 될지 알 수 없던 상황에 조금 안심할 정도는 되었다. 그때 온라인에 글을 몇 편 올렸는데 광저우 근교 순더의 물류센터에서 야간직으로 일했던 경험담이 뜻밖에도 큰 관심을 받았다. 그 글을 읽은 부본제작출판사의 펑쥔화, 펑젠빈 편집자가 연락해왔고 내게 베이징에서의 택배기사 경력도 써보라고 제안했다. 나는 이어 상하이 자전거 가게에서 일한 경험도 써서 올렸다. 상하이에서 일했던 게 시간상으로는 더 먼저였지만 글로는 더 늦게 쓰였고, 그래서 책에도 그 순서에 따라 실었다.

　글쓰기 경력을 말하자면, 나는 글쓰기를 정식으로 배운 적은 없다. 2009년부터 2011년까지 거의 3년 동안 매일 책을 읽고 글을 쓴 게 글쓰기 경력의 시작이라고 할 수 있을 듯하다. 글을 쓰면서 내재적 요소와 외재적 요소가 뒤섞인 이유로 어려움에 부딪히곤 했다. 나는 글쓰기에 재능이 있는 사람이 아니다. 내가 글을 잘 쓰는 것처럼 보인다면, 그건 정말로 많은 시간과 에너지를 들였기 때문이다. 또한 나는 완전히 신인 작가라고 할 수는 없는데, 예전에 작품 몇 편을 잡지에 발표하기도 했기 때문이다.

생계를 유지할 수 없는 아주 적은 원고료만 받았는데 글로 생계를 유지할 수 없다는 건 내게 다행스러운 일이었다. 그 덕분에 내 글이 훨씬 개인적이고 특별하며 순수해졌다. 많이 쓰지는 못해도 글쓰기는 내 삶의 또 다른 부분, 자유의 부분에 속하게 되었다.

이후 나는 일과 글쓰기를 번갈아 반복했다. 일할 때는 글을 쓸 수 없었다. 일이 내 시간의 대부분을 잡아먹었고, 감정까지 압도해 퇴근하면 쉬고 싶을 뿐 다른 생각을 할 수 없었다. 그렇게 된 원인은 내게 있었다. 나는 직장에서 남들처럼 동기부여가 되지 않았다. 다른 사람들이 긍정적 동기를 부여받는 상황에 전혀 고무되지 않았고, 남들은 반감을 느끼지 않는 일에 심리적 장벽이 발동됐다. 그래서 일을 그만두고 나서야 글쓰기에 전념할 수 있었다. 그렇게 간헐적으로 일했다가 글 쓰다가 하는 방식을 지난 10년 동안 반복했다. 그것도 일종의 절충된 자유가 아니었을까? 절반의 시간은 일하지 않는 대신 자유로웠고, 나머지 절반의 시간은 일하는 대신 자유롭지 않았다.

하지만 일하면서도 그 속에서 자기긍정과 행복을 찾는 게 중요하다고 믿는다. 자기가 하는 일에서 가치를 느끼지 못하고 그저 생활 유지를 위한 돈벌이 수단으로만 여긴다면 마음속이 얼마나 어둡고 삭막하겠는가. 어쩌면 그래서 단순한 노동을 할 때 긍정적인 동기부여가 더 쉽게 이루어졌는지도 모르겠다. 내 노동이 타인에게 주는 가치를 직관적으로 볼 수 있기 때문이다. 택배를 건네면서 고객이 반가워하는 표정을 보았을 때, 감사하다는 인사를 들었을 때 나도 덩달아 기뻤다. 내가 쓸모 있는 사람이고 내 노동이 누군가에게 도움이 되었다는 생각이 들었다. 물론 오로지 그런 기쁨 때문에 일했던 것은 아니었다. 월급을 받을 때도 기뻤다.

나는 글쓰기를 통해 일과 자유의 대립을 어느 정도 극복할 수 있었다. 제한된 선택과 각박한 현실 속에서 갈수록 나는 평범한 하루의 순간들이, 거창한 인생의 고난과 어려움보다 의미 있다고 생각하게 되었다.

푸루이문화의 편집자 푸자오에게 감사드린다. 그의 격려와 제안 덕분에 세 가지 중요한 경력을 다시 쓰고, 마지막 장을 추가해 나머지 경력까지 이야기할 수 있었다. 경력을 중심으로 서술하되 내가 어떻게 일했는지, 일터와 환경은 어떠했는지 보충했다. 그런 배경은 당시의 내 처지와 내가 내리게 된 결정을 이해하는 데 중요하기 때문이다.

나는 제삼자가 아니라 당사자이기 때문에 내 글에는 주관적인 가치판단과 입장이 들어갈 수밖에 없다. 하지만 그렇다고 그걸 모두 들어내면 독자는 내가 왜 그렇게 행동하고 반응했는지 이해할 수 없을 것이다. 최대한 입장을 바꿔서 나를 불쾌하게 했던 사람들을 이해하고, 그들이 그렇게 했던 이면의 이유와 목적을 파악해보려 했으며, 최대한 편견 없이 서술하고 평가하지 않으려 노력했다.

사실 이제는 내가 했던 모든 일에 감사하고, 당시를 생각하면 그리울 뿐이지, 불만이나 원망은 조금도 남아 있지 않다. 예전에 들었던 그런 마음은 이제는 전부 내려놓았다. 삶의 경험이 쌓이면서 원한의 무가치함을 깨달았기 때문이다.

저자 소개

지은이 후안옌 胡安焉

노동자이자 작가. 고등학교 졸업 후 20년 동안 광둥성, 광시성, 윈난성, 상하이, 베이징 등 여러 지방과 도시를 옮겨 다니며 경비원, 베이커리 수습생, 편의점 직원, 노점상, 온라인 쇼핑몰 직원 등으로 일했다. 이후 광저우 근교 순더의 물류센터에서 야간 상하차 일을 하고, 베이징으로 옮겨가 2년간 택배기사로 일했다. 야간 근무 경험을 인터넷에 올리자 엄청난 반응이 일었고, 택배기사 경험과 다른 경력을 더해 『나는 북경의 택배기사입니다』를 출간하게 됐다. 첫 책을 출간하자마자 '올해의 책', '올해의 작가'로 선정되었으며 쓰촨문학상, 중국청년작가상, 산롄도서상, 단샹제문학상 등 중국 주요 문학상을 휩쓸었다.

옮긴이 문현선

이화여대 중어중문학과와 같은 대학 통역번역대학원 한중과를 졸업했다. 현재 이화여대 통역번역대학원에서 강의하며 프리랜서 번역가로 중국어권 도서를 기획 및 번역하고 있다. 옮긴 책으로 『연매장』 『색, 계』 『원청』 『피아노 조율사』 『문학의 선율, 음악의 서술』 『제7일』 『아버지의 뒷모습』 등이 있다.

나는 북경의 택배기사입니다

일이 내게 가르쳐준 삶의 품위에 대하여

펴낸날 초판 1쇄 2025년 7월 30일
　　　　초판 4쇄 2025년 10월 23일
지은이 후안옌
옮긴이 문현선
펴낸이 이주애, 홍영완
편집장 최혜리
편집1팀 박효주, 김혜원, 최서영
편집 강민우, 한수정, 홍은비, 안형욱, 송현근, 이소연, 이은일
디자인 박소현, 김주연, 기조숙, 박정원, 윤소정
홍보마케팅 김준영, 김태윤, 백지혜, 박영채
콘텐츠 양혜영, 이태은, 조유진
해외기획 정미현, 정수림
경영지원 박소현
펴낸곳 ㈜윌북 **출판등록** 제2006-000017호
주소 서울특별시 마포구 동교로19길 28(서교동 448-9)
홈페이지 willbookspub.com
전화 02-323-3777 **팩스** 02-323-3778
블로그 blog.naver.com/willbooks
트위터 @onwillbooks **인스타그램** @willbooks_pub
ISBN 979-11-5581-829-9 (03800)

- 책값은 뒤표지에 있습니다.
- 잘못 만들어진 책은 구매하신 서점에서 바꿔드립니다.
- 이 책의 내용은 저작권자의 허가 없이 AI 트레이닝에 사용할 수 없습니다.